敦煌 石窟全集

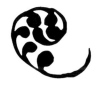

敦煌

石窟全集 22

敦煌研究院 主編

石窟建築卷

本卷主編 孫毅華 孫儒僩

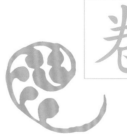

商務印書館

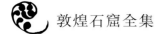

敦煌石窟全集

主編單位 …………… 敦煌研究院

主　　編 …………… 段文杰

副 主 編 …………… 樊錦詩 (常務)

編著委員會 (按姓氏筆畫排序)
主　　任 …………… 段文杰　樊錦詩 (常務)
委　　員 …………… 吳　健　施萍婷　馬　德　梁尉英　趙聲良

出版顧問 …………… 金沖及　宋木文　張文彬　劉　杲　謝辰生
　　　　　　　　　　　羅哲文　王去非　金維諾　周紹良　馬世長

出版委員會
主　　任 …………… 彭卿雲　沈　竹　劉　煒 (常務)
委　　員 …………… 樊錦詩　龍文善　黃文昆　田　村
總 攝 影 …………… 吳　健
藝術監督 …………… 田　村

石 窟 建 築 卷

主　　編 …………… 孫毅華　孫儒僩

攝　　影 …………… 吳　健
繪　　圖 …………… 孫儒僩　孫毅華　酈偉堂

封面題字 …………… 徐祖蕃

出 版 人 …………… 陳萬雄
策　　劃 …………… 張倩儀
責任編輯 …………… 田　村
設　　計 …………… 呂敬人
出　　版 …………… 商務印書館 (香港) 有限公司
　　　　　　　　　　 香港筲箕灣耀興道3號東滙廣場8樓
　　　　　　　　　　 http://www.commercialpress.com.hk
製　　版 …………… 中華商務彩色印刷有限公司
　　　　　　　　　　 香港新界大埔汀麗路36號中華商務印刷大廈
印　　刷 …………… 中華商務彩色印刷有限公司
　　　　　　　　　　 香港新界大埔汀麗路36號中華商務印刷大廈
版　　次 …………… 2015年6月第1版第2次印刷
　　　　　　　　　　 © 2003 商務印書館 (香港) 有限公司
　　　　　　　　　　 ISBN 978 962 07 5294 0

前 言
永恆的建築空間——敦煌石窟寺

　　利用天然洞穴是人類最早的居住形式之一。人工開鑿洞穴建築最早在埃及，大約在公元前20～前10世紀，古埃及的法老們開始在尼羅河上游的山崖上開鑿陵墓和神廟，這些石窟建築規模宏大，設計巧妙。公元前5世紀，波斯國王大流士在山崖上開鑿大崖墓，正面是典型的希臘式柱廊，雖然這些神廟和崖墓是在岩石上鑿出的空間，但與建築毫無二致，仍然表現出它的豪華與壯麗。其特徵是：既有正面的建築形象，又有內部空間。石質洞穴所具備的堅固性，使它在保存時間上具有相對的永恆性，這正是宗教或墓葬建築所追求的目的。

　　佛教開鑿石窟寺與其崇尚禪修有關。據佛經講，釋迦牟尼在世時，常在山中的石窟內坐禪，因為那裏可以遠離城市的喧囂，並有冬暖夏涼的好處。石窟寺裏的僧房窟即是滿足僧徒們坐禪修行的場所，稱禪窟，古代音譯為"毗珂羅"（梵文 Vihara）。塔廟窟則供僧徒們講經拜佛，是佛寺裏的講堂，古代音譯為"支提"（梵文 Chaitya）。印度的佛教石窟建築，大多以一個支提——塔廟窟為中心，周圍有若干個僧房窟，組成石窟羣。印度最大的阿旃陀石窟寺共有二十九個石窟，其中有五個塔廟窟，其餘都為僧房窟。印度開鑿石窟的地點經過精心選擇，是石質堅硬細膩、適宜於精雕細刻的山崖，所以非常注重對石窟內外的裝飾，使石窟具有顯著的建築特點。

　　也許是不謀的巧合，中國東漢時期（公元1～3世紀），在長江上游的四川岷江、沱江流域在山崖上開鑿崖墓；在黃河流域中下游和淮河流域的河南、山東、蘇北、皖北、鄂北等地普遍出現石室墓。人們已經熟練掌握了開鑿石室的建築技術，東漢墓室形式有前堂與後室，墓室正面雕鑿成柱廊，建築形式相當成熟。崖墓和石室墓中多雕刻或繪畫有豐富的壁畫，表現社會風貌和歷史故事，繪畫藝術達到相當高的水平。因此，當佛教石窟傳入中國後，依山傍水開鑿石室的建築形式和壁畫藝術

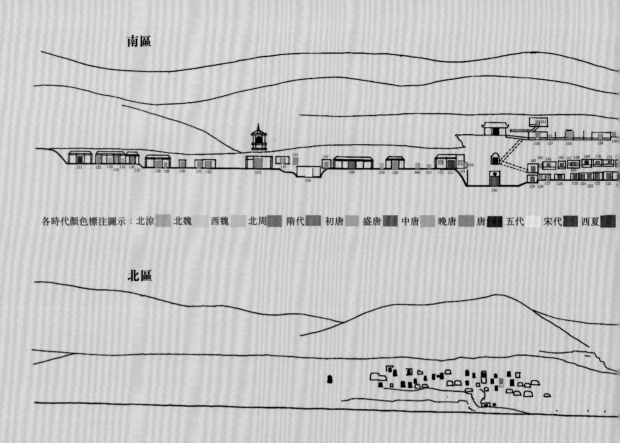

南區

各時代顏色標注圖示：北涼　北魏　西魏　北周　隋代　初唐　盛唐　中唐　晚唐　唐　五代　宋代　西夏

北區

敦煌莫高窟石窟立面圖

很自然的就融入其中了。

　　佛教東傳之路，曾經中亞，越葱嶺，首先傳入古代西域的廣大地區，然後再沿着絲綢之路一直到達中原。石窟寺的開鑿大致也從西向東逐漸滲入。中國境內現有知名的石窟寺遺址共有五十六處，其中數量較多的省份是新疆、甘肅、河南、陝西、山西和四川，其中又以敦煌石窟中的莫高窟規模最大，保存較好，是值得我們驕傲的文化遺產。

　　敦煌石窟主要由莫高窟、榆林窟、西千佛洞三處規模較大、保存較完整的石窟羣組成，莫高窟現存有壁畫、彩塑的石窟為四百九十二窟，另外還有禪窟、瘞窟等，共計七百多窟。榆林窟次之，計四十二窟，西千佛洞為二十二窟。其他分散於這三處周邊的小石窟羣，如東千佛洞、五個廟等都屬於這一體系，它們就像顆顆珍珠散佈在絲綢古道上。

　　從佛教傳入西域後，沿途開鑿石窟寺的山崖，都由粗砂岩或砂礫岩組成，敦煌屬酒泉系砂礫岩的地質結構，適合開鑿石窟，所以石窟寺的營造在敦煌延綿了千百年而不中斷。石窟是壁畫和彩塑的載體，並使之具有穩固的存在環境。石窟形制的演變，又引起壁畫和彩塑的佈局發生

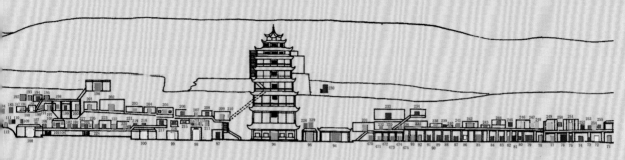

■ 時代不明為白色

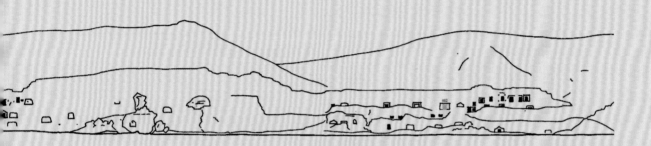

變化。因此，可以說敦煌石窟寺的建築形式與壁畫、彩塑共同構成了三位一體的石窟藝術。

　　石窟寺是為供佛而開鑿的，其形制隨時代而變化。在敦煌石窟羣中，北朝時期較多地保留了從西域傳來的禪窟和中心柱窟的形式，但又在中心柱窟前，增加了一個傳統的兩坡屋頂式的前廳，並用木質斗栱作裝飾。佛龕為魏晉時期傳統的雙闕形式，即是敦煌石窟中獨特的"闕形龕"。

　　隋代的歷史雖短，在敦煌石窟的開鑿中卻佔有重要地位。由於統治者的大力倡導，在三十多年間開鑿的石窟，數量是前二百多年的兩倍多，石窟形制多樣化，佛龕加深加大，以後興起的新窟形，大多都可以在這一時期找到雛形。

　　唐代有近三百年的歷史，國力強盛，佛教大興，因而開窟數量最多，並開始向大空間發展，莫高窟的南北大像窟和兩座涅槃窟以及榆林窟的大像窟都是唐代開鑿的。這時莫高窟崖面上開鑿的窟室"可有五百餘龕"，到晚唐時期，開窟已達到"狀若蜂巢"的密集程度。在石窟形制上以殿堂式窟形為主，並進一步模仿寺院中的佛殿形式，在窟中設置大型中心佛壇，佛壇後有高大的背屏直接覆斗窟頂，如同山西五台山大

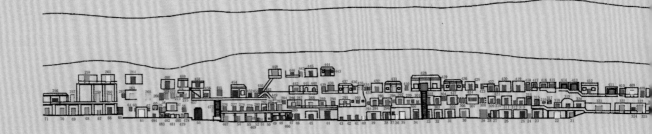

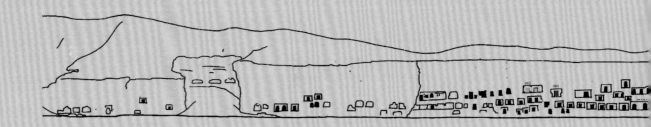

佛光寺大殿佛壇上的扇面牆。

自五代以後，由於莫高窟已沒有多少供開鑿的空餘崖面，以後的幾個朝代，開窟數量不多，石窟形制沿用晚唐形式，而且有很多是在前代的石窟裏進行塗改、修補、增修甬道、窟簷等，以滿足人們祈福做功德的要求。

為了信仰和祈福，各時代的人們都極盡其創造才能，把石窟內部彩飾得五彩繽紛，絢麗多姿。窟頂的裝飾由早期的平棊椽飾、天宮伎樂轉變到華蓋藻井、千佛莊嚴，塑龍繪鳳，飛天旋轉，窟室風動，造成神聖美好的氣氛。窟室四壁的壁畫更是誘諭和教誨人們"苦海無邊，回頭是岸"的圖解。佛教中記述佛一生事迹的，稱"佛傳故事"；傳說佛生前行善轉世成佛的，稱"本生故事"；佛講述的哲理，即是"佛經"，如《阿彌陀經》、《觀無量壽經》、《法華經》、《藥師如來本願經》、《彌勒上生經》、《彌勒下生經》等，約計二十餘部。畫師們根據這些故事和佛經的內容，加上自己的認識、理解與想像，鋪陳衍譯成場面壯闊、構圖嚴謹的故事畫與經變畫，它們是構成各時代石窟壁畫的主題。由於佛經哲理深奧，文字誨澀難懂，用繪畫的形象藝術來表述佛經內容，比較容易被人們接受。出於表現故事的發展和詮釋經變內容的需

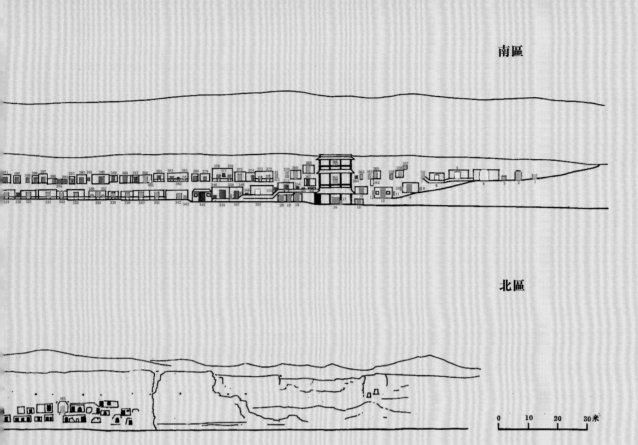

南區

北區

0　10　20　30米

要，壁畫中穿插着當時社會上的各種生活場景，有婚嫁、農耕、狩獵、征戰、修建、舞蹈、就醫、製陶、行旅、商賈等等，在上下一千年間的民俗風情畫中，又把大量的山水畫、建築畫、樂器圖像等，像戲劇舞台上的大佈景和道具一樣穿插其中，讓各階層的人們都能讀懂佛經深奧的哲理。開鑿石窟的捐資者——窟主與施主，把自己的形象繪在佛經故事的下面，稱作"供養人像"。供養人像提供了各時代、各階層人物的形象以及服飾資料，它們就是一部繪在牆壁上的中國歷代服飾圖史。

辛勞的工匠們在長期的施工中，積累了豐富的經驗，他們根據窟主的要求，造大佛，塑小像，採取就地取材與靈活用材相結合的辦法，塑造出石胎泥塑的大佛和木骨草胎的泥塑，成為敦煌石窟塑像的主體。在壁畫的製作上，地仗的製作與起稿上色是關鍵，各時代都不斷努力創新，才使敦煌壁畫保持一千多年仍然鮮艷如新，成為不朽的藝術。這些工匠，用他們辛勤的勞動和智慧創造了石窟藝術，但他們自己的形象卻很少留在壁畫上，只有從敦煌遺書的記載中，可以看到他們如何艱辛地勞作。

唐代莫高窟的斷崖上，已呈現出"上下雲矗，構以飛閣，南北遐連……波映重閣"的壯觀景象。宋代以後仍繼續修建窟簷，至今崖面上保存的五座唐宋窟簷及很多窟前的窟簷樑孔、棧道挑樑孔遺迹就是當年"波映重閣"的殘迹。它們為研究窟前"南北邅連"的"飛閣"提供了實物依據，也是全國保存為數不多的幾座唐宋石窟木構建築。窟前的殿堂遺址是幾十年前在考古發掘中清理出的，它們與窟室、窟簷共同組成一座座完整的石窟寺院。窟前建築的修建一直延續到民國的1935年，北大像窟簷改建完成後，這座九層高樓，巍峨壯觀，已成為莫高窟現在的標誌景觀。

伴隨石窟的開鑿，窟區前還有許多地面建築。據記載，隋代在莫高窟前就建有講堂和舍利塔，如今隋代的地面建築早已不見蹤影，仍留存在窟前的寺院和牌坊都為清代所建。它們在建築學上的價值並不高，卻記錄着西方探險家的貪婪與一個東方大國的榮辱。現在它們也得到了保護，伴着九層樓的叮咚鐵馬，敍說着石窟寺的繁盛與衰落。

敦煌石窟寺經過千年的不斷開鑿，度過千年的風沙兵燹，在時光的流逝中保存至今，早已失去唐代碑記中"嶝道邅連，雲樓架迥；崢嶸翠閣，張鷹翅而騰飛；欄檻雕楹，接重軒而燦爛"的壯觀景象。值得欣慰的是，在當今全世界都注重保護人類的寶貴遺產時，敦煌石窟寺也得到相應的關注和保護，僅剩的幾座殘破的唐宋窟簷和崖壁上的斷壁殘垣經過加固修復後，又煥發出新的生命力。窟室內的壁畫和彩塑，是敦煌石窟藝術的價值所在，是中國傳統文化和古代印度、中亞文化相互融合的結晶。它們比之石雕製作更加精緻，色彩更加絢麗，但因質地的關係，相對比較脆弱而不易保存。對壁畫和彩塑的保護，同樣引起世人的重視，保護與修復的技術正在不斷得到更新和改善，可以相信，在人們的不懈努力下，敦煌石窟寺將載着博大精深的古代藝術，成為永恆的建築空間！

目 錄

戈壁綠洲上的敦煌石窟

　　敦煌是絲綢之路上的重鎮，它的名字已經存在二千一百多年了。與此大致
同時命名的酒泉、張掖、武威三郡，都是按照漢代當時開發河西的戰略要求，
為顯示漢朝的聲威而定名的，它們並稱為"河西四郡"。

　　兩千多年前的漢朝，為了鞏固邊防，保護商路，採取了建郡、修築亭障、
移民實邊和發展農業等多種戰略措施。這些措施的實施，使敦煌擁有扎實的經
濟基礎和根深蒂固的漢民族本土文化，從近現代在敦煌及周邊縣市發掘的魏晉
墓壁畫看，當時敦煌地區繪畫藝術也很發達，這些文化底蘊都為接納外來的佛
教文化奠定了堅實的基礎。

　　漢朝打通了由長安通往西方的貿易之路，西方學者稱之為"絲綢之路"。
敦煌正位於絲綢之路的三叉路口上，頻繁的商貿活動，使敦煌成為一個繁華的
都市。東來西去的商旅不但帶來了商品，同時也帶來了他們的文化，佛教就在
這樣的背景下傳入敦煌，並在這裏開窟、造塔、建寺，正如《魏書》上記載
的："敦煌地接西域，道俗交得，其舊式村塢相屬，多有塔寺"。正是在這塊
戈壁綠洲的邊緣上，開鑿了舉世聞名的敦煌石窟。

第一節　　敦煌石窟的興建

莫高窟開鑿的起始時間，一般公認為十六國時的"秦建元二年"（公元366年），依據有二：一是原藏莫高窟第332窟的《李克讓修莫高窟佛龕碑》（在聖曆元年，即公元698年刻成，簡稱《聖曆碑》），二是莫高窟第156窟前室北壁唐人墨書題《莫高窟記》及藏經洞文書中的《莫高窟記》。《聖曆碑》與《莫高窟記》的內容基本相同，是唐人對莫高窟開鑿的追記，記述的事件主要有：

1、石窟位置"右在州東南廿五里三危山上"。

2、開鑿時間為"秦建元二年"。

3、最初的開鑿者"有沙門樂僔嘗杖錫林野，行止此山，忽見金光，狀有千佛，遂架空鑿 岩 ，造窟一龕。……次有法良禪師從東屆此，又於僔師龕側更即營建。伽藍之起濫觴於二僧"。

4、當權的開鑿者"復有刺史建平公、東陽王等各修一大窟"。

5、南北兩座大像窟的開鑿時間是"延載二年（公元696年）、開元年中（公元714年）"，窟主與施主是"禪師靈隱共居士陰祖等造北大像、僧處諺與鄉人馬思忠等造南大像"。

6、當時崖面上的開窟數量"可有五百餘龕"、"計窟室一千餘龕"，說法不一，可能計算方式不同。窟前營造有"講堂"。

7、自開窟以降，歷時"推甲子四百

他歲"，"從初 置 窟至大曆三年戊申即四百四年又至今大唐庚午即四百九十六年"。《聖曆碑》與《莫高窟記》的提寫時間分別是："大周聖曆元年"（公元698年）與"咸通六年"（公元865年）。所以，與以上的時間推算基本相符。

另有藏經洞文書《敦煌錄》載："莫高窟者……東即三危山，西即鳴沙山……南北二里，並是鐫鑿高大沙窟，……前設樓閣數層，有大像殿堂，其像長一百六

第332窟《李克讓修莫高窟佛龕碑》
拓片

十尺，其小龕無數，悉有虛檻通連"。

文獻描述了當時石窟的外觀狀況，有多層石窟與大像窟、小龕無數，窟外並有棧道相通，已經形成龐大的石窟羣落。現在這個石窟羣落中已無法找到樂傅最早創建的石窟，法良相繼開鑿的又是哪一座？在莫高窟千百年的開鑿中，它們有否被毀壞或被改造？這些都不得而知了。相比之下，東陽王與建平公的開窟功績，還可找到一些痕迹。據考證東陽王在北魏至西魏任瓜州刺史時，曾開鑿一大窟。第285窟成窟於西魏大統四年、五年（公元538、539年），是西魏時的大窟，可能與東陽王元榮有關。建平公于義是北周重臣，約於公元564～578年任瓜州刺史，在任時建一大窟，據分析第428窟可能為于義所開。隋代開皇年中所建的講堂比之石窟就更不易保存，在近幾年的基建工程中，也着意進行過一些考古發掘，未見任何收穫。

石窟的選址

古人不論是建造宮殿、陵墓或宅院，總是很注意環境和地形對建築的影響，正如《營造法式》上說："宅，擇也，擇吉處而營之也"。因此僧侶信徒在營建石窟時，也注重地址的選擇。

莫高窟的選址，根據《聖曆碑》記載是"沙門樂傅杖錫西遊至此，遙禮其山，見金光如千佛之狀，遂架空鑿岩大

造龕像"。莫高窟窟羣修建在面東臨水的山崖上，前有三危山為屏，右有宕泉峽谷，"左豁平陸，目極遠山"。這裏既遠離了城市的喧囂，又是"坐禪苦修"所需的幽靜環境，戈壁平陸的盡頭有村落相望，可以比較方便地得到日常生活所需。晉代敦煌人索靖曾在這裏題壁號"仙崖"，說明這裏早已是敦煌的名勝，在這裏開山鑿石建窟當然是理想之地。

除莫高窟外，其他幾處石窟最初的選址，雖然沒有任何資料記載，但最重要的一點，就是都處於古代的交通線附近，有開鑿石窟的地質條件：陡峭的山崖，依山傍水，環境僻靜清幽，能滿足佛教徒的需求。榆林窟僅在第16窟前的甬道北壁有西夏的一則題記，寫到有七人"往於榆林窟岩住持四十日，……見此峪是聖境之地，……內雪水常流，木稠林白。日聖（升）香煙起，夜後明燈現，本是修行之界，晝無恍惚之心，夜無惡覺之夢"，題寫日期為"國慶五年歲次癸丑十二月十七日題記"，西夏的國慶年號只有三年，此處所用的時間當為公元1073年。題記中雖然讚美的是榆林窟的環境，也說明了榆林窟選址正確。

敦煌三大石窟

敦煌石窟是對敦煌地區石窟羣的總稱，其中以莫高窟的規模最大，沿着古

沙州（敦煌）的小路，由西北直向東南，到莫高窟僅 15 公里左右。以此為中心，東距規模第二的安西縣榆林窟約 170 公里，西距規模第三的西千佛洞約 60 公里。在榆林窟的周圍又有幾處小石窟，以它為中心，東面的稱東千佛洞，在它下游的稱下洞子（水峽口石窟）。除此外，還有安西旱峽石窟，玉門昌馬石窟、大壩石窟，肅北五個廟石窟等。因為它們都在古敦煌郡或瓜沙二州的地域之內，有統一的地域風貌和地質，又屬於相同的文化藝術體系，所以由它們共同構成的石窟羣稱為“敦煌石窟”。五代前後的歸義軍時期，莫高窟是敦煌地區佛教僧團“都僧統司”“勾當三窟”的治所，負責管理莫高窟、西千佛洞、榆林窟三處石窟，所以在當時的文獻中簡稱為“三窟”。

一、莫高窟

莫高窟又稱千佛洞，敦煌文書《敦煌錄》記載：“……東入瓜州界，州南有莫高窟，去州二十五里，中過石磧，帶山坡至坡斗下谷中；其東即三危山，西即鳴沙山，中有自南流水，名之宕泉；古寺僧舍絕多，……其山西壁南北二里並是鐫鑿高大沙窟，塑畫佛像……”。莫高窟就開鑿在遠離敦煌綠洲東南一片浩瀚的戈壁邊沿上，從兩山之間的谷中蜿蜒流出一道清泉，似乎是專為莫高窟的開鑿而流淌的，當它流過莫高窟之

後，又潛入沙磧中，消失得無影無蹤了。

從考古發掘的資料顯示，在莫高窟開窟之前，當時的宕泉河水遠比現在的流量大。可以想見經過百萬年的流淌，宕泉河的水量足以把戈壁沖刷出一段陡崖，中間最深處達 20 多米，南北長約 1700 餘米，然後逐漸趨於平緩，最後融入戈壁中。由於這裏地勢比之敦煌市高近 200 米，古人曾將其稱為莫高山，時至今日，當地人還習慣於稱去莫高窟為“上山去”。

敦煌城到莫高窟的公路為 25 公里。若走古沙州小路，則是沿着鳴沙山穿過戈壁及連綿的沙丘，目光所及是一片貧瘠和荒蕪，渺無人煙。當到了莫高窟的斷崖邊，崖下突然呈現出一片小小綠洲，宕泉河水從這裏潺潺流過，兩岸榆楊成蔭，紅柳叢叢，與三危山的怪石嶙峋和鳴沙山的漫漫黃沙恰成鮮明的對比。這一片小小綠洲的西側陡崖上，就是聞名於世界的莫高窟石窟。

莫高窟石窟羣，根據崖面狀態自然的分為了南北兩區。南區是石窟藝術的集中區域，延綿約 1 公里，共開鑿有四百八十七個石窟，在崖面上的分佈一般為兩至三層，最多達四層，石窟的密集程度“狀若蜂巢”。北區原有編號石窟僅五個，近年來經過考古研究，把全部經人工開鑿的洞窟進行清理編號後，北區共

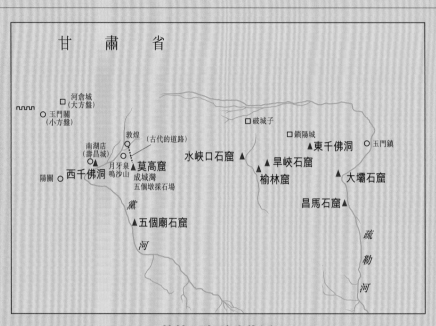

敦煌石窟羣分佈圖

有窟室二百四十三個。這樣莫高窟的石窟共計七百三十個。但現在人們已習慣了莫高窟有四百九十二個石窟的説法，所以將北區石窟重新編號，前面註以 "B"，以示區別。而原來沒有將它們編入的原因是這些石窟內都沒有壁畫和雕塑，經過考古發掘研究表明這些大多是當時專門用作禪修的禪窟和埋葬死人的瘞窟。

對於莫高窟的開鑿的數量，史書多有記載，窟室數目互有出入。如初唐的《聖曆碑》記 "窟室一千餘龕"，晚唐的《莫高窟記》記 "可有五百餘龕"。《聖曆碑》記一千餘龕，應不是實數，而是言其多。因為像中心柱窟內可有四龕、八龕、十龕。《莫高窟記》記五百餘龕較為符合實際情況。

二、榆林窟

因其地榆樹成林而得名，亦名 "萬佛峽"，在安西縣西南76公里處的峽谷中。早在漢代，安西縣曾被包括在敦煌郡的轄區內，領有冥安、廣至等縣。唐代以後多次變更地名，天寶元年（公元742年）將漢代的冥安改為晉昌郡，當時的都督兼太守樂庭瓌及其全家的供養像都被繪在莫高窟第130窟的甬道兩旁，其北壁畫面前方的榜題提寫 "朝議大夫使持節都督晉昌郡諸軍事守晉昌郡太守離軍使賜紫金魚袋上國柱樂庭瓌供養時"，南壁提寫 "都督夫人太原王氏一心供養"。十六年後（公元758年），又將晉昌改為瓜州。五代、宋時期，敦煌為沙州，安西為瓜州，瓜沙兩地統屬於河西歸義軍節度使曹議金的管轄範圍，在莫高窟與榆林窟的石窟內都保留了曹氏家族中幾代人的供養像。因此榆林窟的石窟藝術與莫高窟都屬於敦煌石窟的藝術體系內。

榆林窟開鑿在榆林河東西兩岸的陡壁上，河水由南向北蜿蜒奔流在兩岸峽谷之間，響聲不絕，岸邊榆楊成蔭，環境清幽，是當地的遊憩勝地。這裏缺少開窟的文字資料，根據石窟藝術分析，石窟創建於初盛唐（約7世紀末）時期，經中唐、晚唐、五代、宋、西夏、元及清代的興建與改建，現存四十二窟。其中東岸上層二十窟，下層十一窟，共三十一窟。西岸僅上層有十一窟。在東岸的上下層北端建有僧房及禪窟。這裏以五代、宋代石窟居多。其中尤以中唐時期第25窟，西夏時期第2、3、4窟為代表作，窟內內容豐富，技巧嫻熟、風格

雋永，反映出這兩個時代壁畫藝術的傑出成就。與莫高窟壁畫互為補充，表現出敦煌石窟藝術統一而又各具特色的特點，是特別值得珍視之處。

三、西千佛洞

因莫高窟俗稱"千佛洞"，所以敦煌城西的石窟羣就稱之為"西千佛洞"了。西千佛洞石窟羣在敦煌城西約30公里黨河北岸的陡崖上，位於古代西出陽關道的南側。據法國巴黎藏敦煌文書《沙州都督府圖經》殘卷記"……右在縣東六十里，《耆舊記》云：漢……佛龕……百姓漸更修營"。文中的"縣"所指是現在敦煌的南湖鄉，為古代的壽昌縣，古陽關亦在其境內。西千佛洞窟羣原來的規模可能較大，因崖壁質地酥鬆坍塌嚴重，現存十九窟，另有三窟散佈在西千佛洞東兩公里左右的崖面上。石窟開鑿於何時已無從查考，據現存藝術風格分析，最早當在北魏晚期歷西魏、北周、隋、唐為造窟的盛期，宋及西夏沒有開鑿石窟，僅在前人的窟中作修繕和重繪。

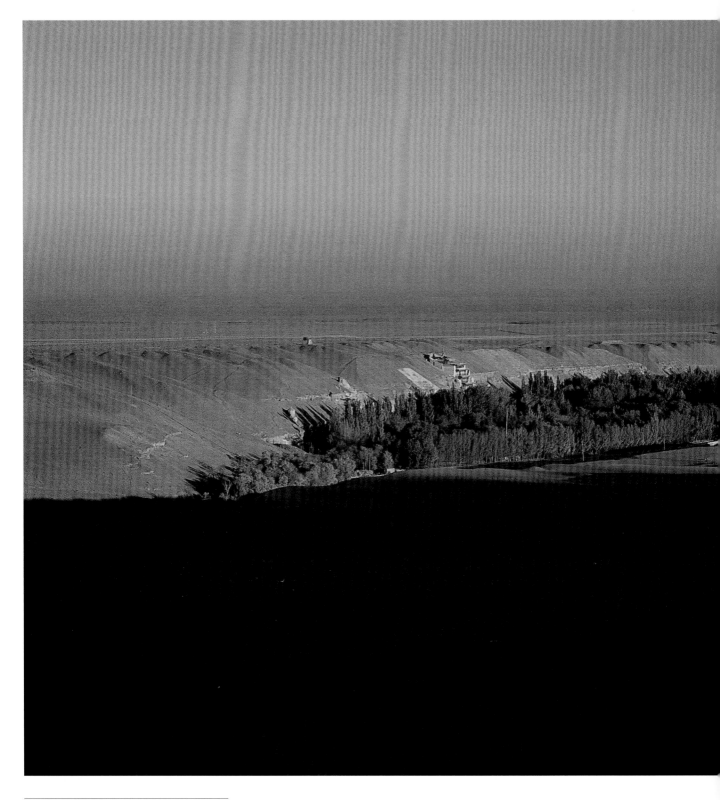

1 莫高窟全景

莫高窟在鳴沙山東麓，石窟沿宕泉河開
鑿，總計有七百餘窟，南北全長1680
米。南區樹木茂密，是造像窟的集中區
域，北區主要有禪窟、僧房和瘞窟，只
有四個造像窟。兩邊山坡上的土塔，依
稀可見，這就是莫高窟的塔羣。

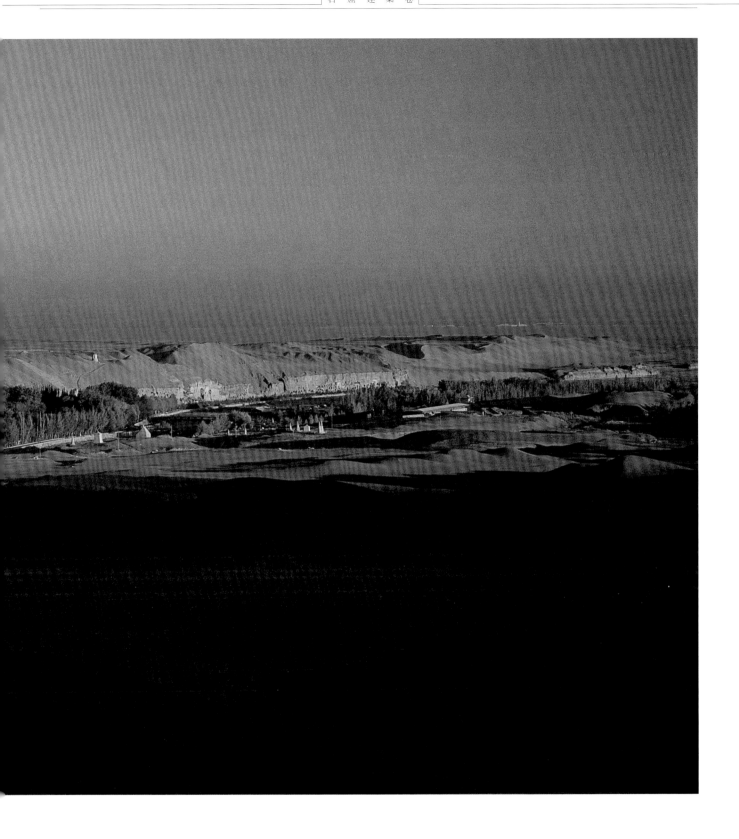

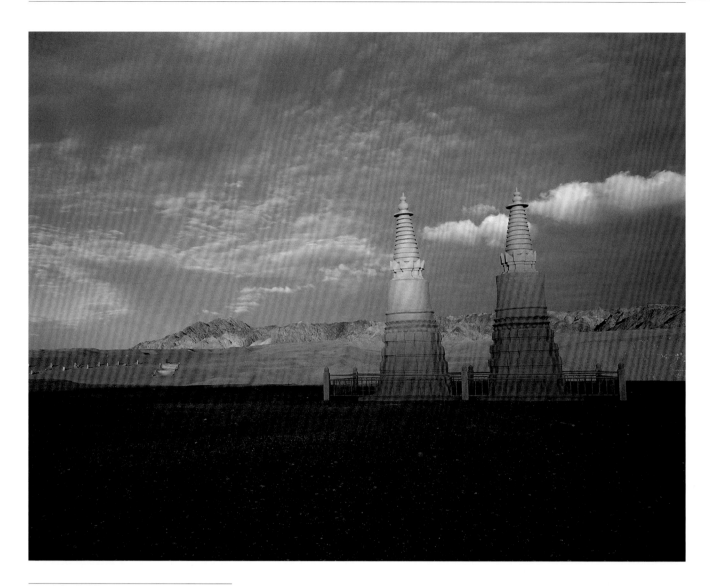

2　三危夕照

三危山在莫高窟東約 2 公里，自莫高窟
東望，三峯危峙，故名"三危"。三危
山岩石略呈暗紅色，在夕陽晚照中呈層
次不同的紅色，成為敦煌一景——"三
危夕照"。據記載，最初前秦僧人樂傅
至此"遙禮其山，見金光如千佛之
狀"，遂開窟造像。

3　莫高窟南區

北大像窟的兩側是石窟密集區，開鑿時
代自十六國，歷經北朝、隋、唐、五
代、宋至元代。洞窟棧道為兩層或三
層，20世紀60年代加固成現狀。

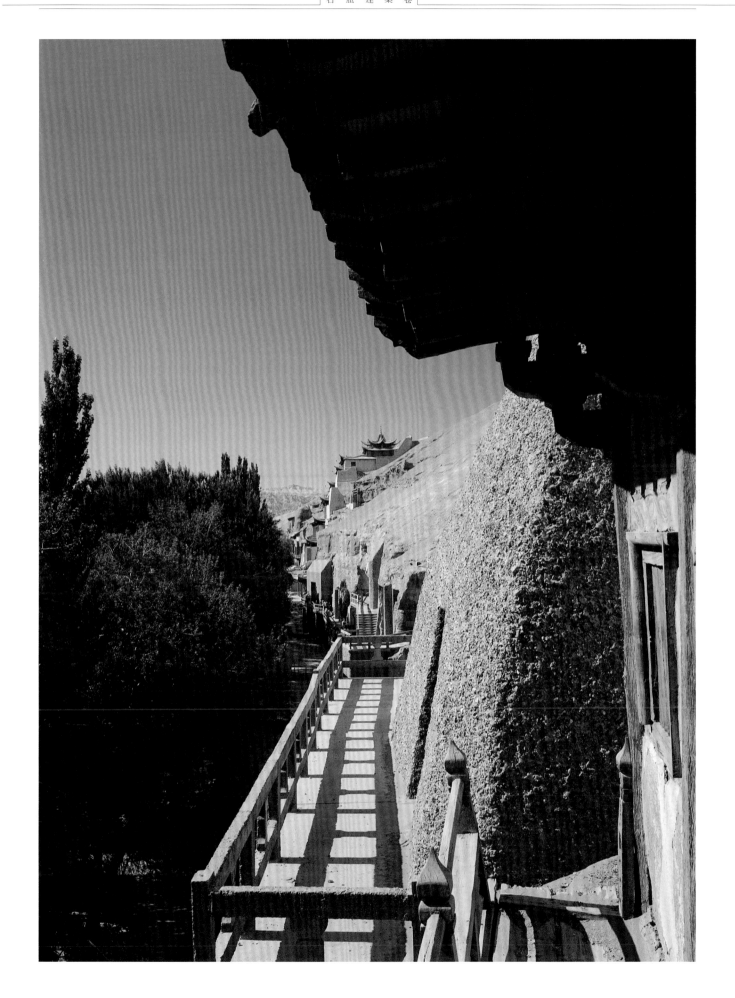

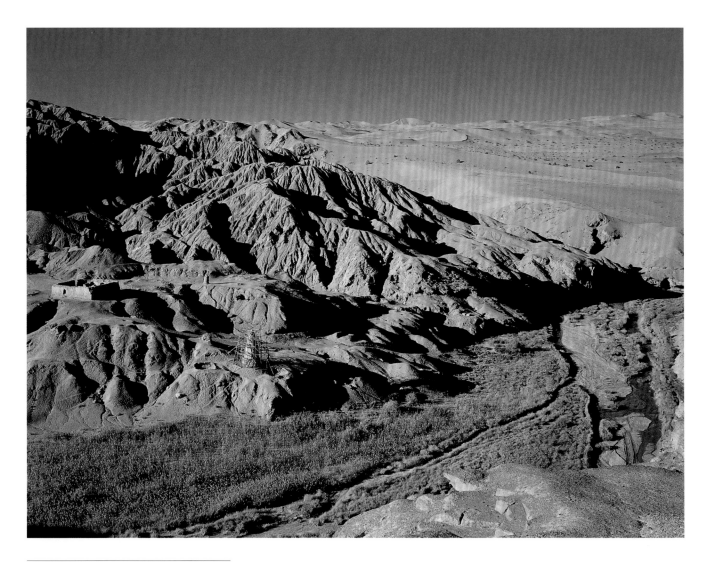

4　成城灣

宕泉河從成城灣回轉北流2.5公里滋養着
莫高窟。河谷裏長滿茂密的蘆葦和紅
柳。河谷的南坡上建有一座城堡和兩座
花塔。

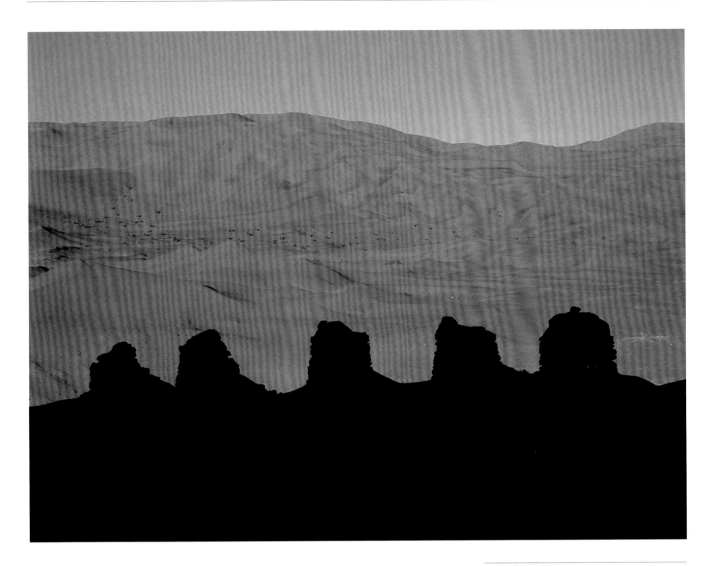

5 五個墩烽燧

五個墩烽燧位於成城灣的北邊山崖頂
上，由山上的砂礫岩塊壘築而成。沿宕
泉河逆流而上就可到達游牧民族聚集
區，可見古代的成城灣是一個關隘。

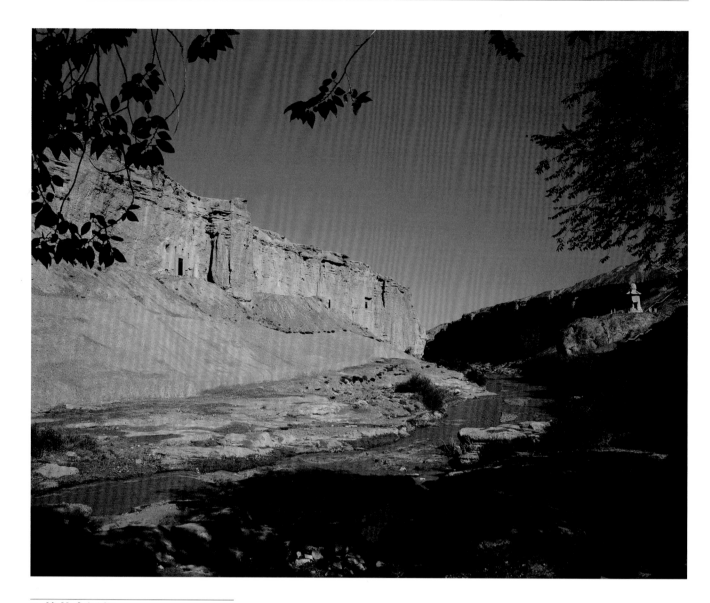

6 榆林窟河谷

榆林河從石窟兩崖中穿行而過,兩岸榆
楊成林,紅柳叢生,春夏之際,陽光明
媚,河水潺潺,的確是塞外勝迹。

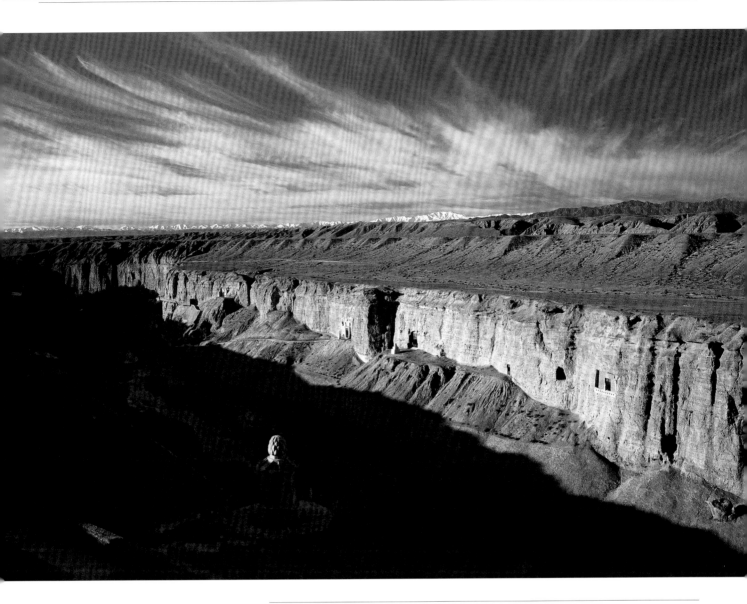

7 榆林窟

榆林窟又名萬佛峽，位於安西縣西南75公里的谷地中，因窟區榆樹成林而得名。峽谷兩岸相距不足百米，東崖上有石窟兩層，下層十一窟，上層二十窟，西崖只一層有十一窟，共計四十二窟。

現存最早的洞窟為初盛唐所開，五代時瓜州及沙州歸義軍曹氏家族開窟較多，西夏及元代也留下不少優秀的石窟藝術，成為敦煌石窟最後的輝煌。

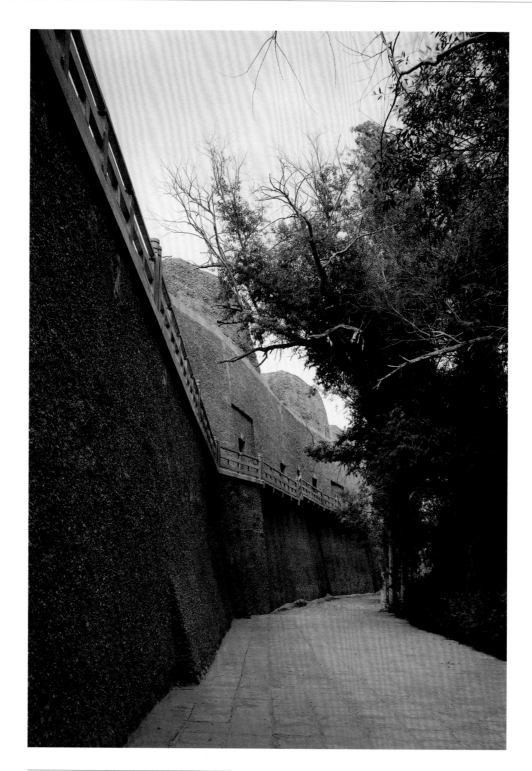

8 西千佛洞

因在莫高窟（俗稱千佛洞）之西，故
名。石窟位於敦煌市西南35公里的黨河
故道斷崖上，窟區綠樹掩映，河水潺
潺。現存石窟十九個，最早的石窟起於
北魏、北周，止於元代，集中一處的共
十六窟，另有三窟在相距2.5公里的東
面，惜已殘破過甚。

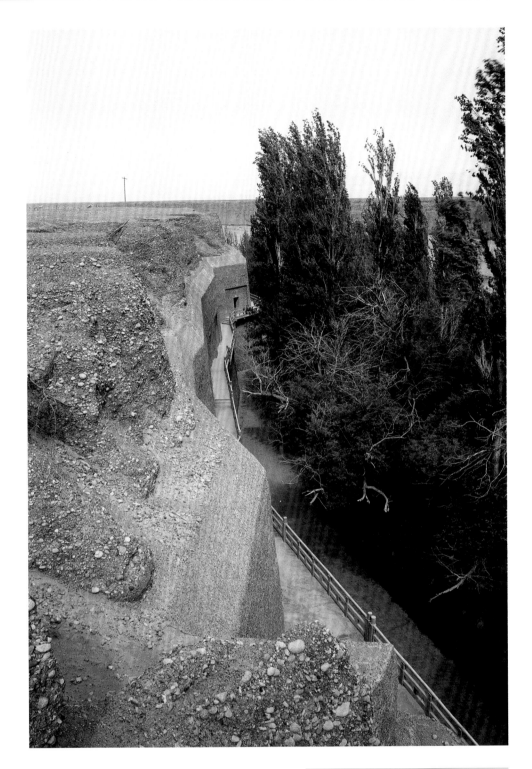

9 西千佛洞的河道與山崖

西千佛洞開鑿在黨河的北岸，河水沖刷
將原本平坦的戈壁下切成一道深深的河
谷，沿黨河逆流而上，還有一處石窟
羣，即肅北蒙古族自治縣的五個廟石窟
羣，它們都屬於敦煌石窟的範圍。由此
可見，敦煌莫高窟和周圍的石窟羣在選
址上具有共性，即在背倚山崖，面臨河
流的幽靜之處開鑿建窟。

10 東千佛洞

東千佛洞在安西縣東南98公里外的一條
山溝裏，離唐代鎖陽城約23公里，東西
崖面上現存石窟八座，其中西崖開上下
兩層，存五窟，東崖存三窟，開鑿年代
不見有記載，現存窟內的壁畫多為西
夏、元、清所繪。山崖頂上有土塔遺
迹。

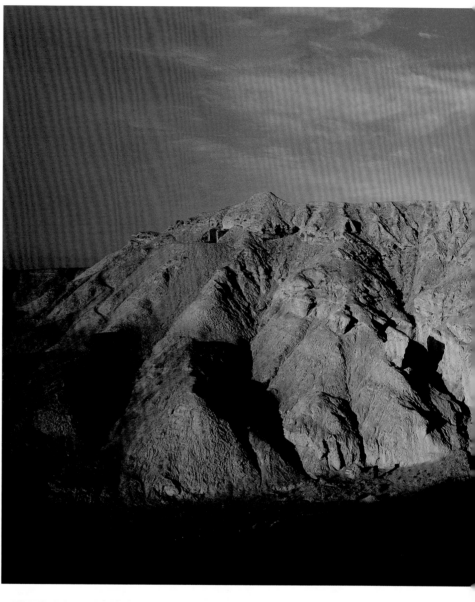

11 佛爺廟灣古墓磚雕斗栱

佛爺廟灣位於敦煌市城東6公里，南部與
莫高窟相連。該處出土的魏晉墓，其建
築形式和畫像磚，為了解莫高窟藝術淵
源提供了線索。這是佛爺廟灣一座魏晉
墓的照壁牆上，用磚磨製成各種仿木構
式的斗栱，其形象與莫高窟早期壁畫中
的斗栱相似。可以看出，敦煌在仿西域
開鑿石窟時，壁畫中的各種建築形式仍
以本土文化為主。

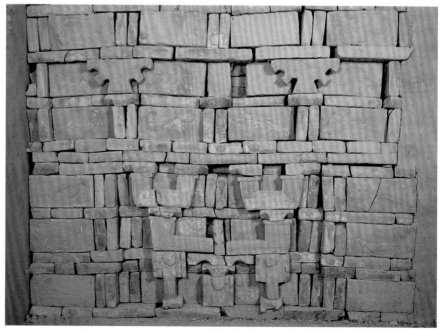

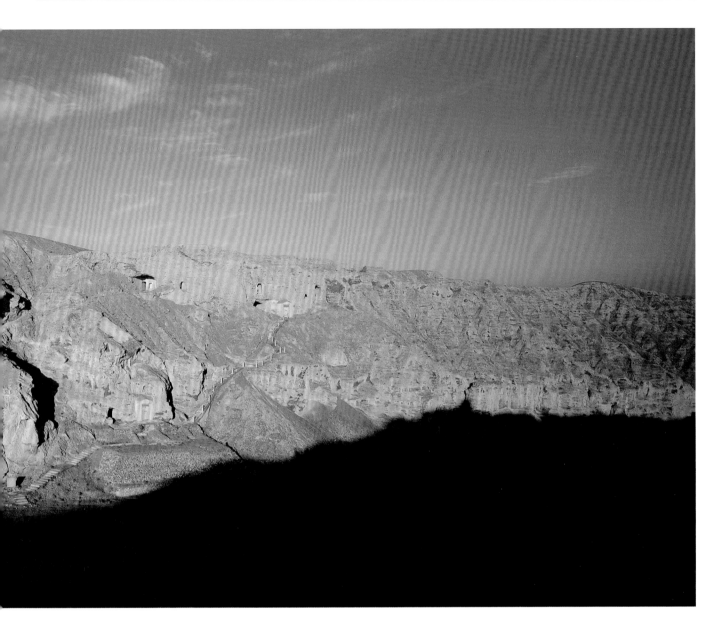

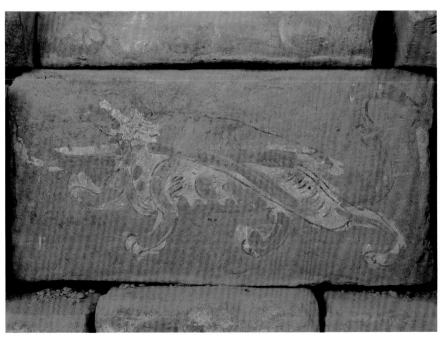

12 佛爺廟灣古墓畫像磚之瑞獸

在魏晉墓的照壁牆上繪有許多祥禽瑞獸
圖像,有的還在圖像旁邊寫了名稱。敦
煌石窟早期壁畫的動物形象與之有很多
相似之處,在繪畫技巧和藝術風格等方
面一脈相承。

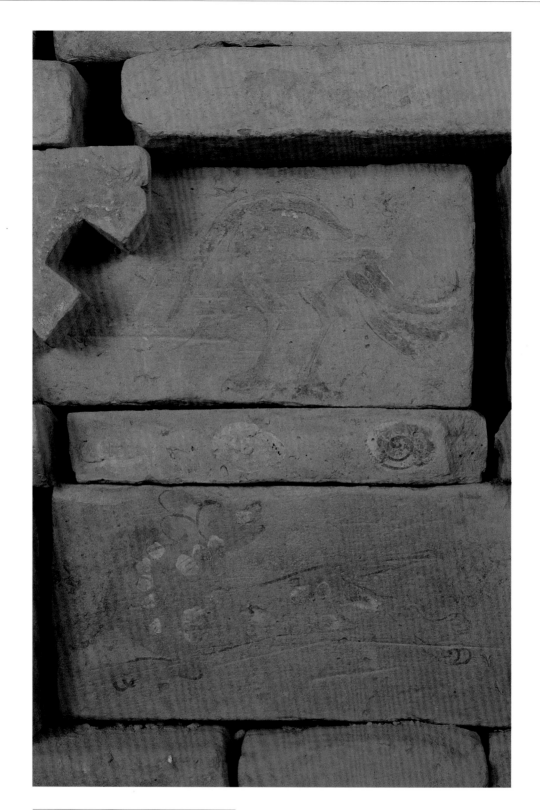

13 佛爺廟古墓畫像磚之鳥和鹿

魏晉墓畫像磚上的動物圖像,上部是一隻鳥,下部是一隻在奔跑中回頭的梅花鹿,寥寥數筆將鳥和鹿的情態表現得非常生動。莫高窟西魏第249、285窟,大概就是吸取了這種繪畫手法。

第二節　　工程浩大的大佛窟

敦煌石窟中，以單個洞窟之工程浩大計，首推大佛窟。大佛窟高二三十米，平面近方形，内部空間幾乎全用以容納巨大的彌勒佛坐像，古代又稱為大像窟。大佛窟的數量不多，但以其尊像的宏大雄偉，影響巨大。

敦煌石窟共有三座大佛窟，其中莫高窟兩座，榆林窟一座，都是唐代開鑿的。開鑿大佛窟所耗費的人力、物力、財力之驚人，由第130窟（南大像窟）可以估計。據文獻，該窟開鑿於開元九年（公元721年）至天寶年間完成，費時約三十年。

北大像窟（第96窟）和南大像窟（第130窟）是莫高窟的兩座大佛窟，亦是敦煌石窟最大的兩個洞窟。北大像窟外有多層窟簷，已經成為莫高窟的標誌。

大像窟的崖面上有幾層明窗，可供遊人作觀賞佛像之用。敦煌大像窟的開鑿工序比較特殊，開鑿時先開明窗，明窗的設置既便於在開鑿時排出石渣，又增加了窟内採光，特別是大像頭部明窗帶來的光束，使工匠可以準確雕琢佛像慈祥的面容。進入石窟後大致也如一般石窟的程式施工，不過大佛窟還要留下大像的石胎，不像開鑿一般覆斗頂殿堂窟那樣，做成一個大空間，故此規劃應比較複雜，工作亦較艱巨。

大佛窟

在中國，公元四、五世紀的南北朝是石窟開鑿的第一個高峯，雲崗石窟的北魏曇曜五窟就是大像窟，像高13～16多米，到唐代以後，甘肅、陝西、河南、四川、河北等地都有大佛興造。與其他佛教興盛地區相比，佛教發源地——印度的石窟沒有大像窟，新疆拜城克孜爾石窟從公元四到六世紀都曾建大像窟，但都早已毀壞，只殘留大像痕迹，像高都在10米以下。緊鄰新疆的阿富汗巴米揚地區的兩尊大佛，其中西大佛高56米，大約建於五世紀（已在2001年被炸毀）。佛像造型方面，克孜爾和巴米揚的大佛都是立像，腳下的兩側有通道可以繞行通過。敦煌的三身大佛都是善跏坐的彌勒大像，其中北大像下部也有通道可以右繞通行。

北大像窟於初唐武則天証聖元年（公元695年）開鑿。據記載，唐永昌二年（公元690年）僧法明等撰《大雲經》，説武則天是彌勒下生，當代唐而為閻浮提主，以此預示武則天稱帝是“上承天命”。同年九月，武則天以周代唐，改元天授，頒詔天下各州建大雲寺，敦煌為沙州，在莫高窟動工開鑿北大像，與武則天不無關係。

北大像洞窟直通崖頂，高約40米。佛像通高35.2米，是莫高窟第一大像，在全國亦僅次於四川樂山大佛（高71米）及榮縣大佛（高約36.67米）。但四川兩大佛都是摩崖石刻，若以室內佛像或泥塑造像而論，北大像都是全國之冠。北大像上身及頭部已完全凌空，有木結構的九層佛閣覆蓋，大像前的崖壁上分設三層明窗，用以採光及登臨瞻仰大佛。近年測量大佛，發現全身比例非常不勻稱，上半身比例過長，下半身又太短，但無論站在窟內的任何位置，都無法看出比例失調，原因是從幾層明窗中分別看去，距離太近，看不到全身；從下向上仰視大佛時，失調的比例正好消除了眼睛近大遠小的視覺差，這就是古人掌握雕像技巧的高超之處。

南大像窟開鑿於盛唐開元九年（公元721年）至天寶年間（公元742～756年），窟高約28.3米，像高27米，石窟斷面為鐘形，窟頂近似覆缽形。彌勒大像規模宏偉，氣象莊嚴，是中國現存為數不多的唐代精美大雕塑。

此窟在晚唐時曾重繪過甬道壁畫，至西夏時又在窟內大規模重繪壁畫。現窟頂上正中有五龍大藻井。大像頭部後有色彩強烈的背光壁畫，前有兩重明窗透進光柱，柔和的光線散佈在大佛的面部，大佛的形象十分鮮明突出，站在大佛的腳下，仰觀巨大的佛像，其身後是五彩斑斕的壁畫，形象與色彩形成的強烈對比，產生一種震撼心靈的作用。

榆林窟第6窟是建於唐代的穹窿頂大佛窟，大佛像高約23米，窟前有明窗。建成後歷經五代、宋、西夏、元、清以及民國初年多次重修，壁畫也是多個時代並存，現在的大像在清代被重新彩繪塗金，形象依然肅穆莊嚴。上層明窗寬闊開敞，正對大佛頭部，可以近觀佛像的容貌。近年在修復大佛窟頂部和大佛頭部的過程中，在大佛的右肩上部，發現有一個可容一人鑽進的洞口，直徑約七、八十厘米。洞壁上有供攀登的腳窩，直達崖頂，可能是為修建大佛頭部及窟頂開挖的送料孔，大佛建好後，又將洞口堵塞。

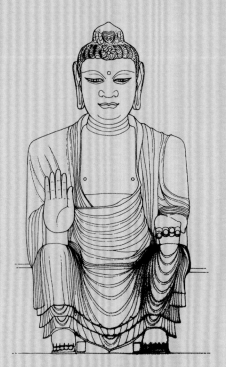

第96窟大佛實測圖

南北大像窟的窟簷及窟前建築

第96窟北大像外從唐証聖元年（公元695年）開鑿時就建有窟簷，當初是四層，到晚唐歷經近二百年，樑棟摧毀。張淮深組織人力修復，改為五層，"玉豪揚採，與旭日而連暉，結脊雙鴟，對危峯而爭聳"，相當壯觀。幾十年之後，北大像下兩層又出現材木損折的情況，五代統治敦煌地方的曹元忠夫婦見狀，又組織了一次維修。現存的九層大佛閣窟簷俗稱九層樓，第四和第七層對着明窗，可以登臨，建成於1935年。

第130窟南大像從前也曾建有窟簷，淺褐色被風沙侵蝕成條條裂紋的粗大挑樑，還清晰可見。至於現時所見上層窟簷建於1940年前後，是窟簷中最晚的一座。

兩座大佛窟的窟前都有唐代以後的殿堂遺址，都是五開間的建築，不同於一般洞窟的三開間殿堂。

第130窟的南大像窟，1979年在窟前曾作考古發掘，除了發現大佛前留有修建時的十八個搭設施工腳手架用的架穴，還發現窟前有西夏時的大型殿堂遺址，殿堂為木結構，面闊五間，進深三間，是已發現的建築遺址中最大的一座。緊靠殿堂的後壁有四大天王殘像痕迹，高約七八米。地面滿鋪蓮花紋方磚，規矩整齊，顯示出殿堂內考究的裝飾氛圍。殿堂與石窟共同組成了一個規模龐大的寺院，在前的殿堂是天王堂，在後的石窟是大佛殿。這處遺址現在保存完好，供人研究和參觀。

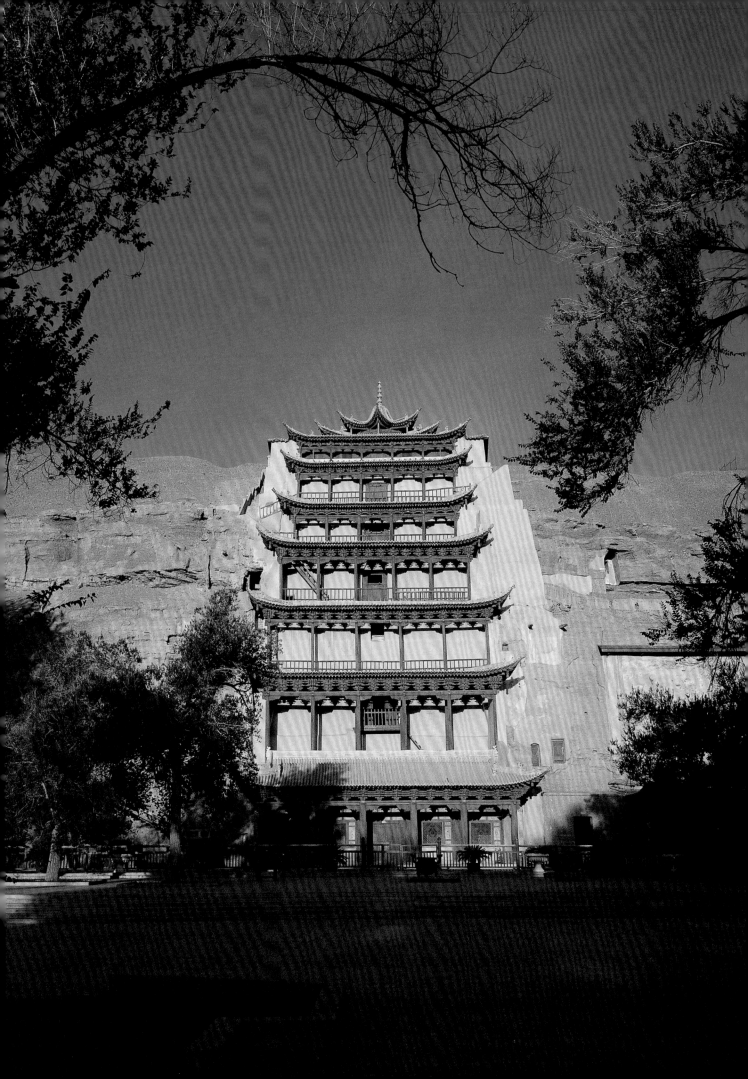

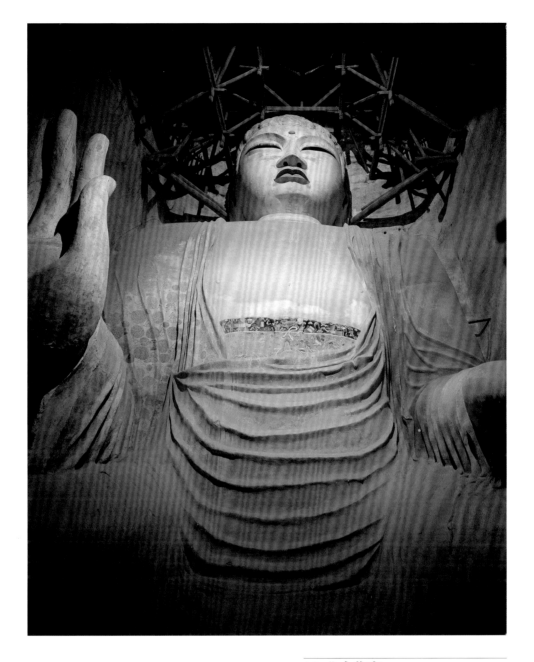

15 北大像窟

北大像通高35.2米,是莫高窟第一彌勒大
佛。原外部建有木結構窟簷,現存窟簷
為1928至1935年重建,當時還對大佛重
新彩繪妝鑾。據唐人撰《莫高窟記》記
載,北大像建於延載二年(公元695
年),由靈隱禪師與居士陰祖共造。

初唐 莫96

14 九層樓遠眺

九層樓是北大像窟(第96窟)外的窟
簷,原樓為五層,民國時改建為現狀,
成為莫高窟的標誌性建築。

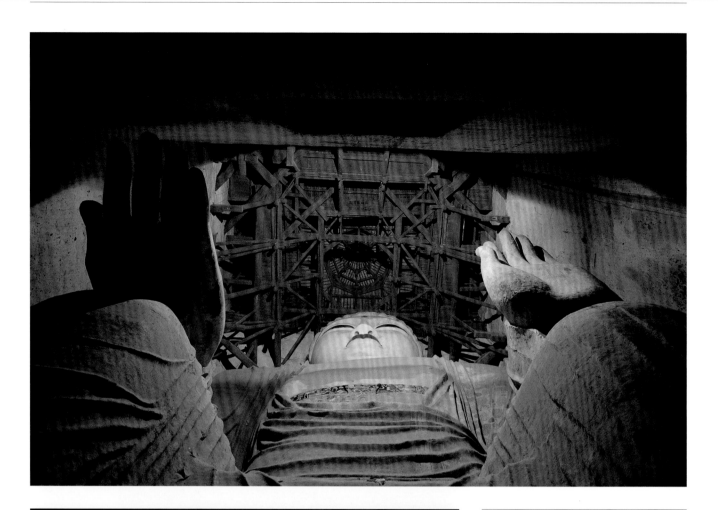

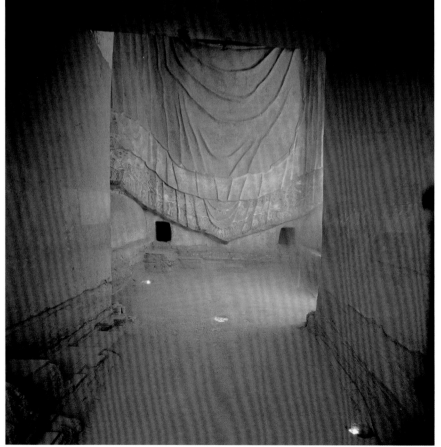

16 北大像窟內部樑架

北大像窟簷,又稱九層樓。窟前的木構大窟簷,曾經歷代維修,晚唐修繕時建成五層樓,至清末時改建成四層硬山頂窟簷,民國二十四年(公元1935年)建成五開間九層樓式窟簷。第八、九層內部結構是在方井心之上又加一個八角攢尖頂,頂尖下有雷公柱。

初唐 莫96

17 北大像窟的腳手架遺迹

敦煌石窟在開鑿洞窟和大型佛像前,都要搭建木製腳手架,為了固定腳手架,需要在地面鑿洞。在1999年修復北大像窟的施工中,清理至初唐大佛初建時的地面,發現用以設置腳手架的架穴,第130窟南大像前也發現了同樣的架穴。

初唐 莫96

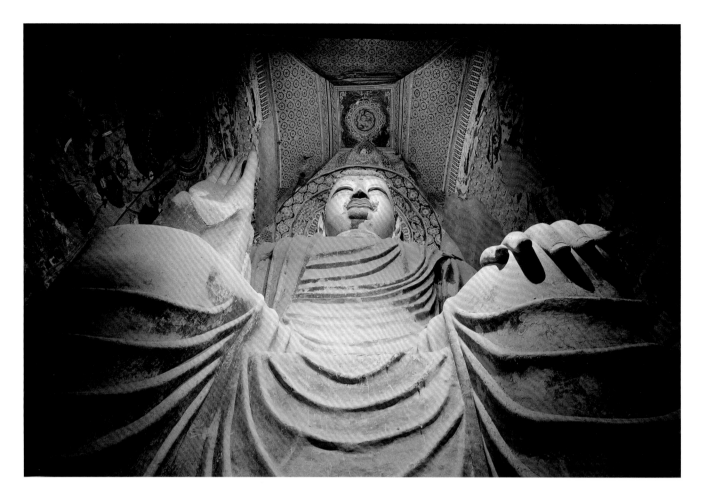

18 南大像的頭光與藻井

南大像是敦煌石窟的第二大佛,大佛面
相莊嚴,像高27米,展現大唐盛世的藝
術成就。頂部壁畫雖經西夏改畫,但也
經歷近千年的歲月,現存的藻井和頭光
依然色彩斑斕,成為大佛造像華麗的背
景和襯托。

盛唐 莫130

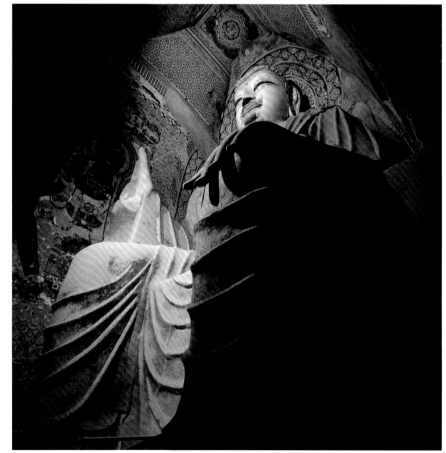

19 南大像窟

窟室寬23.5米,深23.3米,頂高28.3米。
唐《莫高窟記》有"開元年中僧處諺與
鄉人馬思忠等造南大像高一百廿尺"的
記載。窟前甬道南北壁上有晉昌郡太守
及夫人供養像。晉昌郡設置於天寶元年
(公元742年)至乾元元年(公元758年)
間,從開元至天寶期,建窟歷時約三十
年。此窟部分壁畫經西夏重繪,但大像
仍然保持盛唐原貌。

盛唐 莫130

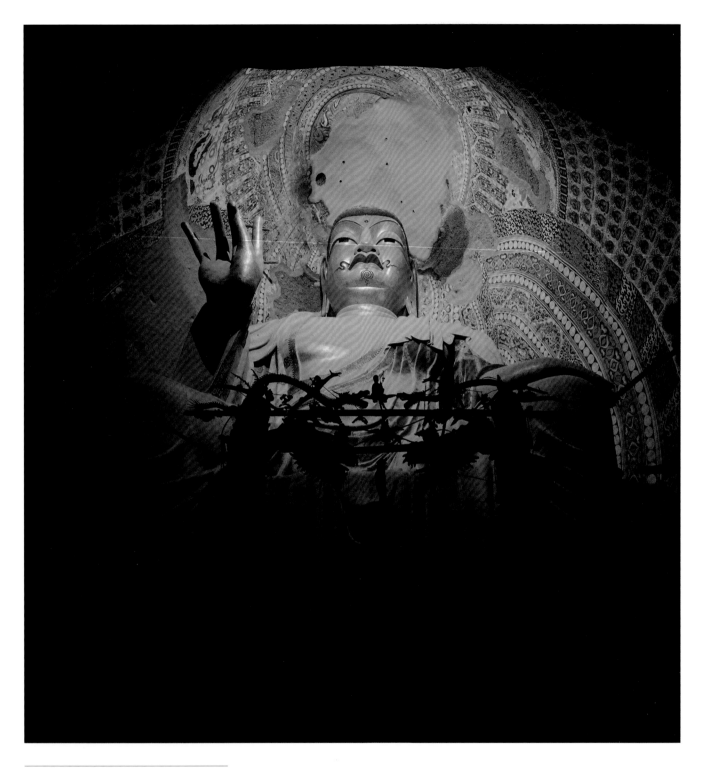

20 大佛及穹窿頂

敦煌石窟的第三大佛位於榆林窟，高
24.35米，雖經清代裝鑾，但仍保持唐人
的塑像風格，面相圓和端莊，線條挺拔
有力。穹窿頂上原有圓形華蓋，惜已風
化剝落殆盡。石窟上部有明窗，可直接
照亮大佛的頭部。

唐 榆6

中西合璧的早期石窟形制

十六國至北周（公元366～580年）

　　佛教石窟起源於印度，後來從印度經中亞到西域廣大地區，逐漸傳入漢民族聚居的敦煌及河西走廊，當時敦煌已有深厚的漢文化傳統，佛教文化要在當地傳播，必然要融入本土文化的傳統之中，因此從石窟開鑿之初，如何把西域風格的石窟形制，演變成當地漢民族能夠接受的形式，始終伴隨着石窟的開鑿而變化。敦煌早期的石窟形制，明顯帶有西域風格，卻又與漢地的魏晉傳統相結合，形成獨特的風格。

　　敦煌石窟羣以莫高窟開鑿最早，據刻於公元698年的《聖曆碑》的記述，莫高窟始建於前秦建元二年（公元366年），沙門樂僔和法良禪師相繼開鑿兩個石窟，以後北魏的東陽王元榮和北周的建平公于義又先後各建造一大窟。據考證莫高窟現存最早的石窟是十六國北涼時開鑿的三座石窟，即第268、272、275窟（其中第268窟內包含了第267、269、270、271窟）。其後北魏開鑿十四窟，西魏六窟，北周十七窟，共計四十窟，經歷近二百年時間。

　　敦煌石窟形制的發展變化，每一個朝代既有繼承，又有發展。即使在相同的石窟形制下，同一時代的石窟也不是簡單的重複，總有許多局部的變化。所以對於石窟形制的形成與變化，既要看到它的空間形式，又要關注其局部裝飾的變化。

第一節　禪窟

禪窟又稱僧房窟，即古代梵文音譯的"毗珂羅"，是專供佛教僧侶們生活和坐禪修行的處所。在新疆、中原和西藏的石窟羣中均有此類洞窟。莫高窟十六國晚期的第267至271窟是一組小型禪窟，是禪窟的早期形式，縱長的主室，後壁開一淺龕，內有塑像一尊，主室頂為淺浮雕的四方套疊平棊窟頂。佛龕周圍繪有華蓋、火焰龕楣、希臘式龕柱以及兩側的供養菩薩和飛天等。窟室南北壁各開兩個小禪窟，空間很小，僅能容一人坐禪修行，禪室內原來沒有壁畫，後為隋代補畫。

建於西魏大統四年、五年（公元538、539年）的第285窟，是較大型的方室覆斗頂窟，後壁正中開一大龕，中塑彌勒像，兩側各開一小龕，內塑一禪僧，南北壁各開四個小禪室。石窟中心地面還有一小方台。禪僧塑像與八個禪室構成了典型的印度毗珂羅形式，即在山中開鑿僧侶坐禪修行的僧房窟。此窟是由印度毗珂羅形式演變而來的，禪室前繪出的尖拱券楣裝飾華麗，整窟的形式與印度阿旃陀第12窟形式接近。窟室內的壁畫藝術也與禪修相關，在覆斗形窟頂四坡的下部，繪出在山林中禪修的僧眾三十六身，四坡上部繪滿了天空諸神靈與奇禽異獸。神靈的彩帶飄舞，攪動着祥雲翻捲，滿壁風動，體現了禪修靜思後進入一種虛幻的精神境界。繪畫

中有中原繪畫傳統內容的伏羲、女媧形象，一窟之中將華夏文化與西來佛教的內容結合得和諧而生動。

於一窟之中開多個禪室的形式只在敦煌早期洞窟中出現過，大部分開鑿在莫高窟北區，南區僅有三座。在莫高窟北區的石窟羣中，經過近年的考古發

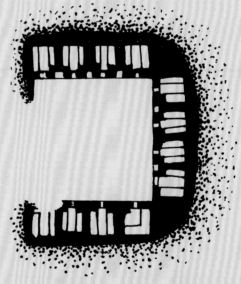

阿旃陀第12窟僧房平面圖

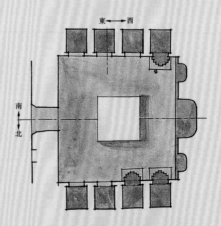

第285窟主室及禪室平面圖

掘，發現很多禪窟，但都是以不同的使用功能組合成一個羣體，羣體之中有禮佛窟、僧房窟和禪窟，它們各自獨立。北區禪窟內的形式很簡單，洞窟內在開鑿時就預留了很大的禪牀，周圍牆面上也沒有壁畫與裝飾。由於莫高窟北區的禪窟大多經後人多次改動，很多已無法考證其年代，僅從少數石窟羣中考察，禪窟開鑿的時代較早，所以把它們都歸入早期。

北區第461窟是北周窟，主要畫釋迦佛與多寶佛的並坐像。據《法華經》上說，二佛並坐於多寶塔中，但壁畫中沒有繪出寶塔，顯然是將整座窟室象徵為佛塔內部。按佛經的說法，僧人坐禪之

式，第一種形式是一窟多室，與印度的毗珂羅窟相似，卻又不是完全模仿。因為印度此類形式的禪窟內，早期是沒有佛像與壁畫的，而莫高窟第285窟的壁畫內容既有佛傳故事、佛說法圖等佛教內容，又有中國傳統神話故事裏的神仙與祥禽瑞獸，如伏羲、女媧、雷神、朱雀等，它們共聚一室，充分體現了外來文化與本土文化的融合。第285、487窟的地面中間還設有一低矮的方壇，信徒圍繞方壇向右旋轉禮佛，把禪修、觀像與右旋禮儀集於一窟之內。據佛經上說，繞塔、繞壇或繞佛作右旋禮拜可以得無限福報。第二種形式即一窟一室，多開鑿在北區，從地理位置上遠離了南區密

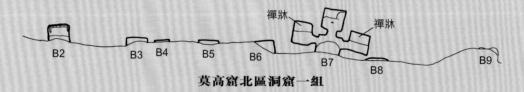

莫高窟北區洞窟一組

後，要入塔瞻仰佛像，即所謂"觀像"，在第461窟周圍分佈着若干個坐禪觀像的小禪窟。印度阿旃陀石窟羣即是在若干個禪窟附近，有一座支提窟（塔廟窟）。出於宗教的需要，這兩種石窟總是毗鄰而建。禪窟形式僅在莫高窟建窟初期有建置，隋唐以後，淨土信仰的流行，修行方式的改變，禪窟形制就基本消失了。

敦煌石窟中有兩種不同的禪窟形

集的禮佛窟羣，又將一窟多禪室的形式變為一窟室，一人一室，互不干擾，更有利於靜心禪修。

之所以把第285窟歸入禪窟一類，主要是窟室內的八個小禪室，充分體現了禪窟的基本特徵。此形制的出現對莫高窟有重大意義，其一，表明它是一所多功能的佛殿，其二，主室的覆斗頂稱為盝頂，按照字義解釋，"盝"是一種寶函，古代皇帝的印璽及官員印信都存放

在盝形函中。中原各地出土不少北朝墓誌，其頂蓋也作盝頂形。敦煌出土的魏晉古墓以及新疆吐魯番阿斯塔那北魏墓室多作覆斗頂，看來這種覆斗頂形式，中國人似乎對它情有獨鍾。第285窟的覆斗頂，因為有四個向上的斜面，產生一種向上延伸的透視感覺，形成較為開朗的視覺空間。莫高窟自西魏以後的石窟不管窟室佈局如何變化，但窟頂多用覆斗頂。其三，現存北魏諸窟都不設前室，唯此窟有前室，前室西壁兩邊有殘存的金剛力士的塑像痕迹，為隋唐造窟開創有前後室的先例。這種石窟形制的產生，是石窟形式漢化的典型例證。

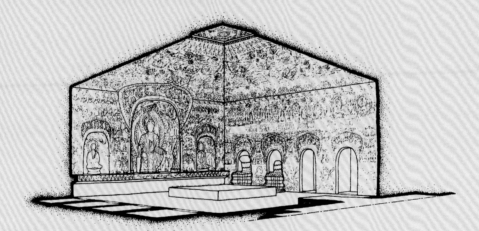

第 285 窟覆斗頂窟透視圖

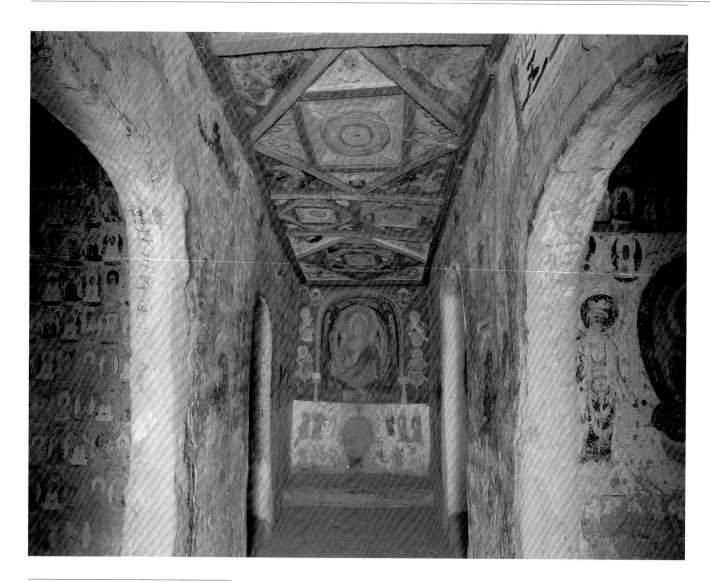

21 小型禪窟

第268窟是莫高窟最早開鑿的石窟之一，
屬小型禪窟，專供僧侶生活和修行。佈
局簡單，主室寬1.15米，深3.15米，高1.7
米。斗四平棊窟頂。西壁龕內有交腳彌
勒一身，南北壁各有兩個小禪室，僅容
一人坐禪。現存南北壁及小禪室有壁
畫，後經隋代改繪。

北涼 莫268

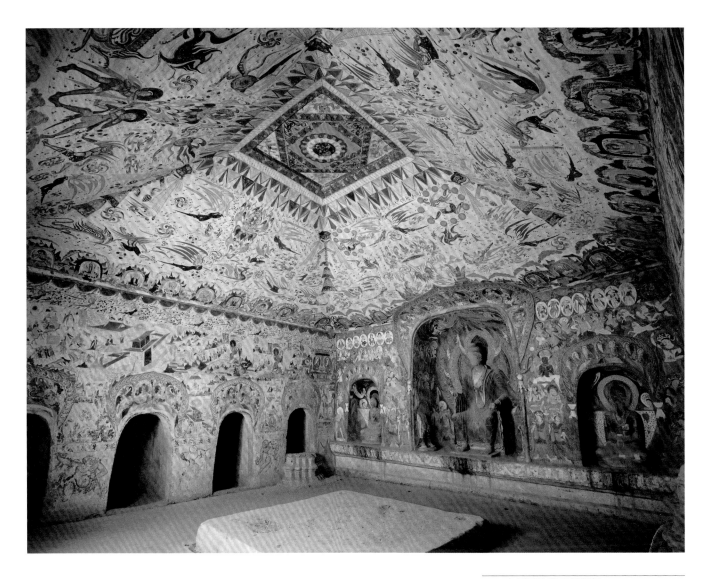

22 大型覆斗頂禪窟

第285窟平面呈方形，為較大型的禪窟，主室寬6.15米，深6.3米，壁高3.4米，頂高4.7米，南北壁各開四個小禪室，比小型禪窟容納更多的僧侶同時坐禪。覆斗頂方井用三層四方套疊，方井四周有雙層垂幔，是莫高窟最早出現的華蓋式藻井。西壁正中開圓券大龕，內有彌勒塑像，大龕左右各有一小圓券龕，內塑坐禪僧人。四禪室的龕口上部裝飾華麗的龕楣。窟室中心有一四方矮台，可作繞台右旋巡禮。此窟的形制應直接來源於印度，與印度阿旃陀石窟相近，屬於莫高窟禪窟的早期形制。

西魏　莫285

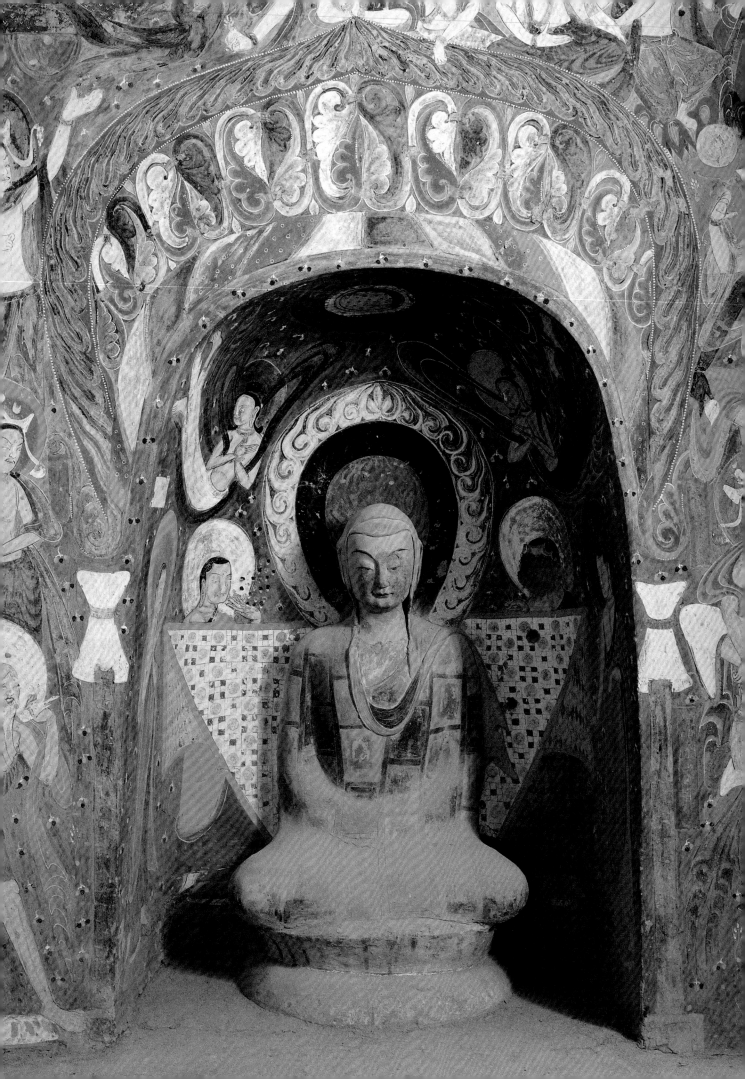

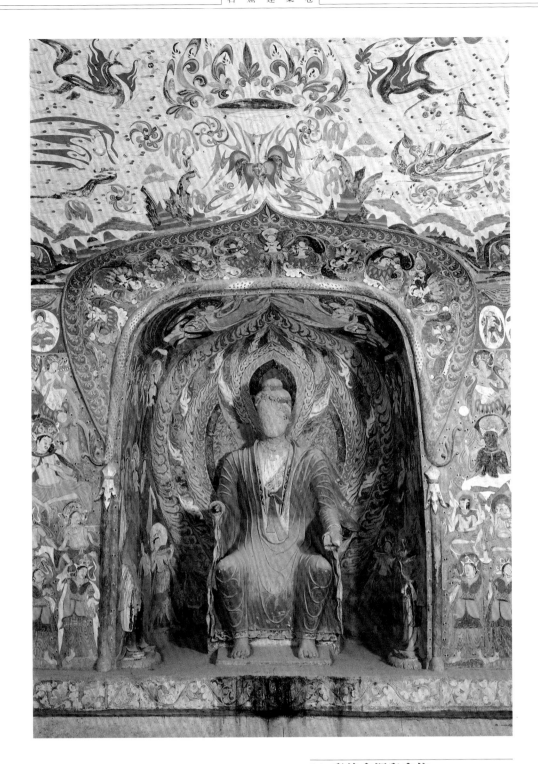

24 彩繪龕楣與龕柱

中心大佛龕龕楣，外沿畫連續的忍冬紋，內沿塑作圓形龕樑，兩側下部捲起作忍冬花瓣。內外沿之間滿畫纏枝忍冬及十一身蓮花化身，形象飽滿圓和，龕下兩側塑作柱形，下有覆缽柱礎，上有束帛柱頭。

西魏 莫285 西壁

23 龕楣裝飾

龕是供奉佛像之處，在石窟中佔據重要地位，因此龕楣歷來也是窟室裝飾的重點。此龕的龕楣外沿畫火焰紋，其內滿畫藤蔓忍冬，顛倒迴環，嚴整有致。龕楣的內側畫成帶狀的龕樑，下部捲起成忍冬花瓣。

西魏 莫285 西壁南側

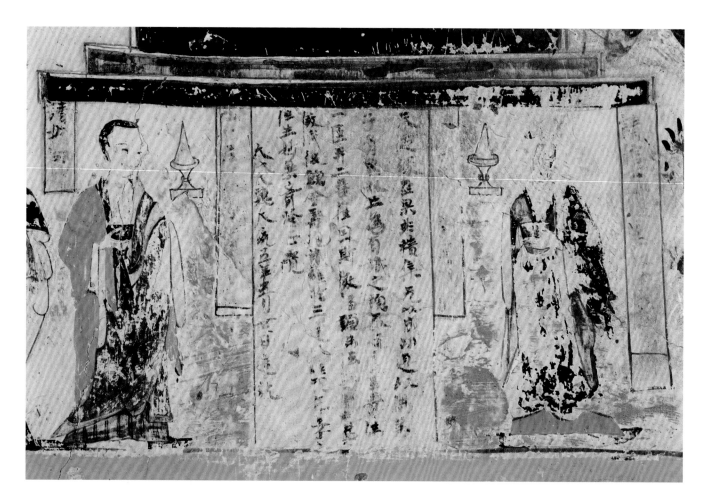

25 記載西魏建窟紀年的發願文

第285窟北壁迦葉佛說法圖下書發願文，
文末有"大代大魏大統四年（公元538
年）歲次戊午八月中旬造"。本圖是同
壁西起的第五鋪發願文，後有"大代大
魏大統五年（公元539年）五月廿一日造
訖"。這兩則題記是莫高窟最早的造像
紀年。

西魏　莫285　西壁

第二節 　 中心塔柱窟

　　印度的"支提"（Chaitya）式石窟，又稱塔廟或塔堂窟，其形式是在一縱長馬蹄形空間的稍後部分建一圓形的覆缽式塔，供信徒作禮拜之用，以後逐漸發展到下部塔台升高，前面開龕造像，禮拜物由覆缽塔轉為佛龕像，塔頂仍有半球狀的覆缽。當佛教經中亞傳入西域（今新疆）後，由於開鑿石窟山崖的石質條件所限，圓形的覆缽塔就轉變為粗大的方形石柱，在石柱上開龕造像。在敦煌地區的砂礫岩地質條件下，也不適合精雕細刻，同時受西域石窟的影響，中心塔柱窟裏的塔就是石窟中後部的方形塔柱，塔柱前的空間供僧侶們聚集作為前堂，後部是環繞塔柱作右旋儀式的通道。在山西雲崗石窟則有雕鑿成塔形的中心塔柱。敦煌的碑刻文獻中有"中浮寶剎，匝四面以環通"及"剎心內龕"的記載，可以認為敦煌石窟內中心柱的本意就是塔。因此將其稱為"中心塔柱窟"。這種石窟形式雖然起源於印度，但經過長途的流傳，到了敦煌，它的空間形式與印度的支提空間已相去甚遠，但它的功能依然存在，既可以禮佛，也可以圍繞中心塔柱進行右旋誦經禮佛。繞塔也是信徒禮佛的重要儀式。

　　中心塔柱窟的窟室平面為縱向矩形，軸線後部有中心方柱，繞柱有通道，柱正面開一佛龕，其餘三面開雙層龕或一層龕，上層龕多作殿闕形。中心柱四周為平頂，繪四方套疊平棊裝飾。中心柱前有寬敞的前堂，頂部作前後兩坡屋頂（又稱人字披或人字坡），坡面塑出椽子，椽間的望板繪滿各種裝飾圖案。在椽子的上下部分塑出脊檁與簷檁，有的還在檁的兩端即窟壁上裝有木質插栱（即木構建築中的丁頭栱），栱上有斗，斗上有替木襯托塑繪出的檁子，其中以第251窟保存最好。在木質插栱下模仿木構建築的形式，於壁面上繪出大斗與柱子，直通地面。這些木質構件全部彩畫，是除了墓室之外，在地面建築中最早的彩畫實例。

　　中心塔柱窟中用人字坡頂，除甘肅武威天梯山石窟第18窟有人字坡的痕迹之外，可以説人字坡窟頂是敦煌石窟特有的空間形式。

　　開鑿於北魏的第251、254窟，在矩形的窟門上方有採光的明窗，山西大同雲崗石窟及河南鞏縣石窟都有明窗的設置，是北魏石窟的特徵之一。印度阿旃陀石窟的支提窟前有很大的明窗，一是窟內採光的需要，同時也是裝飾的集中部位。

　　開鑿於北魏的第254、251、257、259窟和西魏的第249、248窟是一種沒有前室的洞窟。一般學者認為是原有的前室已經坍塌，但在20世紀50年代曾在這一段進行過石窟加固工程，沒有發現坍塌物，同時該段石窟的岩面與下層岩

體同在一個面上。另外一個現象是，在
第249窟與251窟的空隙處之間，有北周
開鑿的一小窟即第250窟。在251窟與
254窟之間有隋、唐開鑿的第253、252
窟，如果當初這些大窟都有前室，它們
之間的小窟就無從開鑿了。大同雲崗石
窟最早開鑿的曇曜五窟也沒有前室的迹
象。因此判斷莫高窟的西魏、北周諸窟
原本都是有前室的，但這種前室是沒有
前壁的"窟廠"，即正面敞開，成為崖面
上一面凌空的前室，而不是前室坍塌後
的結果。莫高窟後世的石窟普遍沿襲了
這一形式。

莫高窟早期的中心塔柱窟，採取平
棊頂與人字坡頂相結合的形式，巧妙地
將一個完整的空間於無形中分為兩個空
間單元，將講堂與右旋禮佛集於一堂。
石窟內部佛龕上都有華麗的蔥頭形龕
楣，極具西域風格，可是窟中的殿閣形
龕，人字坡窟頂及其椽檁斗栱，無不盡
力採取漢民族的建築語言，這種結合中
西特徵的洞窟早期最多，以後逐漸減
少。中心柱窟在莫高窟共二十九座，這
時期有十四座，約近半數。

中心塔柱窟的壁畫裝飾由於時代不
同，形式也不同。北魏和西魏大多在四
壁的上部繪天宮伎樂一圈，下部繪藥叉
一圈，中間的大幅面積是重點繪畫的部
位。兩坡屋頂的山牆面即南北壁前部繪
大幅的説法圖或佛傳故事，其餘壁面滿

繪千佛，西壁多數在千佛中間繪一跏趺
坐佛。中心柱的四面圍繞佛龕以浮塑的
形式塑出龕楣與龕柱，龕楣外還有很多
千佛或飛天的影塑（模印的浮雕）貼在柱
壁上。

北周的中心柱窟四壁仍是三段式的
佈局，即每個壁的壁畫或影塑分為上、
中、下三部分。以第428窟為例，四壁上
部分佈一千多身千佛影塑，中部的南、
西、北三壁並排多幅説法圖和經變畫，
東壁是兩幅大型的本生故事畫，下部一
圈是三排供養人像。此窟是早期最大的
洞窟，內容非常豐富，窟室裏一千四百
八十身千佛影塑和一千二百二十九身供
養人像都是莫高窟之最。據唐代碑刻中
追述莫高窟建窟歷史時記載："樂傅法
良發其宗，建平東陽宏其迹"及"復有刺
史建平公，東陽王等各修一大窟"。據
考證，建平公即于義，北周時曾任瓜州
刺史。第428窟是北周大窟，可能即為于
義時開鑿。

十六國至北魏時期，敦煌與涼州
（今甘肅武威）關係密切，同屬五涼文化
系統，涼州是五涼的中心。北涼王沮渠
蒙遜開鑿涼州石窟（今天梯山石窟），其
中第1、4、18窟都是中心塔柱窟，第18
窟規模宏大，中心塔柱之前有人字坡
頂。敦煌與涼州之間，張掖、酒泉、玉
門、肅北等地的早期石窟都有中心塔柱
窟，而敦煌石窟的中心塔柱的數量多，

規模大，延續時間最長。涼州石窟以東的炳靈寺、麥積山石窟都沒有中心塔柱窟，寧夏固原須彌山石窟雖有中心塔柱，但其屬北周石窟，時代較晚，形式也完全不同，説明涼州及其以西的河西的早期石窟是自成體系的，這種石窟形制的地域性經考古學家宿白先生以"涼州模式"予以概括。

新疆塔里木盆地的南北兩路都是佛教輸入的路線，北路古龜茲一線多石窟，而南路古于闐一帶多明屋寺院。北路的龜茲克孜爾石窟有許多中心柱窟，多數是券頂形式，中心柱三面的通道十分低矮，空間感覺與莫高窟的中心柱窟完全不同。吐魯番的交河故城，有用生土建造的大型寺院建築，一周是僧房，中後部有一支提空間，左右高牆及中心柱上殘存的凹槽高度相同，可能是安放木構件的位置，據此推測中心柱左右及後面通道的上部應為平頂，與莫高窟中心塔柱窟的形式較為接近，可能是莫高窟中心塔柱空間形象的直接淵源。

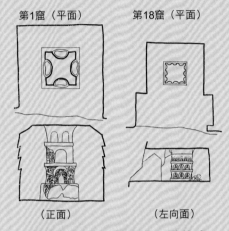

第1窟（平面）　　第18窟（平面）

（正面）　　（左向面）

武威天梯山石窟的中心塔柱窟

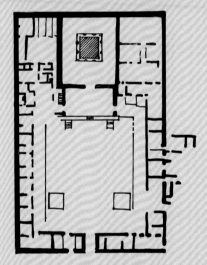

**吐魯番交河古城中大道北端的寺院
"大廟"平面圖**

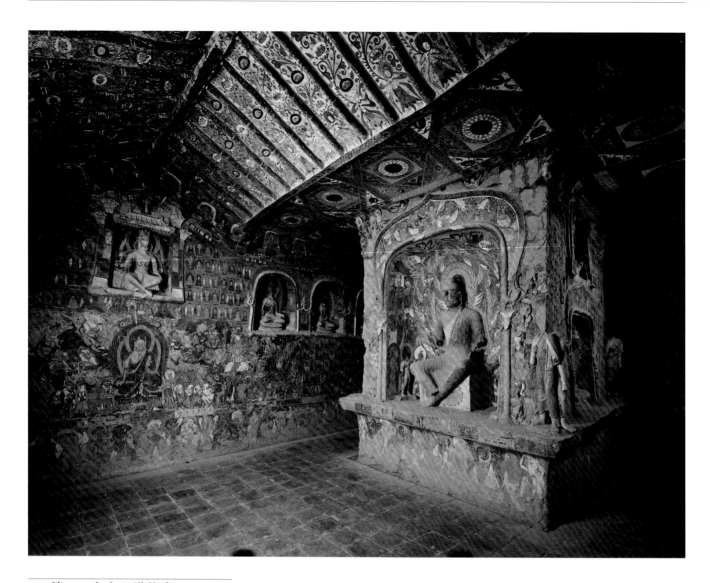

26 第254窟中心塔柱窟

此窟是最早的中心塔柱窟之一，窟室寬
6.6米，深9.5米，高4.6米。窟室前部是僧
侶聚集的前堂，為人字坡頂，坡面塑作
椽檁，兩端檁下有木斗栱。窟室後部有
中心塔柱，是專供僧侶誦經禮佛之處，
環塔柱一周為通道，信徒圍繞塔柱右旋
誦經禮佛。頂部是平棊頂，滿畫圖案，
前室與後室頂部不同的造型將窟室分
開，形成兩個功能不同的空間單元。窟
室南北壁上部前有闕形龕，後部有四聯
圓券龕。中心柱正面大龕內塑彌勒佛
像，其他三面均為雙層佛龕。

北魏 莫254

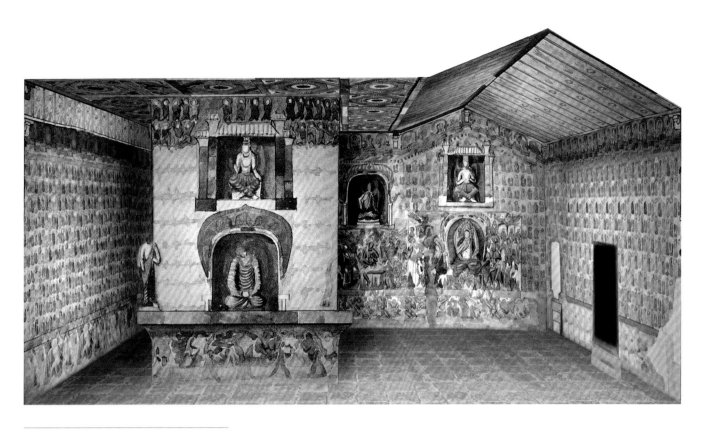

27 第254窟立體圖

前部人字坡頂，後部平棊頂，中心柱四
面和南北壁開龕。

北魏 莫254

28 第254窟解剖圖

北魏 莫254

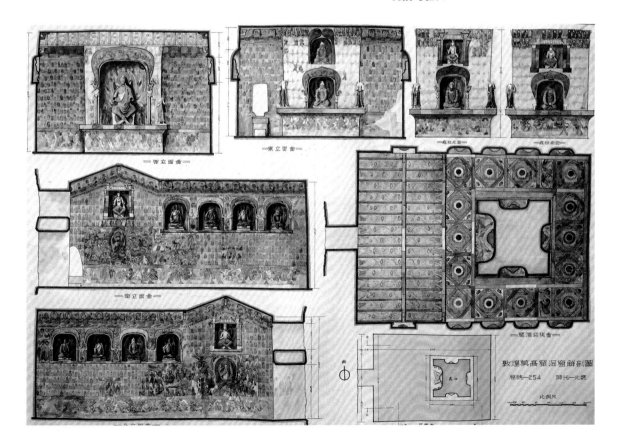

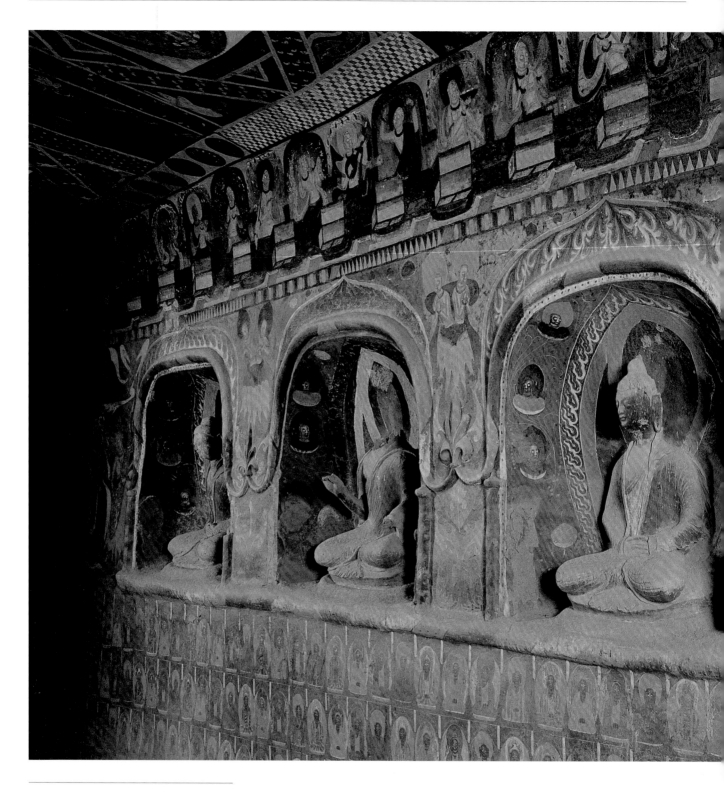

29 四聯拱券

窟室南北兩壁的後部,各有四個相連的
圓券龕,龕內有結跏趺坐佛像,兩龕上
的龕樑尾部捲起相連,共同組成忍冬花
形,頗有中亞犍陀羅風格。

北魏 莫254 北壁

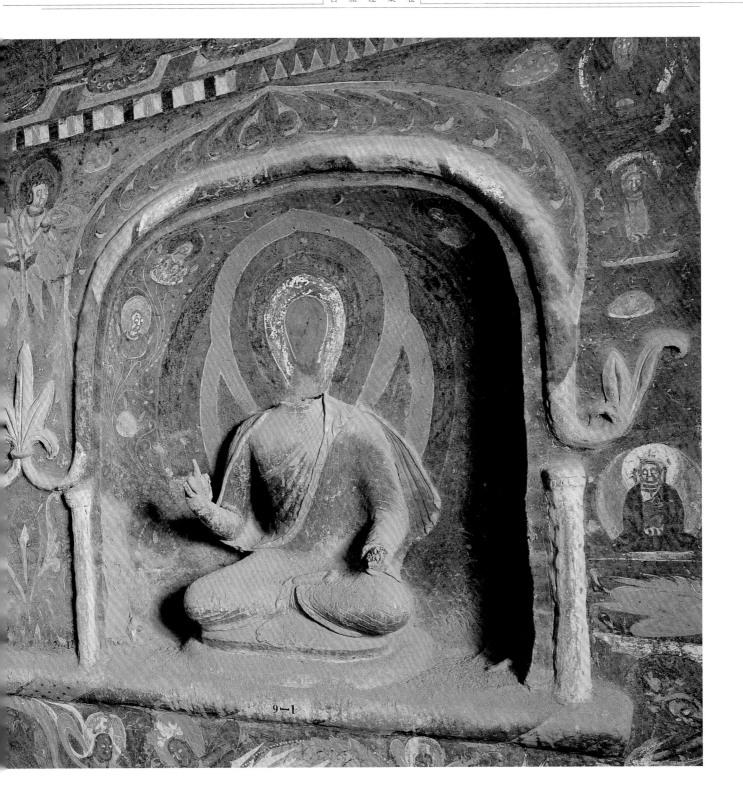

9—1

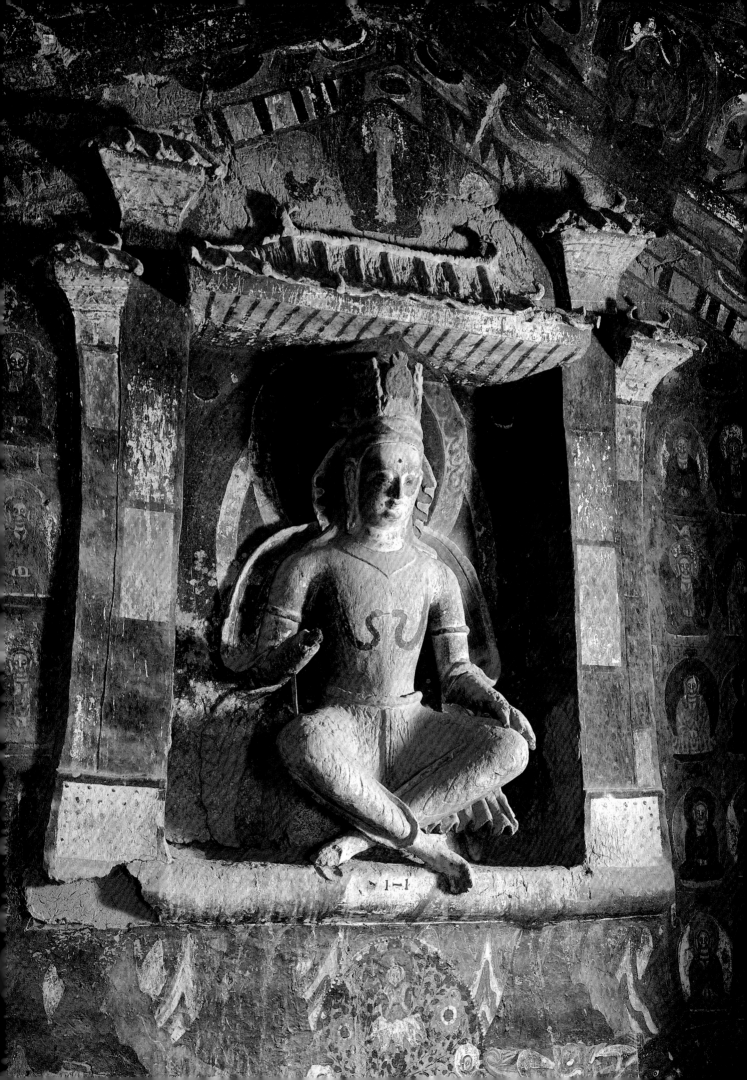

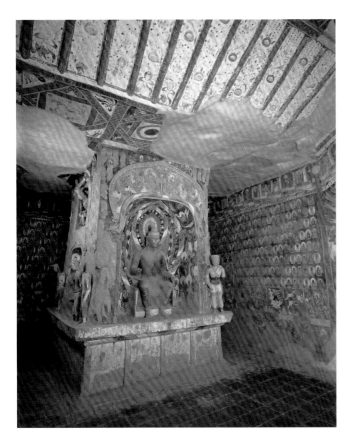

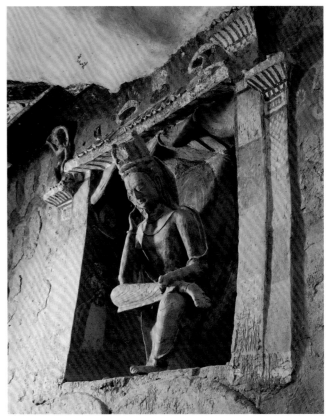

31 第257窟中心塔柱窟

窟室前牆已坍塌，中心柱以後基本保存
完好。中心柱分上下兩段，下段為須彌
座式。上部前面開圓券大龕，內塑彌勒
像，龕上塑有龕楣，龕樑的下部捲起成
龍身龍首，形象生動。中心柱左右兩面
上部塑闕形龕，下部為圓券形的雙樹
龕。

北魏 莫257

32 闕形龕

龕兩側起子母闕，兩闕之間有殿屋，簷
下帷幔懸掛。龕中塑思維菩薩像。

北魏 莫257 中心塔柱南向面

30 闕形龕

南北兩壁及中心塔柱上部各有殿闕形佛
龕，簡稱"闕形龕"。龕內塑彌勒菩薩
像，龕兩側塑雙層闕形，中有廡殿頂，
成為高低錯落的子母闕，表示彌勒在兜
率天宮的殿屋。此種龕形僅見於莫高窟
北涼及北魏時代的石窟中。

北魏 莫254 南壁

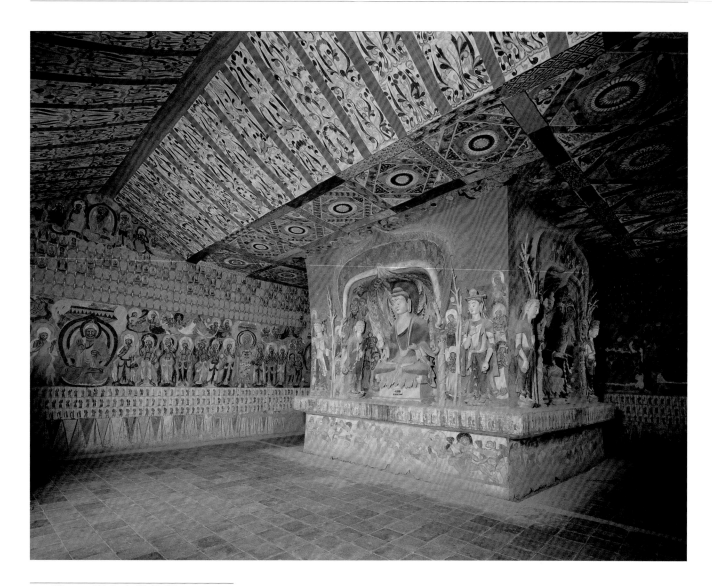

33 第428窟中心塔柱窟

此窟室寬10.8米,深13.5米,高5.7米。
前有窟廠,即開敞的前室,主室前堂為
人字坡頂,上繪椽檁,兩椽之間的望板
滿畫忍冬、蓮花與禽鳥等紋樣。中心柱
四面各開一龕,環柱一周有通道,平棊
頂。此窟有三個敦煌之最:最大的中心
塔柱窟,中心柱比例較寬,開敞的前室
更增加了空間的開闊感;壁畫上有最多
的供養人像(一千二百二十九身);窟
內有最多的千佛影塑(一千四百八十
身),是莫高窟代表性石窟之一。
北周 莫428

34 龕楣與龕柱

塔柱正面浮塑龕楣,內畫纏枝忍冬、蓮
花、化生及藍馬雞。龕樑兩端下垂捲起
成龍身及龍頭。龕柱作蓮花柱頭,柱身
上有蓮莖纏繞,塑造細膩生動,此種形
式的龕柱一直沿用到初唐前期。窟內四
壁已為西夏壁畫覆蓋,中心柱保存完
好,佛龕內塑彌勒佛,龕外兩側的菩薩
像是早期塑像中的代表作。龕楣盛於北
朝,在初唐以後隨着佛龕的變化,龕楣
完全消失了。
西魏 莫432 中心塔柱正面

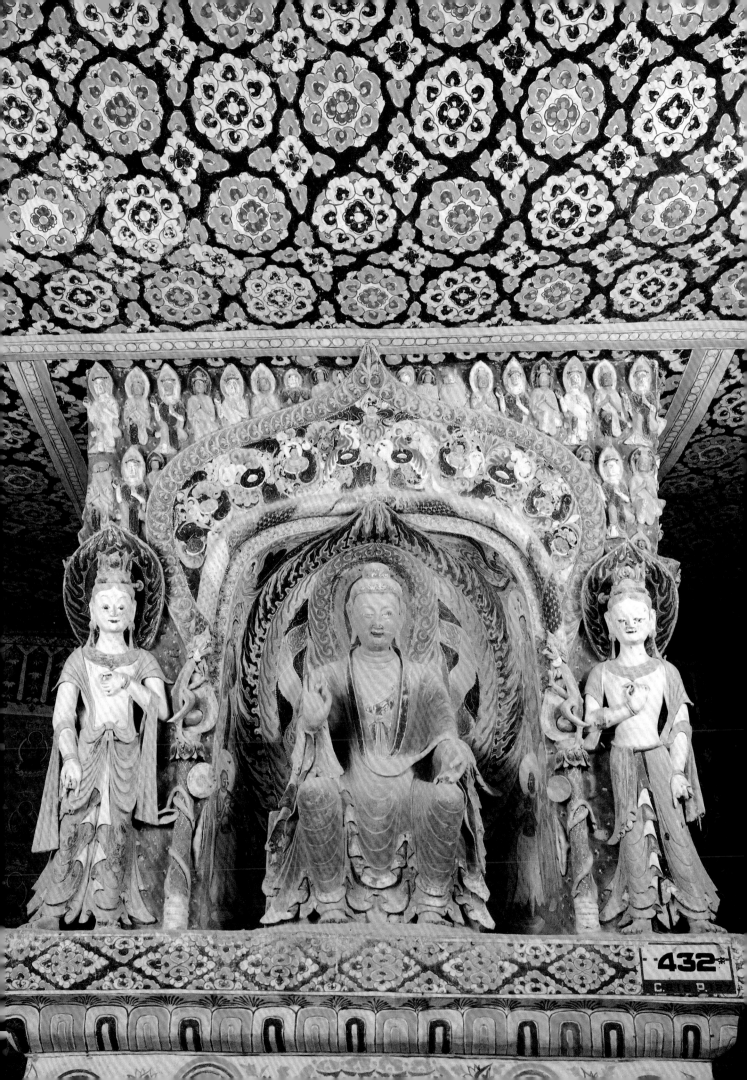

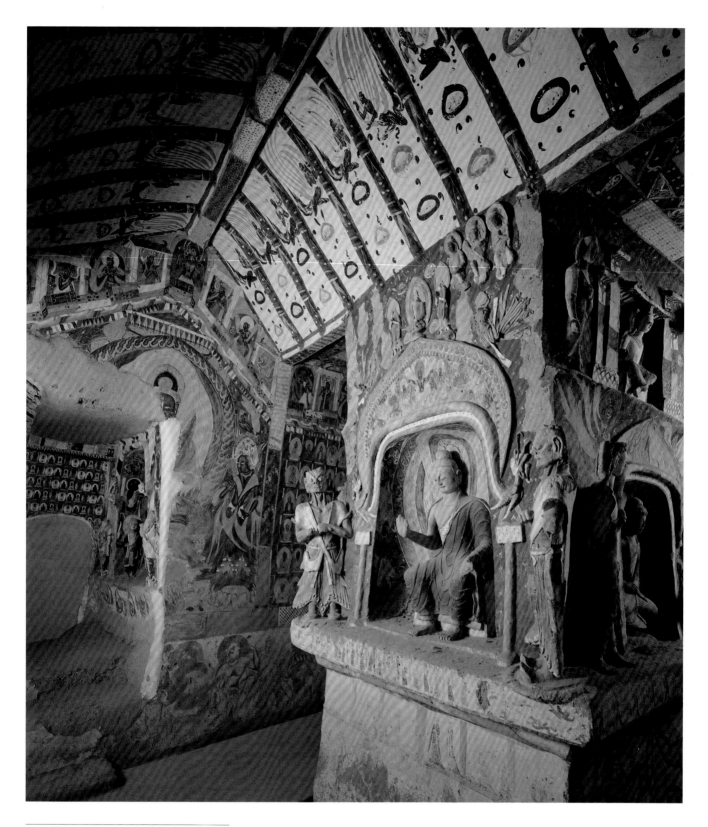

35 第 435 窟中心塔柱窟

窟室前壁已坍塌,其餘部分基本完好。
值得注意的是人字坡,椽檁均以土紅打
底,表面遍繪彩畫,椽上有金釭紋。南
壁被隋代開鑿時打穿,使兩窟連成一
體。

北魏 莫435

第三節　殿堂窟

　　殿堂窟是敦煌石窟中最多見且延續時間最長的一種石窟形式。最早出現在十六國晚期的第272窟。窟室約為方形平面，覆斗形的窟頂四坡邊沿沒有明顯的稜角，以弧形轉角，卻用壁畫畫出方形，四角用45°斜線分隔出覆斗頂的形式。頂與四壁也以弧形轉角。窟頂正中有向上凸起的方形藻井，井心內有塑繪結合的斗四圖案。窟室正壁開一圓券形佛龕，穹窿頂，內塑彌勒像一尊。整座窟形介於穹窿頂與覆斗頂之間，留有西域穹窿頂石窟的影響。而窟頂內凸起的方形藻井又與敦煌魏晉時期的覆斗形墓室相似。

　　北涼開鑿的第275窟，是殿堂窟中的特殊形式，在莫高窟僅此一例。其佈局為縱向矩形平面，後壁不開龕，塑一尊交腳彌勒大像，兩側有雙獅。窟頂中部為平頂，兩側斜坡塑出椽形。窟室兩側壁上部開三龕，裏側兩龕作殿闕形，外側一龕作雙樹形，不同的龕形表現了傳統與外來的兩種觀念，殿闕形龕是敦煌本土的傳統建築形式，雙樹龕反映了菩提樹的形象，是隨着佛教而傳入的，殿闕形龕和雙樹龕在敦煌石窟中均首次在此窟中出現。佛龕下畫佛傳、本身故事及三角帷幔。窟室雖不大，卻容納了較多的內容，縱長的平面，為較大的塑像創造了視覺距離，這一中原化了的石窟形式，僅此一座而沒有流傳下去，頗令人費解。

　　西魏第249窟是早期殿堂式窟的典型形制，方形的窟室平面，大覆斗形窟頂，頂部正中有向上凸起的方形藻井。這是敦煌及周邊地區魏晉墓中的常見形制，莫高窟附近的佛爺廟至新店台之間的戈壁灘上，凡是見有稍稍隆起於地表的土堆就是一座古墓的封土。20世紀60年代初期，為配合農田水利建設，在城東南5.5公里處的義園灣附近，發掘了五座晉墓，全部是礫石層洞室墓，其中一類較大的墓，墓室為方形單室，覆斗形頂墓室，中心有向上凸起的方形藻井。

　　新疆吐魯番阿斯塔那古墓羣中的魏晉墓有若干方室覆斗頂的墓穴，它的斷

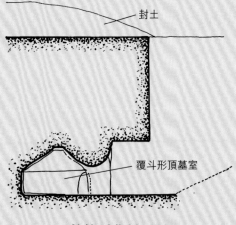

敦煌晉墓剖面圖

面形式與石窟殿堂窟的形式基本相同，這大概不是偶然的雷同，方室覆斗頂的墓室空間概念可能對石窟的造型產生影響，佛教進入玉門關之後，逐漸融入漢

文化的長河之中，是無可避免的事實。這種石窟因為中部沒有中心塔柱，所以尺度上比較靈活，可以大到幾十平方米，也可小至僅能容身。

這一時期共有九座殿堂窟，北周開鑿了七座，是殿堂窟逐漸增多的開始。對於石窟的內部裝飾，各朝代的時代特徵非常突出，主要表現在覆斗形的窟頂上。第272窟將天宮伎樂繪於覆斗頂的藻井四周，第249窟在覆斗頂的四坡面上，將佛教題材、傳統神話與生動的現實生活相結合。由於充分運用民族繪畫傳統，色彩鮮艷，對比強烈，天上地下的各種人物、動物形象極為生動。如西坡正中是阿修羅腳踩須彌山，頭頂兜率天宮，雙手托日月。阿修羅的兩旁是雷公與風神，雷公周圍有一圈圓鼓，他在中間正手足並用，奮力擊鼓發出隆隆的雷聲。風神則手舞綢帶，攪得滿壁風動。南北兩坡繪帝釋天駕龍車，帝釋天妃乘鳳輦，在天空翱翔。下面的羣山中，獵人正在狩獵，奔竄的鹿羣，被追殺中回頭張望的老虎、奔牛。虎視眈眈盯着羊

阿斯塔那墓室剖面圖

（圖標注：覆斗形頂墓室）

羣的餓狼，安詳的野豬羣等等，反映了非常濃厚的現實生活情趣。很多動物僅用寥寥數筆，就勾畫得生動靈活，足見其繪畫技術的高超。北周在其覆斗頂的四坡上繪佛傳故事，採用橫幅連環畫的形式，密密排列成幾排。佛傳故事的題材增加了苦行忍辱、修塔建寺等新內容。

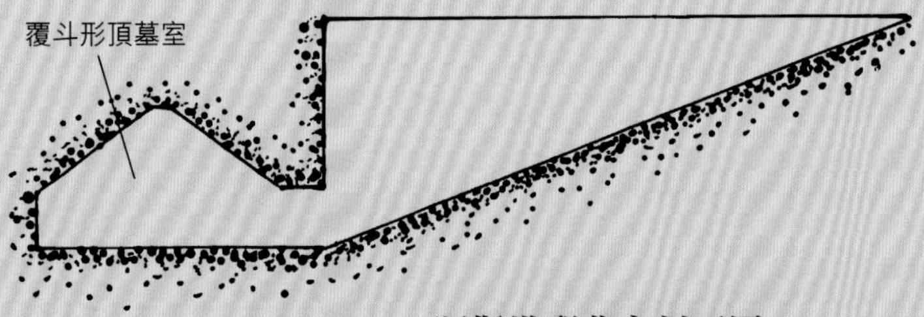

殿堂窟在北周還開創了另外一種形制，即平面仍然呈方形或長方形，窟頂前為人字坡，後為平棊頂，沒有中心塔柱，佛龕開在西壁，有着完整的殿堂空間。總之殿堂式石窟的內部空間開敞明亮，適於信徒的瞻仰禮拜，因此在敦煌石窟的修建中，貫穿始終。

從十六國到北周，共開鑿石窟四十座，除以上的三種基本形制外，其他只是個別孤例的有：縱向盝頂形制；前人字坡、後平棊頂形制；中間突出半個中心塔柱的形制等。從早期的石窟形制可以看出，儘管受到西域影響，但或多或少總是努力的表現出漢民族的文化傳統，因而可以說，在石窟開鑿的各個時期，糅合漢民族建築形式就成為石窟造型的主流，長期的開鑿過程就是石窟寺形制不斷漢化的過程。

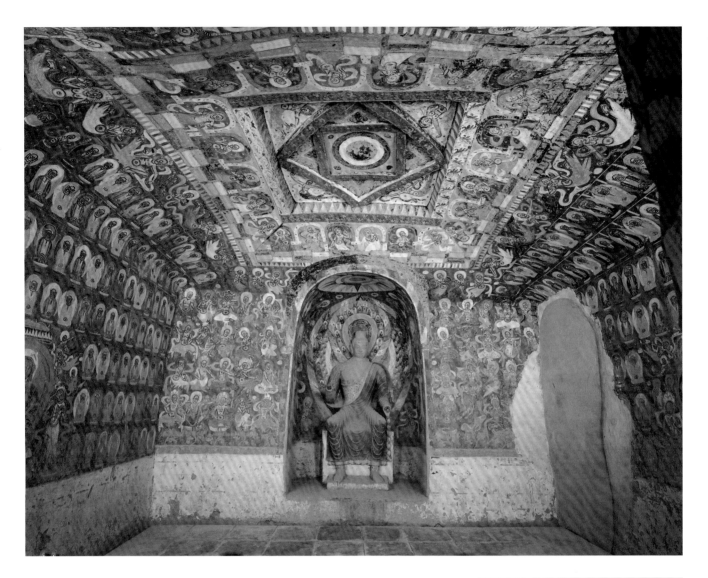

36 第 272 窟殿堂窟

這是莫高窟最早的殿堂式石窟，也是北
涼三窟之一。窟室頂部略呈覆斗形，中
央有四方套疊藻井。西壁正中開穹窿頂
佛龕，這種形式是莫高窟的孤例。

北涼 莫272

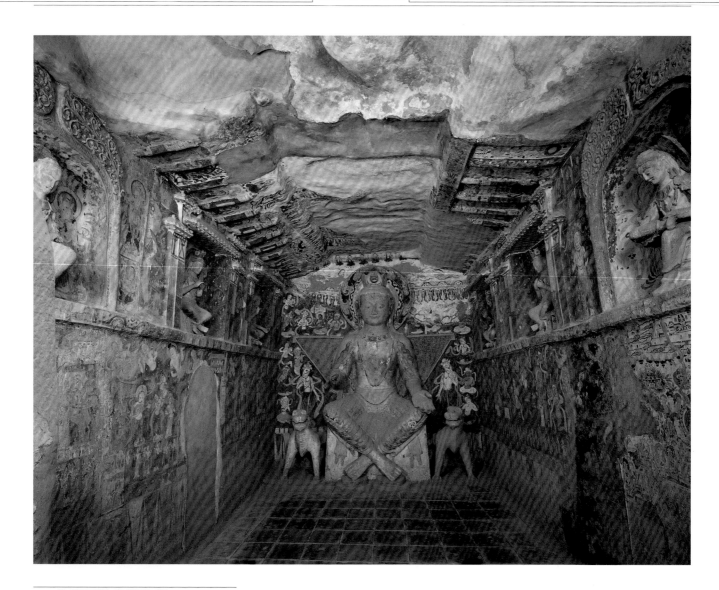

37 交腳彌勒像殿堂窟

此窟平面呈矩形，窟室寬3.2米，深5.5
米，頂高3.5米。盝頂式窟頂的中部有兩
條脊，呈平頂式，兩側坡塑橡形，中原
漢墓中有此形制。窟頂後被宋代改繪。
西壁不塑佛龕，只塑交腳彌勒及雙獅守
護。南北壁上部各塑闕形龕兩座，內塑
交腳菩薩；還有雙樹龕一座，內塑思惟
菩薩。此窟空間不大，但佛像形體較
大，由於矩形平面形成的縱長空間，為
佛像創造了視覺距離延伸的效果。其形
制特殊，不見於後世。

北涼 莫275

38 闕形龕

窟內南北壁上各有兩個闕形龕，龕兩側
有高低錯落的子母闕，兩闕中間夾一大
廡殿屋頂，簷下用土紅色畫出椽、枋、
斗栱等建築構件和牆上的壁帶裝飾。在
廡殿大屋頂上用泥塑出瓦壟、屋脊及上
翹呈彎鉤狀的鴟尾。這種廡殿形制在東
漢墓葬壁畫和畫像磚上較多見，是中原
流行的禮制建築。

北涼　莫275　南壁

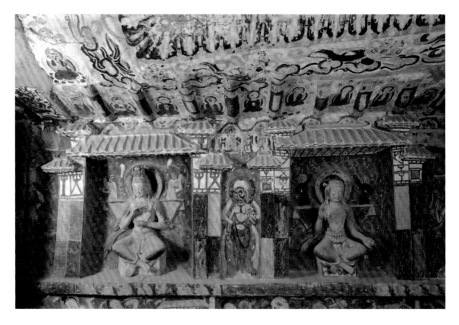

39 雙樹龕

雙樹龕作圓券形，龕內塑思惟菩薩，龕
兩側塑出大樹兩株，上部樹枝聚攏成
蓋，為菩薩遮蔭。這表示了佛教的坐禪
修行場所，除了在寺院、石窟以外，在
山林溪水間，甚至樹下也都是禪修之
處。因此早期佛龕上有許多雙樹裝飾。

北涼　莫275　南壁

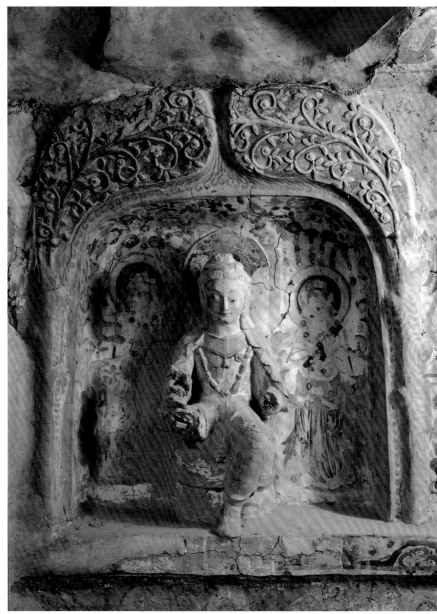

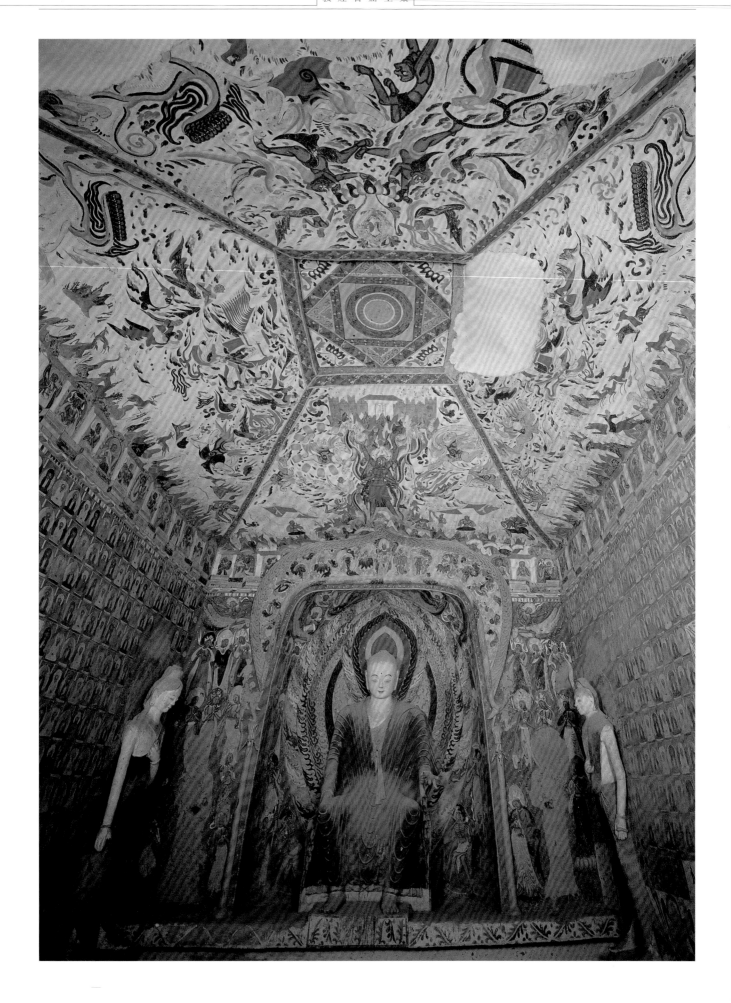

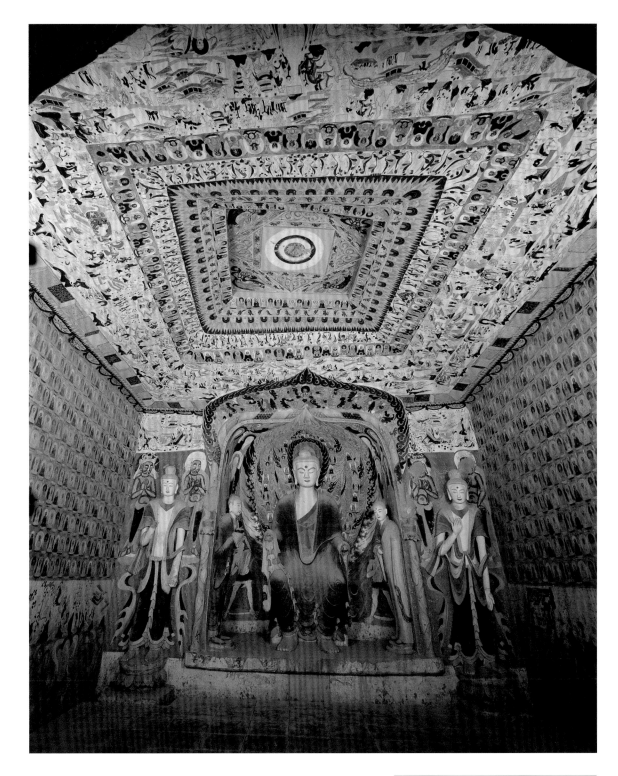

41 第 296 窟殿堂窟

此窟為方室，主室寬4.25米，深4.05米，頂高3.5米。佛龕形式與中心柱佛龕相似。因窟頂不高，把內容豐富、情節曲折的因緣故事畫在覆斗頂的四坡上，便於禮拜者細細觀像。

北周 莫296

40 第 249 窟殿堂窟

主室平面為長方形，寬4.4米，深6.2米，頂高5米，覆斗頂中有四方套疊藻井，正壁開一大龕，龕下的基座較低矮，出龕沿，應仿自中心塔柱。形成北朝典型的殿堂式石窟形制。

西魏 莫249

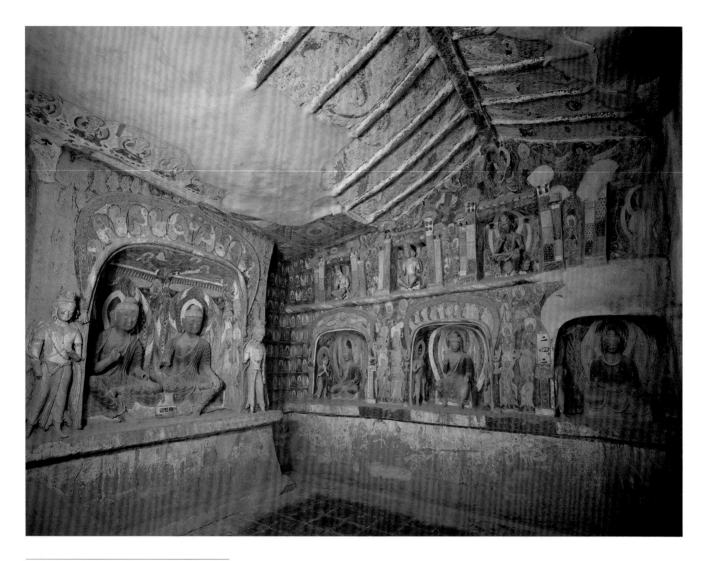

42 人字坡殿堂窟

窟室本是按照中心塔柱窟佈局建造,但
只開鑿出半個中心柱,窟頂前部仍作人
字坡,中心柱旁邊為平棊,而半個中心
柱只能表現其正面。因為沒有建後室和
繞柱的通道,因此形成了人字坡頂下的
方形平面式的殿堂窟佈局,這種形式在
莫高窟僅此一例。

北魏 莫 259

第四節　窟內局部造型與裝飾

石窟空間除它的整體形象之外，並着重對其局部進行重點的裝飾，工匠們在這些裝飾上，極大地發揮了藝術創造力，將敦煌地區中西文化匯聚的特殊氛圍顯示出來。其中窟室內的斗四平棊與斗四藻井圖案、佛龕和尖拱券形的龕楣組合、四聯拱券式佛龕的造型多源自西域，而闕形龕和窟頂椽檁的塑造以及斗栱形象則是漢地的傳統建築形式，它們在石窟中穿插並融和，強烈表達出不同的文化理念，極大豐富和開闊了石窟建築藝術領域。這就是早期石窟的特徵所在。

以下是敦煌早期石窟的內部主要造型和裝飾形式：

人字坡窟頂

人字坡（亦稱人字披）式的窟頂，源於對中國最古老的、商周時代已經普及的兩坡屋頂形式的模仿，在莫高窟的石窟內表現得非常清楚，時代越早，模仿越具體。莫高窟出現人字坡最早的年代在北魏，這時的人字坡上都有塑出的椽檁，椽間的望板上滿繪各種裝飾圖案，椽檁也全部有彩繪，其中在椽子上有一種彩繪圖案稱"金釭紋"，呈規整的鋸齒狀三角形。據從陝西鳳翔春秋秦都雍城遺址出土的大量銅質的"黃金釭"建築構件，證實它既是建築上的加固件，也對建築起到了裝飾作用，這一切都完全模仿漢地建築的兩坡屋頂形式。在第251、254窟的檁端，還存有木斗栱和替木，斗栱下的牆壁上繪出大斗和彩繪的柱子。這些木質構件上也全部都有彩畫。西魏時人字坡上的椽檁改用土紅色繪出。檁子下的斗栱和柱子都已捨去。北周的人字坡上則出現了兩種形式，一是繼續沿用西魏以繪畫表現椽檁，如第428窟。二是利用人字坡來表現佛經故事，或由千佛替代椽檁，如第295窟在人字坡的西坡畫出涅槃經變，東坡畫千佛。第298窟的人字坡上全部繪千佛，表現了最初模仿人字坡的具體形式逐漸向概念化轉變。

窟頂的帳形裝飾

帳是一種大型家具，古籍中多有記載，《西京雜記》中說漢武帝雜錯天下珍寶造了甲乙二帳，用甲帳居神，乙帳自用。《鄴中記》中用大量的筆墨記載十六國時帳的豪華裝飾："石虎御牀，方三丈，冬月施熟錦流蘇斗帳，四角安純金龍頭，銜五色流蘇，……帳四角安純金銀鑿鏤香爐，……帳頂上安金蓮花，……帳之四面上十二香囊采色亦同。春秋但錦帳，……夏用紗羅，……為單帳"。用豪華的帳來供佛，是一種表示尊崇的方式。莫高窟早期表現帳形裝飾最具代表性的石窟，是開鑿於西魏的第285窟，在盝頂式的覆斗頂中心繪華蓋藻井，井心為斗四蓮花紋，華蓋一周由三角形垂帳組成，四角有饕餮紋樣的獸頭飾物，從獸頭口中垂下長大的環佩流蘇。窟室四壁上部又繪一周弧形帳帷，使整座石窟彷彿置於一個佛帳中。類似形式在河南龍門石窟與鞏縣石窟中都可以看到。北周的覆斗頂殿堂窟，其頂部的井心，依然由斗四蓮花井心和垂角帷幔組成，

卻沒有四角下垂的流蘇，帷幔的規模也小，四壁上部沒有了相應的弧形帳緯。表明此時的窟頂仍然有帳形裝飾的意圖，卻減化了具體而繁複的形式。

斗四圖案藻井

窟頂帳形裝飾中心的方井，又稱為"藻井"，莫高窟從北魏到隋代的藻井多用斗四圖案，這種圖案也用在中心塔柱周圍的窟頂上稱作"平棊"。斗四圖案是中國傳統建築中生命力最強的圖案之一，早在東漢時就見於墓室頂部，隋唐以後成為宮殿、墓室、寺廟等建築的室內藻井的主題圖案，並一直延續到明清。其形式是由大小不等的幾個四方"井"字以45°轉角形式套疊而成"⊠"，然後在上面彩繪各種圖案。考古資料證明，山東沂南東漢墓墓頂上有斗四圖案刻石，河南密縣打虎亭兩座東漢墓的墓頂也出現了許多斗四圖案裝飾。這兩座墓中斗四圖案的方井內又有菱形紋樣，

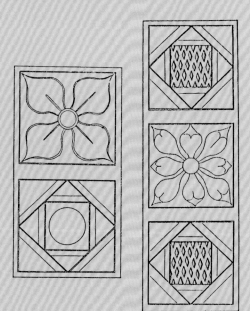

東漢墓室頂的斗四圖案

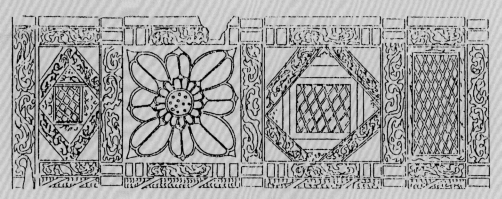

東漢墓室頂的斗四圖案壁畫

表示它來源於窗孔。漢字中的"囱"，是屋頂上採光通風的設施，據東漢的《説文解字》解釋："囱，在牆曰牖，在屋曰囱，象形，此皆以交木為之，故象其交木之形，外域之也。"據此解釋"囱"就是斗四圖案的象形字，並説明囱是從域外傳來的。斗四圖案應是來自中亞游牧民族有天窗的帳篷式居室，以後演變成為流行的圖案，並從中亞傳播到中國。開鑿於公元 2 世紀的印度石窟和阿富汗巴米揚石窟以及中國東漢末年開始開鑿的新疆拜城克孜爾石窟都有大量斗四形象存在。從漢代的墓葬中廣泛應用斗四圖案判斷，可能在公元 2 世紀佛教傳入之時這種圖案就進入了中國。時至今日，帕米爾高原塔吉克族的民居屋頂上，仍有用原木層層套疊而成的斗四形天窗，這種結構方式竟然延續了幾千年。

佛龕

佛龕的變化始終伴隨着石窟的開鑿過程。佛教在發展過程中逐漸成為以"觀像"為修行方式的宗教，佛教信仰者認為造像最能得福，因而石窟造像，以供養佛像為主，佛龕正是為供養佛像而設。因此佛龕的變化，清楚體現了佛教在中國的傳播過程中，逐漸形成具有中國特色的佛龕形式。

北涼時期的佛龕都很淺，受當時西域小乘佛教的影響，造像主要是釋迦佛和彌勒菩薩的單獨形象。這時的佛龕形式主要有殿闕形龕、雙樹龕、穹窿頂圓券龕、淺圓券龕。這幾種佛龕形式在以後的演變中，有的消失了，有的一直處於不斷的變化之中。

殿闕形龕：北魏是殿闕形龕的鼎盛時期，莫高窟現存的殿闕形龕共有二十一座，其中北涼有四座，其餘的十七座全部為北魏所建，此後殿闕形龕就絕迹了。殿闕形式的佛龕是莫高窟特有的一種建築形象，在山西雲崗的同期石窟內有雕刻而成的佛殿形龕，卻沒有兩邊高低錯落的雙闕。這裏的殿闕形龕都設置在佛殿窟的兩側壁上部如第275窟，或是中心塔柱窟的柱兩側面上層和南北兩壁上部，象徵菩薩身居天宮的意思。

雙樹龕：在北魏仍有少量應用，以後隨着佛教教義的變化及佛教逐漸漢化的進程而消失，為其他的佛龕形式取代。淺圓券龕成為西魏的主要形式，在造像上增加了兩菩薩，側身緊靠龕沿，成為三身組合。北周時圓券龕逐漸加深，龕內的造像增加了二弟子像，將菩薩移至龕外兩側，龕內仍是三身組合。

龕楣

這時期的龕楣是重點裝飾的部位。龕楣的形式起源於印度，據宿白先生的研究，龕楣本是對在山中禪修的草廬的模仿。如果將北涼第268、272窟的龕楣和北魏第257窟、西魏第285窟的壁畫中的草廬作比較，不難看出草廬的確是石窟龕楣的藍本。

北涼的龕楣還沒擺脫對草廬的模仿，形象也顯得簡單。北魏開始注重對龕楣的裝飾，全部浮塑出龕楣、龕樑與龕柱，龕楣的尖拱券加大，龕楣上再繪華麗的忍冬化生，龕樑下端有回首上捲的龍站在束帛的龕柱上。西魏第285窟有三個佛龕和八個小禪室。西壁正中大佛龕上浮塑的龕楣直達西坡，龕楣內繪纏枝忍冬和蓮花，蓮花中有手拿各種樂器的化生童子十一身。龕樑下端是上翻的忍冬捲草或是龍首形，束帛龕柱分立兩邊。其餘的佛龕和禪室前是繪出的龕楣與龕柱，重點裝飾的龕楣圖案繁複華麗，主要以忍冬紋的各種組合，在統一的格局中力求變化。此窟的龕楣數量多，圖案也非常精美，是龕楣裝飾的一個高峯。北周龕楣仍以浮塑為主，內中的圖案則沒有大的突破。

早期石窟內的裝飾成分充分體現了中外合璧的結果，從中可以了解佛教文化在東傳中的漸變過程。通過不斷漢化的變革，佛教藝術終於在中國廣袤的土地上扎根，並成為中國文化不可分割的一部分，並且東傳至朝鮮半島和日本島。

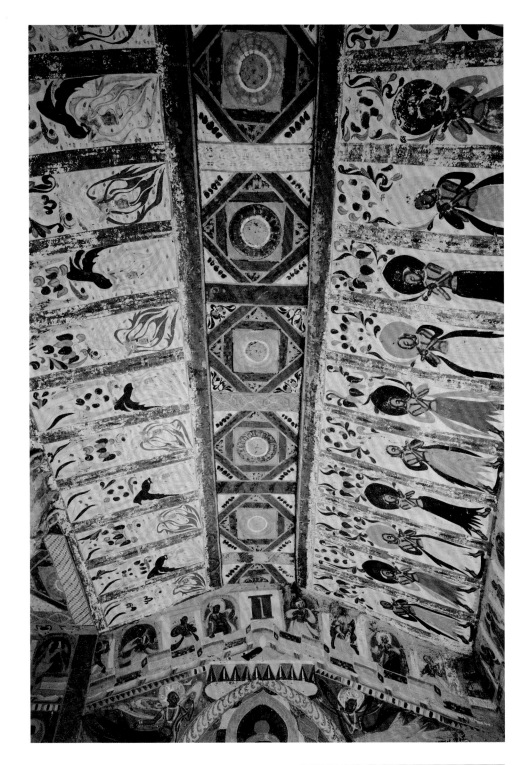

43 人字坡橡望裝飾

石窟的人字坡橡望仿自木結構的硬山頂
建築,這是莫高窟典型的早期人字坡橡
望裝飾。人字坡的平頂上畫幾組四方套
疊圖案,坡面上畫橡形,橡間望板東坡
畫持花供養菩薩,西坡畫生動形象的飛
天,是早期飛天的代表作。這種人字坡
形式還見於河南密縣打虎亭東漢墓的墓
頂,但它比敦煌早三百多年。

西魏 莫248

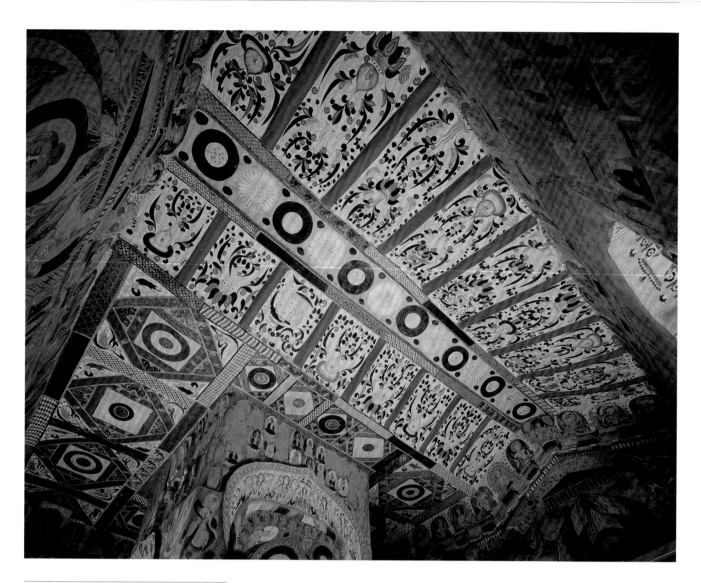

44 人字坡與平棊裝飾

中心柱窟前室為人字坡頂，略呈捲棚
式，中間一條脊改為平行的兩條脊，兩
脊中間為平頂，是人字坡的變形，北涼
第275窟、北魏第248、257窟及西魏第
288窟均是此形式。在兩坡椽間繪花鳥、
怪獸、飛天等；後室平棊頂一周畫平棊
圖案，每一方平棊內都作兩重或三重四
方套疊，中心畫蓮花圖案。

西魏 莫288

45 簷檁下的木斗栱

簷檁下的木斗栱以插栱形式插在山牆
內，栱頭上置散斗，斗上承托替木，替
木上塑檁枋，栱下畫櫨斗和立柱，以木
構、浮塑與繪畫多種技法虛實結合，表
示出一組完整的斗栱結構。雖然比較簡
單，但它是中國木結構建築最早的木斗
栱實物，栱上的彩畫也是最早的木構建
築彩畫。

北魏 莫251

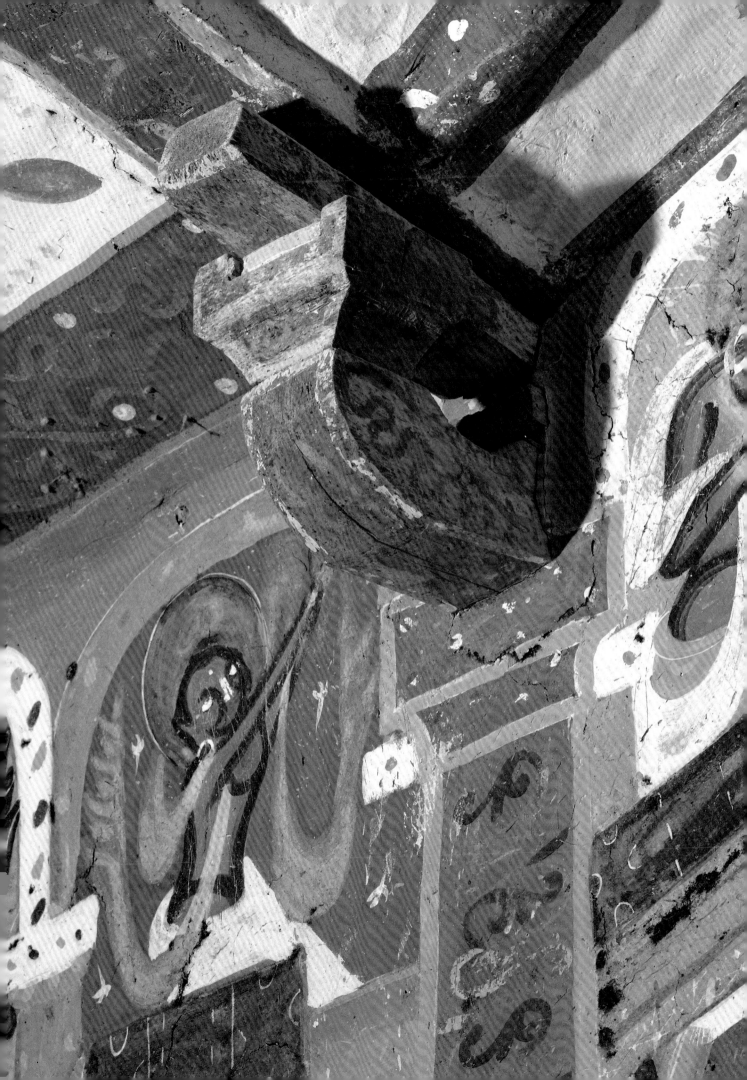

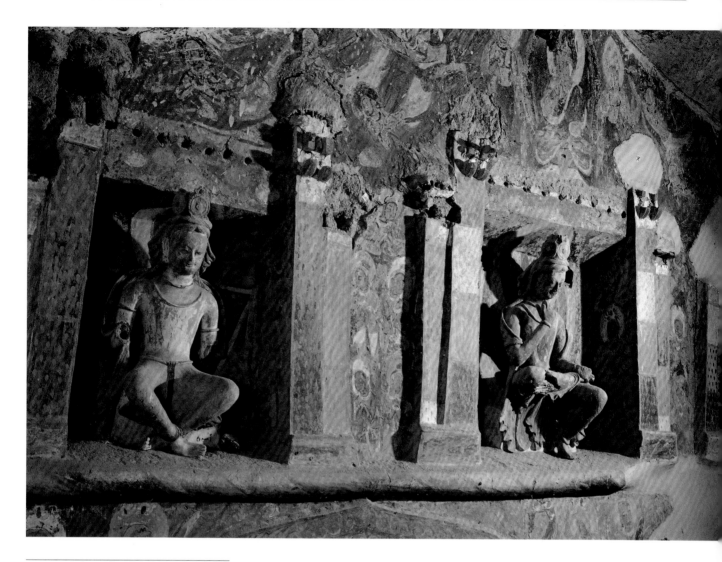

46 闕形龕斗栱構件

莫高窟的闕形龕多是浮塑與繪畫結合的
形式,唯有此窟是用小木構件作出的闕
形龕,可惜未能完好保存,現在只能在
殘缺的佛龕上看到簷下挑出的小栱和椽
眼的孔洞遺迹。

北魏 莫259 闕形龕上部

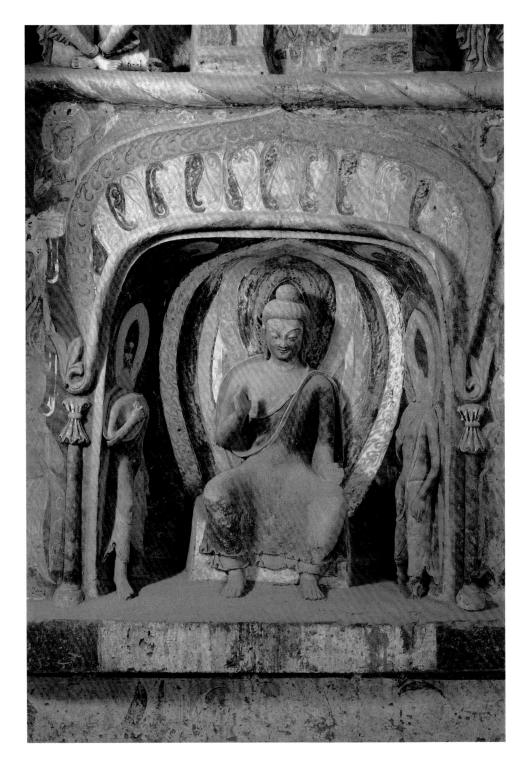

47 浮塑龕楣

用浮塑技法塑出忍冬或龍首等其他形式
的龕楣，是莫高窟早期常見的技法，以
後彩繪龕楣逐漸取代浮雕龕楣。
北魏 莫259 北壁下層

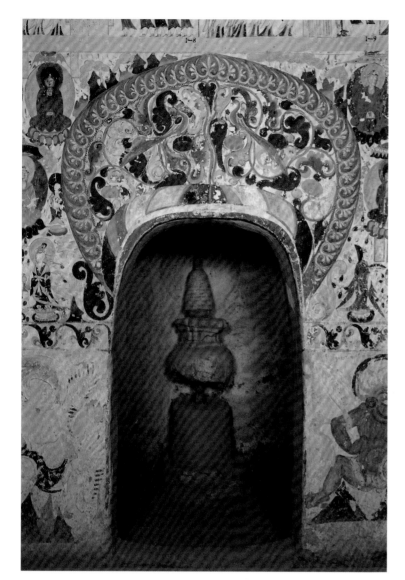

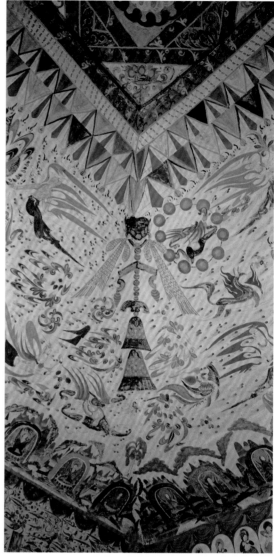

48 彩繪龕楣

在莫高窟早期有很多浮塑裝飾都漸變為
繪畫形式,此為彩繪龕楣,比浮雕龕楣
畫面更加豐富絢麗。龕楣外沿畫連續忍
冬紋,象徵火焰,下沿畫龕樑,兩角捲
起成忍冬形,上下沿之間滿畫纏枝忍
冬,枝葉飽滿,色彩厚重。中心兩側各
畫長尾鳥一隻,使龕楣形象更顯生動,
是龕楣圖案的代表作之一。

西魏 莫285 北壁佛龕

49 華蓋流蘇與帷幔

覆斗頂上繪華蓋,四角有饕餮獸頭,口
含流蘇瓔珞、玉佩及羽葆等飾件。四壁
上部繪弧形帷幔,組成大帳,這是當時
上層階級室內所用大帳的再現。據《鄴
中記》記載這種帳,裝飾極為豪華,既
可住人,也可供佛。由此可見,此時莫
高窟中大量仿效中原的傳統居室用具和
裝飾風格。

西魏 莫285 窟頂

50 平棊與橡望裝飾

中心柱平頂四周滿畫四方套疊平棊三十方，每方中心畫重瓣蓮花，外沿三角內畫飛天，極富裝飾性，其中有少數為全裸飛天。北周的橡望已改為繪畫形式，是早期模仿兩坡屋頂形式的簡化，標誌這種形式逐漸衰落，後來便完全消失。

北周 莫428 窟頂

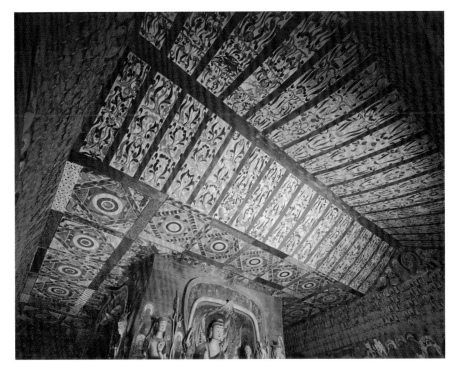

51 橡望裝飾

石窟前堂上的人字坡頂塑出半圓形的橡木，橡身通繪紅土色，有綠、白、黑等幾色橫線，其間畫"M"形圖案，如商周木結構宮殿橡上的青銅金釭花紋，在敦煌圖案中稱為"金釭紋"。束坡望板自由地畫上忍冬蓮花紋，西坡望板畫供養菩薩手持巨大的忍冬蓮花，極富裝飾趣味。

北魏 莫431 人字坡頂

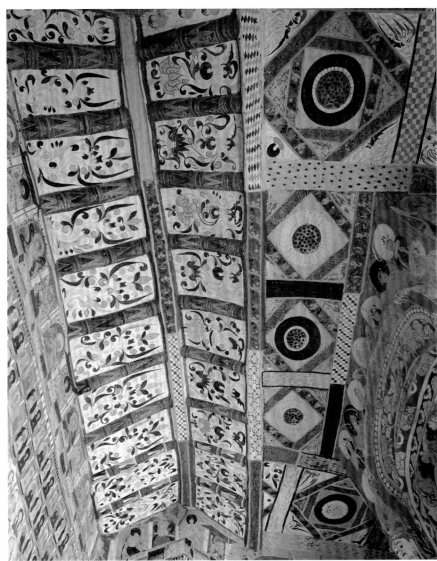

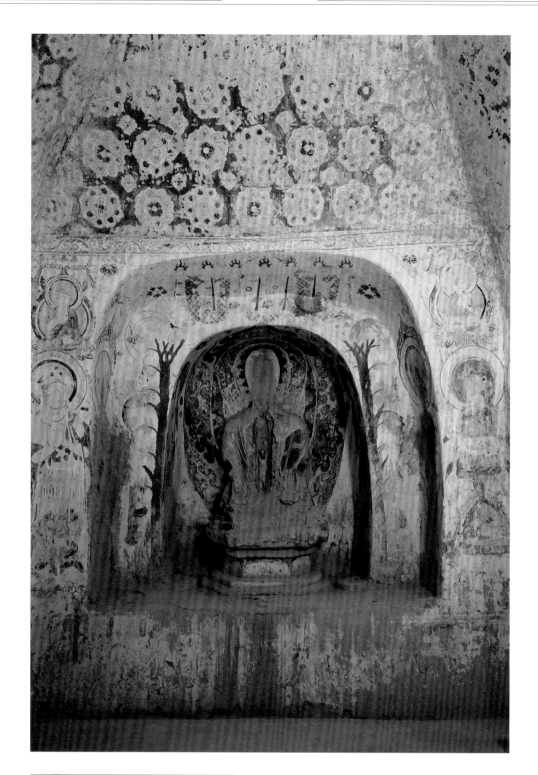

52 重層佛龕

此窟原為北周窟，後經歷隋、唐等多個
朝代重修。重層佛龕形式在莫高窟是由
隋代開始，這是隋代在北周的淺佛龕內
又鑿出一重龕，形成了重層佛龕。

北周 西千12 佛龕內龕

石窟形制的轉化

隋、初唐（公元581～704年）

　　隋代只有三十七年歷史，卻在莫高窟開鑿了近百座石窟，是十六國至北朝二百多年間開窟總和的兩倍多，平均每年要開鑿完工二至三座，以這樣的速度開窟造像，在莫高窟的建築史上是空前絕後的。隋代政治統一和經濟文化繁榮，加以兩代帝王的大力提倡，用行政命令推行佛教，因此在敦煌掀起開鑿石窟的高潮。

　　莫高窟的隋代洞窟，共計九十五座，主要集中在南區石窟羣中部及偏北的上層和中層，現在還保留有隋代壁畫的石窟共有七十三座。石窟的形制主要有中心柱窟四座、覆斗式殿堂窟五十二座、人字坡與平頂組合式或人字坡式的殿堂窟三十一座。

　　這一時期石窟開鑿有三大特點：一是開鑿石窟數量大；二是石窟形制和佛龕等局部形式變化多；三是壁畫內容豐富。因此隋代石窟在敦煌石窟中獨樹一幟，並開創了唐代石窟之先河。

　　在敦煌石窟藝術的分期中，將唐武德至神龍年間（公元618～705年）定為初唐時期。這一時期在莫高窟共開鑿四十七座石窟，主要集中在莫高窟崖面南區的兩個區域，一是在北段的上、下層；二是在中段偏南，以北大像（第96窟）為中心的南北一帶。初唐石窟出現了兩大特點，一是以方形覆斗頂殿堂窟為主體，共有四十座，其餘有中心柱窟兩座、人字坡頂殿堂窟三座、中心佛壇窟和大佛窟各一座；二是出現用一整壁牆繪製的大型經變畫，將佛經中講述的西方極樂世界和彌勒世界裏祥和幸福的盛景描繪得淋漓盡致，成為人們嚮往的精神樂土。

　　隋代及初唐都大力經營西北，由於敦煌處於絲路的東西交通線上，新的文化資訊為這時的石窟形制和石窟藝術帶來了新的內容和題材，石窟形制也隨着發生變化。最早出現的一窟多室的禪窟（毗珂羅）形式已經消失。

　　隋代及初唐石窟形制和局部的多樣化，以及大型經變畫的興起等，構成了敦煌石窟建築史上重要的承前啟後的轉變時代。

第一節　　中心塔柱窟與人字坡式殿堂窟

中心塔柱窟的演變

　　隋與初唐的一百多年間開鑿的中心塔柱窟僅有六座，其中隋代四座，初唐兩座。這時的中心塔柱窟的窟頂形式仍是前部為人字坡，後部為平棊頂，但其它部位卻發生了許多變化。如隋代第302、303窟的中心柱演化成倒塔形直達頂部。中心柱下部是兩層台座式的方形塔柱，柱四面各開一龕。從上層台座以上，變化成一個下小上大，層層疊澀挑出六級的圓錐體倒塔刹。下面由仰蓮與四龍環繞，象徵着須彌山與龍王，上面六層原貼有影塑千佛二百多身，現已全部佚失。這兩窟大小相同，塔刹形式一樣，像一對姊妹窟。但隋代初期開鑿的第302窟在窟室的南、西、北壁又各開一重層佛龕，演變成以後殿堂窟中三龕窟的形式，這種變化是中心塔柱窟向三龕窟變化的開端，重層龕也是一種新的佛龕形式。隋代初期出現的三龕窟及重層龕在莫高窟都是初見形式，於一窟之中包含許多變化，是隋代的重要特徵。初唐不見三龕窟，而到盛唐以後三龕窟又一度復興，但是由於其佈局無法使牆壁構成整幅畫面，不利於巨幅經變畫的發展，在盛唐以後迅速衰落了。

　　窟室內的壁畫佈局，繼承了北周形式，在人字坡的兩坡面上採用分欄形式，繪出很多故事畫，內容已不再是單純的佛傳或因緣故事，出現了福田經變和法華經變等新內容。四壁上仍以千佛為主，中間是一鋪說法圖。

　　隋代第292、427窟在崖面上雖然不在同一層上，但它們的形式相近，都表現了石窟的新佈局。在前室有高大的金剛力士組合，主室的中心柱前不開龕，塑有三身高3米多的一佛二菩薩像，大體量的三身塑像把中心塔柱隱蔽在它的身

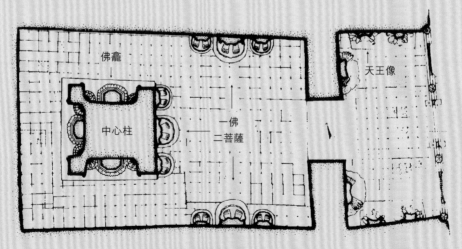

第427窟前室及主室平面圖

佛龕　　　　天王像

中心柱　　　一佛二菩薩

後。柱的其餘三面各開一龕，與早期的中心柱相似。在主室前部人字坡下的南北兩山牆前又各有一組高大的佛像，組成三鋪大立佛，形成石窟內的造像主體，高大的立佛像產生震撼人心的精神力量，中心塔柱在佛殿裏不再佔據顯要的位置。

佛像是石窟中的主體，但這裏的大多佛殿窟或中心塔柱窟，都將塑像安置在佛龕中，因此塑像的尺度受到佛龕的制約，十六國時期的 275 窟正壁不設佛龕，彌勒像與石窟等高，隋代第 244、292、427 窟、初唐第 332 窟以及幾個小窟都不設佛龕，把塑像從龕中解放出來。上述幾窟在前室與主室中由高大的塑像佔據了觀瞻者的視覺位置，顯示了佛陀 "唯我獨尊" 的思想。這種三組大佛像的形式，與河南洛陽龍門石窟的賓陽洞 (北魏) 有相似之處，是隋代敦煌對新出現的三世佛信仰的一種新形式。

初唐現存較好的中心塔柱窟只有第 332 窟，它繼承了隋代第 292、427 窟的三世佛大像的形式。通過開敞明亮的前室，從甬道口即可看到中心柱前的三鋪高大的三世佛塑像，中心柱的後面是一鋪涅槃像，這種形制與以往的中心塔柱窟都不同，而與新疆克孜爾的許多石窟佈局相似，應是保存了西域風格。該窟原有李克讓的《聖曆碑》一塊，碑文中有："後起涅槃之變，中浮寶刹，匝四

面以環通" 的記述。所謂 "寶刹" 也就是指窟內的中心塔柱。窟後西壁因為有涅槃像龕，所以在南壁繪出通壁大幅的涅槃經變，繪出了釋迦牟尼涅槃的全過程。一改以往簡單的故事情節和構圖，經變中每一個場景之間仍繼承隋代表現故事畫的方法，用山巒林木流泉作為故事情節的分隔，隔而不斷，一統畫面。北壁以對稱的方式繪出大幅的維摩詰經變。

人字坡式殿堂窟的高峯期

莫高窟歷代的人字坡式殿堂窟共有四十五座，隋代有三十一座，佔總數的三分之二，隋代之前有七座，初唐有三座，初唐以後有四座，其中有幾座懷疑仍為隋代開鑿，又經後世改造，可見隋代是這種石窟的高峯期。隋代和初唐人字坡式殿堂窟包括兩種形式，一是前人字坡後平頂式，二是全部人字坡式。

前人字坡後平頂式殿堂窟的形制應是由中心塔柱窟演化而成，窟內的中心柱完全蛻變消失，僅留下了窟頂的人字坡與平頂，這種形制開始於北周的第 430、439 窟，到隋代則建有十九座，隋代之後僅有五代和元代各一座，而這兩座也被懷疑為隋代開鑿，這種窟形的另一種變化是將前部的人字坡與後部平頂進行了對調，但數量很少，只有第 280、282、402 窟三座。

人字坡式殿堂窟內壁畫佈局的變化，主要表現在窟頂，早期人字坡作為木構屋頂的模仿形式進行裝飾，在隋代已完全消失，而以繪畫千佛所取代，另有少部分則滿繪經變畫或故事畫。這時故事畫和經變畫中的內容佈局，已不再是初期的分欄式，而採用山石林泉作出靈活的分隔。窟頂的平頂部分，用來表現整鋪的彌勒經變，這些經變畫中的樓閣組合成為敦煌壁畫中最早的佛寺形象。

人字坡殿堂窟的規模都屬中小型石窟，在這裏人與主題塑像及壁畫距離較近，便於瞻仰及欣賞，人神之間十分貼近，自然會產生親近感，更容易贏得人們的尊敬，這也許正是造窟者的初衷。

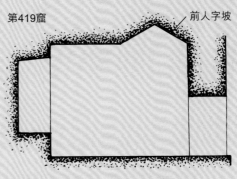

第419窟　　　前人字坡

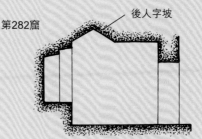

第282窟　　　後人字坡

**第 419 窟與第 282 窟的人字坡
剖面比較圖**

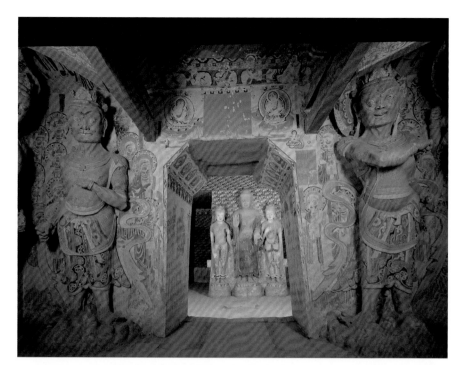

53 第427窟中心塔柱窟前室及主室佈局

前室寬6.5米，深4米，頂高3.4米。頂部原為人字坡，大部分被宋初窟簷所遮擋。正壁南北兩側塑有高大威猛的金剛力士像和天王像各兩身，高約3米，宋代重作彩繪妝鑾，但整體仍保持隋代塑像風格。前室外沿是宋代建木結構窟簷。主室平面呈矩形，寬6.75米，深10.55米，頂高5.5米。從本圖可見中心塔柱束面（正面）不開龕，塑一佛二菩薩大型塑像，從正面看去，中心柱像是被掩蔽其後。

隋 莫427

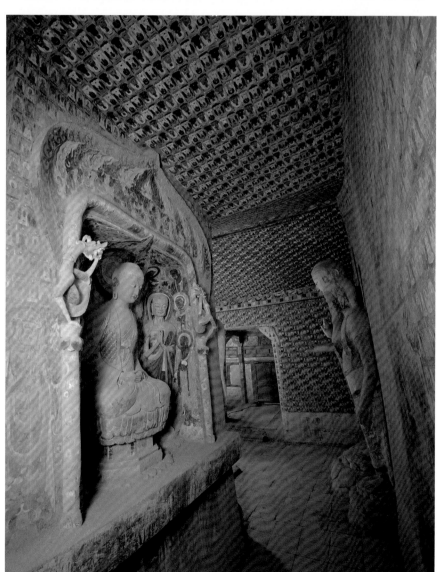

54 第427窟中心塔柱窟主室內部

這是主室的中心塔柱南面佛龕及東、南壁的內景。本窟中心塔柱正面與前部人字坡頂下的南北兩山牆前均塑一佛二菩薩像，構成三世佛組合。主室與前室的塑像又組成三鋪大型雕塑組合，塑像高達3米多，氣勢莊嚴恢宏，具有強烈的震撼力。北朝的中心塔柱已經失去主導地位，這是隋代出現的中心塔窟新佈局，至初唐以後消失。

隋 莫427

55 倒塔狀中心塔柱窟

此窟形制最特殊的是有倒塔狀的中心柱，塔剎有六層相輪，上大下小，相輪上原貼有影塑千佛二百多身，現已脫落無存。塔剎下有四條盤龍，方形塔身四面開龕，龕內外均有小型塑像。主室寬3.85米，深3.35米，頂高3.1米，前部人字坡頂上畫法華經變，後部平頂畫平棊圖案。此窟形制與莫高窟第302窟相似，可能為同期所建的姊妹窟。第302窟有隋"開皇四年"（公元584年）的題記。

隋 莫303

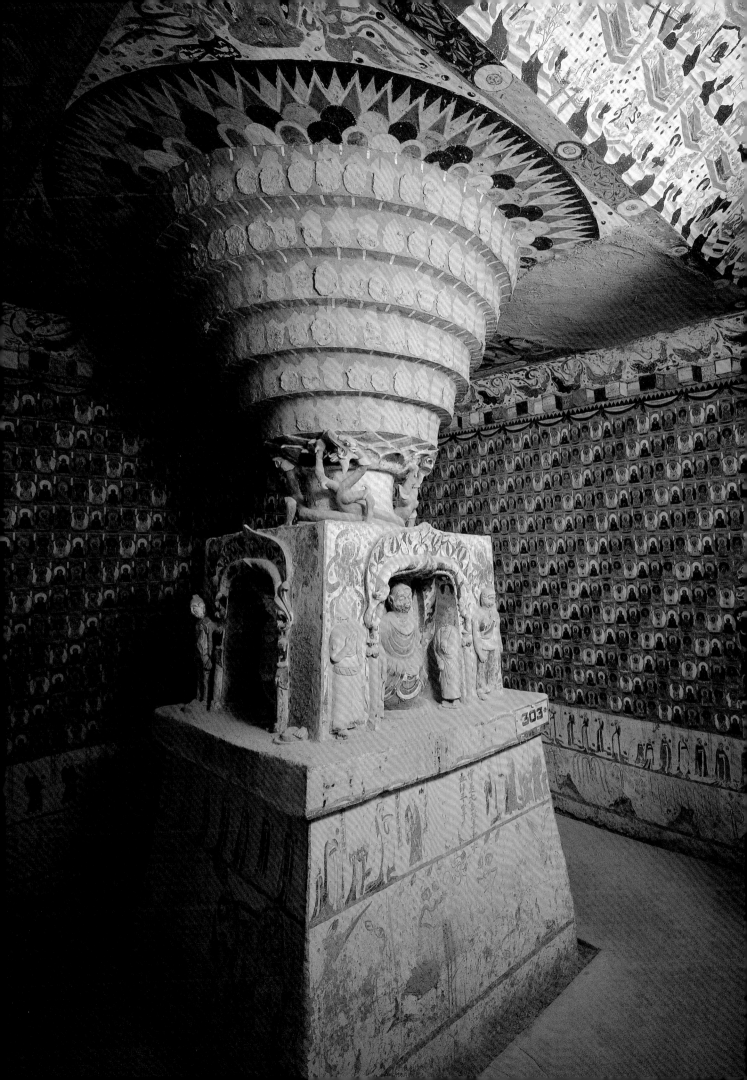

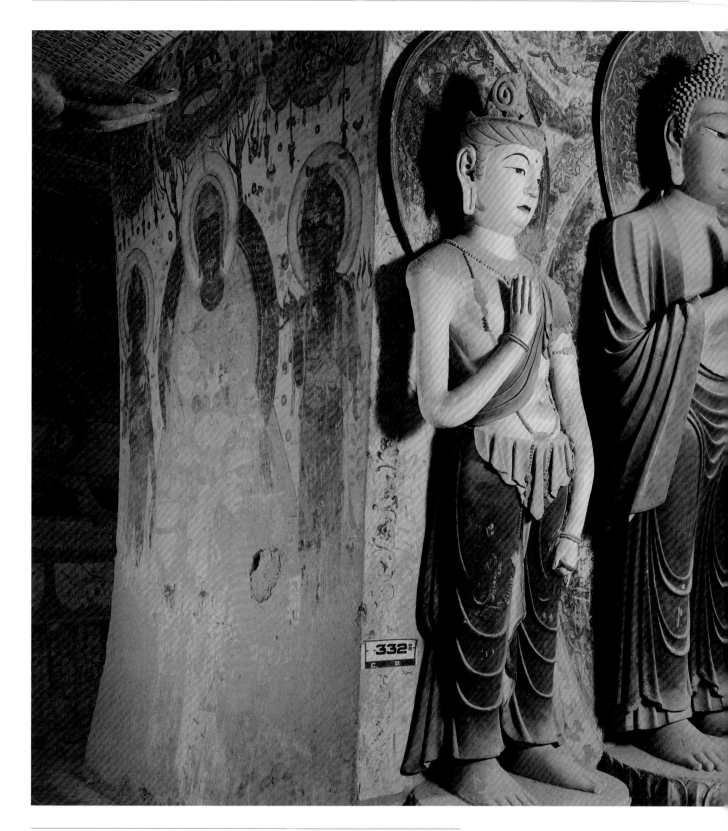

56 第 332 窟中心塔柱窟

窟室平面呈矩形，主室寬8.7米，深9.4
米，頂高5.1米。窟室前為人字坡頂，後
有中心柱，西壁開一大龕，內塑釋迦牟
尼涅槃像。中心柱前及南北壁有三鋪大
型塑像組合，表示三世諸佛形象，可惜

被清代重新妝鑾。《李克讓修莫高窟佛
龕碑》即出自此窟，碑文中記述了此窟
的佈局，如"中浮寶刹，匝四面以環
通"，說明中心柱即是塔的象徵。

初唐 莫332

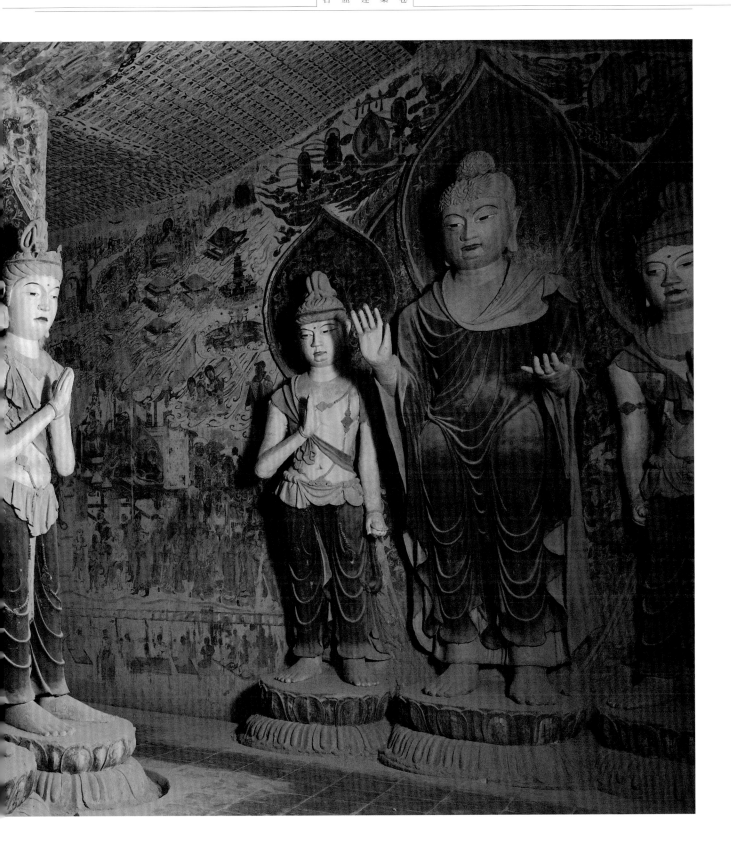

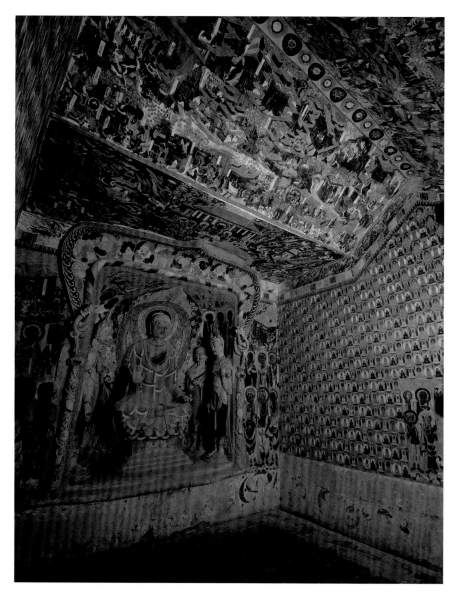

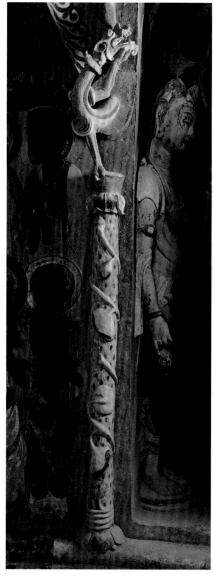

57 第419窟人字坡頂殿堂窟

隋代的代表窟,主室寬3.85米,深4.05
米,頂高3.45米。西壁開一大龕,龕中塑
一佛二菩薩二弟子像,龕外有龕楣。窟
頂前部的人字坡上畫法華經變,後部平
頂上畫彌勒經變。窟室的縱剖面與中心
塔柱窟前部相似。

隋 莫419

58 龕柱及龍

佛龕兩側塑出龕柱,柱身纏繞蓮莖及荷
葉,柱下有覆蓮柱礎,覆蓮柱頭上,用
龕楣尾部捲起作龍頭龍身,龍一爪站在
柱頭上,一爪托住龍下頦,兩側的龍身
相連成為龕樑,整體結構巧妙而生動。

隋 莫419 西壁

第二節　　覆斗式殿堂窟

覆斗式殿堂窟是這一階段石窟的主要形制,自此以後,覆斗式殿堂窟成為盛唐以後各時代的基本形制。因此,隋代覆斗式殿堂窟內的變化,直接影響以後的各個時代。

隋代與初唐這一類型的石窟大多都有一個敞口的前室作為前奏,然後通過寬大的甬道,進入主室,主室西壁開龕塑像,其餘牆面全部滿繪壁畫。由隋向唐的過渡痕迹,在初唐第57、204、322窟表現最為突出,尤其是重層佛龕很有時代特色,龕有前後兩層,增加了深度,是為了佈置造像,其佈置為:佛在龕後正中,兩弟子在龕後轉角處,兩菩薩側身立於龕沿,初唐以後重層佛龕就絕迹了。壁畫佈局也大多繼承隋代形式,窟頂四坡在藻井帷幔的一周全部以千佛裝飾,南北壁在千佛中間繪一鋪說法圖。第322窟在北壁的千佛中間,將說法圖改為阿彌陀經變畫,但畫幅的大小還沒有脫離說法圖的形式和規模。東壁在門兩旁繪千佛,西壁龕外兩側繪維摩詰經變,位置與隋代的維摩詰經變佈局相同。第57窟龕外則改為"乘象入胎"和"夜半逾城"的佛傳故事,以後,初唐的這種佛傳故事都繪在龕頂附近,以對稱形式佈置。維摩詰經變則改換了位置並擴大了規模。

覆斗頂殿堂的寬敞空間,更有利於表現大幅的佛經故事或經變畫,開鑿於貞觀十六年(公元642年)的第220窟,改變

了南北壁以千佛和說法圖組合的佈局形式,出現了通壁巨製的大型經變畫。將對稱的維摩詰經變佈置於東壁窟門兩旁,西壁龕外對稱安排着文殊變和普賢變,早期滿壁的小千佛移到覆斗頂的四坡上。由於此窟的壁畫曾在宋時被覆蓋,現在四壁顯露後,初唐時期清晰的人物形象和絢麗的色彩,再現當時的風采,所以倍感珍貴。而在第335、329、331窟等仍然保持初唐原貌的石窟內,除了四壁大幅的故事畫或經變畫外,窟頂藻井圖案中的大團花、寶相蓮花與地面鋪裝的蓮花磚相互輝映。佛教淨土宗又稱為蓮宗,在石窟中突出蓮花的形象,既表達了宗教情結,又滿足了窟內裝飾的需要。

在上述這些典型的覆斗形式之外,這段時期內還有幾種衍生的石窟形式,主要有:

一、中心佛壇窟:隋代僅有第305窟,覆斗形窟頂,窟室中央有半截中心柱,成為一高壇,壇上塑像。窟內南、西、北壁開三龕,它是三龕覆斗頂殿堂窟與中心佛壇殿堂窟的先例,並將兩種形式於一窟中表現出來。窟內的壁畫裝飾則與西魏時的殿堂窟相似,窟頂一鋪盝頂形垂幔,四角的環佩流蘇鋪於四坡,將整座石窟置於一個佛帳中,窟頂四坡的壁畫內容由中國神話傳說中的東王公、西王母(一說帝釋天和帝釋天妃)和佛經故事相結合而成。

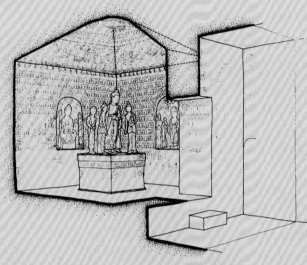

第 305 窟透視圖

第205窟是初唐唯一的中心佛壇窟，隋代的高佛壇在這裏已改進成為低佛壇，尺度加大，但環周的通道顯得狹窄，佛壇上的塑像製作精良，體量高大，使窟內的空間稍顯局促。此窟在大佛壇上塑造大像，開創了晚唐五代和宋代中心大佛壇的先例。窟內的壁畫分別由初唐、盛唐、中唐三個歷史階段完成，塑像也經中唐增添了兩身，時間跨越了一百多年。這種矩形或 "凹" 字型中心佛壇來源於一般寺院，現存山西五台山唐代南禪寺及山西遼、金、宋各時代寺院佛殿中，都可以見到這種大佛壇。

二、三龕式殿堂窟：以隋代最多，共有八座，是隨着大乘佛教三世佛信仰而出現的新形式。三世佛的信仰從時間序列上分為過去、現在、未來三個時段，並分別由各時期的佛主宰。從保存完好的三龕主尊塑像中所表現的二佛一菩薩像中，清楚地反映了三世佛的教義。

第420窟是保存最好的一座三龕式殿堂窟。窟頂四坡上部，斗四蓮花井心一周繪有垂角帷幔，成為盝頂帳頂形式。四坡下部全部繪法華經變故事，故事畫中有大量的建築、車馬等生活場景。窟室內的三龕以西壁為主，採用重層龕形式。南壁與北壁開淺龕，龕內塑像。龕周圍繪千佛，其實這依然是一鋪說法圖居中，周圍滿鋪千佛繪畫的變體形式。

三、馬蹄形佛牀式殿堂窟：隋代的三世佛信仰還有一種空間形式表現，如第244窟主室平面大約6.3米見方，覆斗形的窟頂高達7米多，在5米多高的牆壁上不開佛龕，而在南、西、北壁下部設馬蹄形佛牀，佛牀高約1米，寬0.6米。這樣使得石窟內只有4米多見方的平面空間。佛牀上的三鋪主尊仍然是一佛二菩薩，與兩旁的二脅侍共同組成一鋪三身的格局。由於沒有佛龕的束縛，塑像高達3.5米左右，再加佛牀高度，總高可達4米多高。眾塑像都雙目下垂，微微俯視，將禮拜者圍在中間，人們在這種狹小高聳的空間內，必然會產生一種敬畏之感。

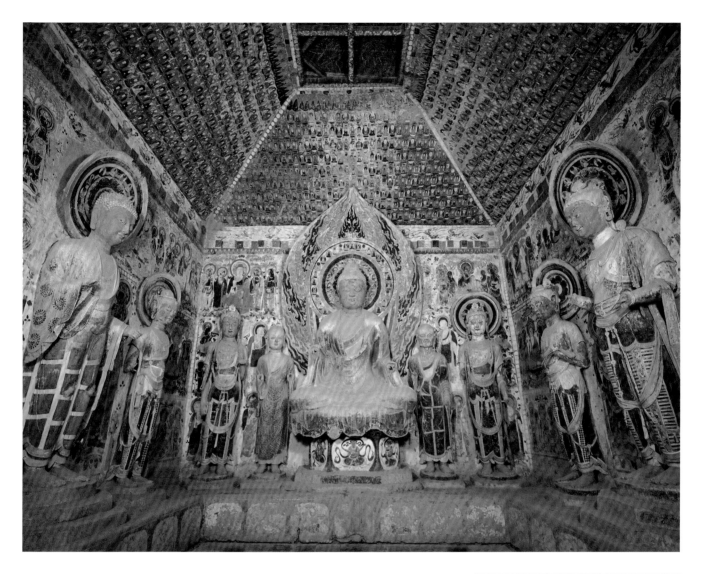

59 第 244 窟覆斗式殿堂窟

窟室呈方形覆斗頂。主室寬6 15米，深
6.6米，頂高6.7米。正面及南北兩面有
"凹"字形佛牀，正面塑一佛二弟子二
菩薩。南壁前塑一佛二菩薩像，北壁前
塑彌勒菩薩及二脇侍像，塑像身形高
大。四壁滿畫說法圖，窟頂一周畫飛
天，頂部滿佈千佛。窟室不開佛龕，塑
像便可以擴大尺度，是這種無佛龕殿堂
窟的一大特點。

隋 莫244

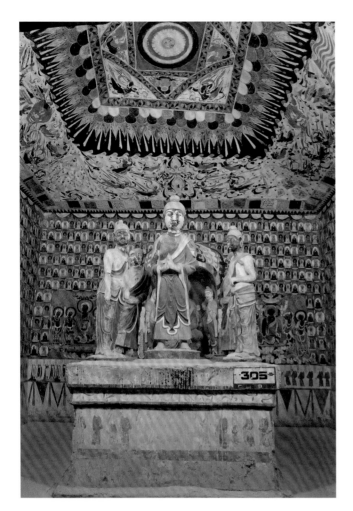

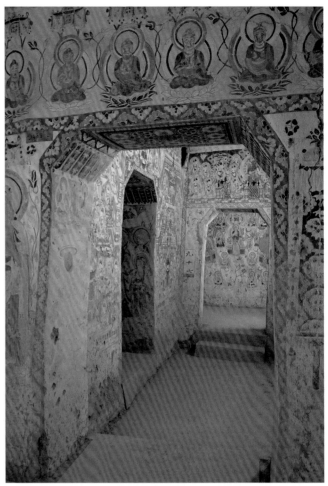

60 新形式的中心佛壇窟

主室寬3.8米，深3.65米，高3.35米，上為覆斗頂。正中有方形佛壇，可以繞壇觀像，壇上有一佛二菩薩二弟子像，為清代重塑。頂部方井外有華蓋流蘇，西壁及南北壁上各開一圓券龕，稱為"三龕窟"。龕內有佛及菩薩弟子塑像，北壁龕下有"開皇五年正月"（公元585年）的造像紀年。此窟開創了三龕窟與中心佛壇窟的新形式。

隋 莫305

61 一殿兩堂的石窟組合

這是隋代開鑿的一組石窟，正中第307窟代表寺院的大殿，南北兩側的第306、308窟，分別代表大殿兩側的堂，是石窟寺模仿一般寺院的佈局。本圖是從南側的第306窟向外望的情況，可看到三窟形成一正兩側的組合。可惜這組石窟在西夏時曾被改造，壁畫也全為重繪。

隋 莫307

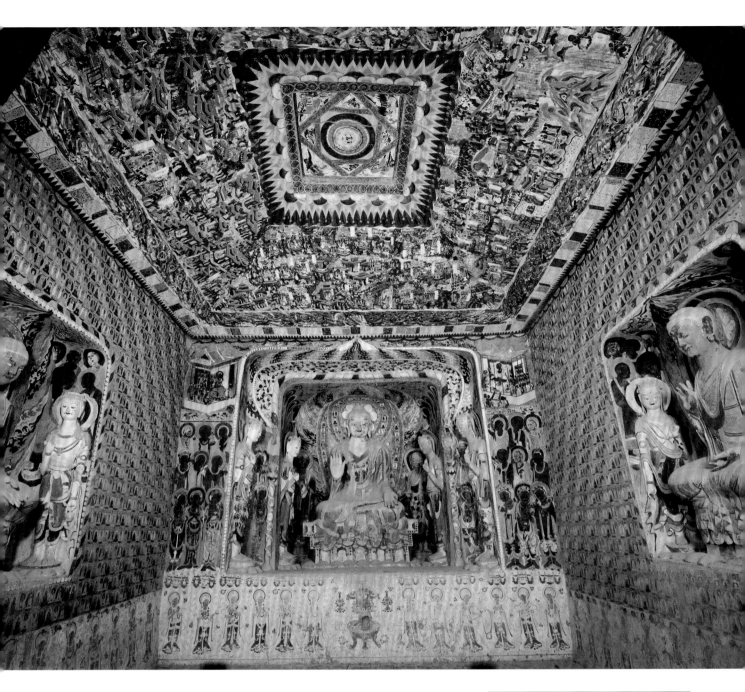

62 三龕殿堂窟

主室寬5.5米，深6.35米，頂高5.67米。西
壁開重層佛龕，內層龕塑一佛二菩薩二
弟子，外層龕塑二菩薩。南北壁正中各
開一龕，內塑一佛二菩薩。覆斗頂四坡
滿畫法華經變，繪製精細。整窟從形制
到繪畫一絲不苟，是隋代的代表窟。

隋 莫420

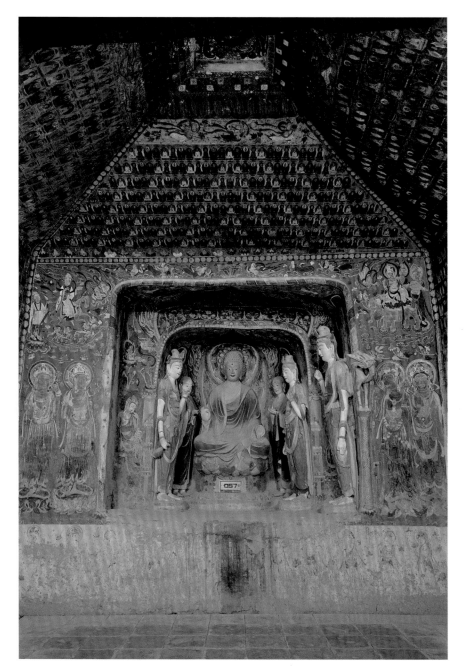
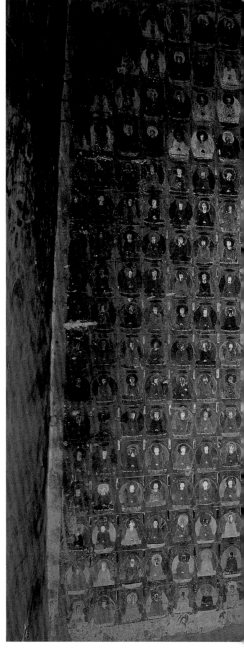

63 重層龕殿堂窟

此窟是初唐的代表窟。殿堂窟為覆斗
頂，主室寬3.9米，深3.75米，頂高4.12
米。重層佛龕的內龕有一佛二菩薩二弟
子塑像，外龕僅存北側菩薩像。內龕外
畫龕楣與八棱蓮花龕柱。窟室四壁、四
坡轉角處用連珠紋分出界面，在藻井的
帳幔四角有四朵仰蓮與聯珠紋相接，使
整個窟室猶如一座佛帳。

初唐 莫57

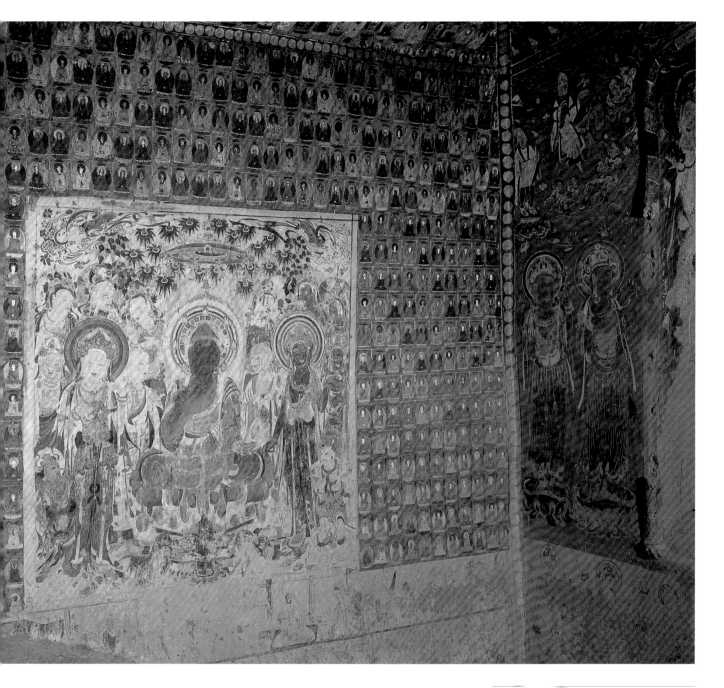

64 說法圖壁畫佈局

南壁正中畫說法圖一鋪，圖中菩薩秀麗
嫵媚，深受觀者讚歎。圖下部畫供養
人，其餘部分滿畫千佛，並用不同的顏
色按一定規律排列，形成"人"字形條
紋，使刻板的千佛形成有規律的變化，
在單調中尋求趣味。這種牆面佈局源於
隋代，初唐後期發展為通壁巨製的經變
畫。

初唐　莫57　南壁

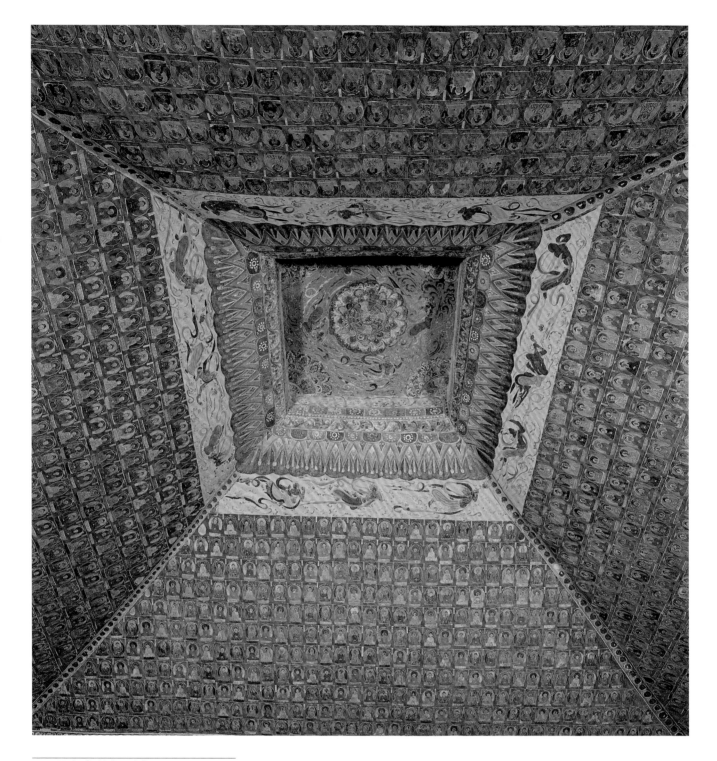

65 殿堂窟的帳形窟頂

窟頂藻井畫蓮花飛天華蓋,四角有連珠
紋帳杆形式,組成一座盝頂式帳頂。帳
頂繪製正如《歷代宅京記》記載後趙業
都宮室中"佛座帳上刻作飛仙,循環右
轉,又作紫雲飛騰,相映左轉,往來交
錯,終日不絕"。圖案構圖嚴整而富於
變化,色彩絢麗。

初唐 莫329

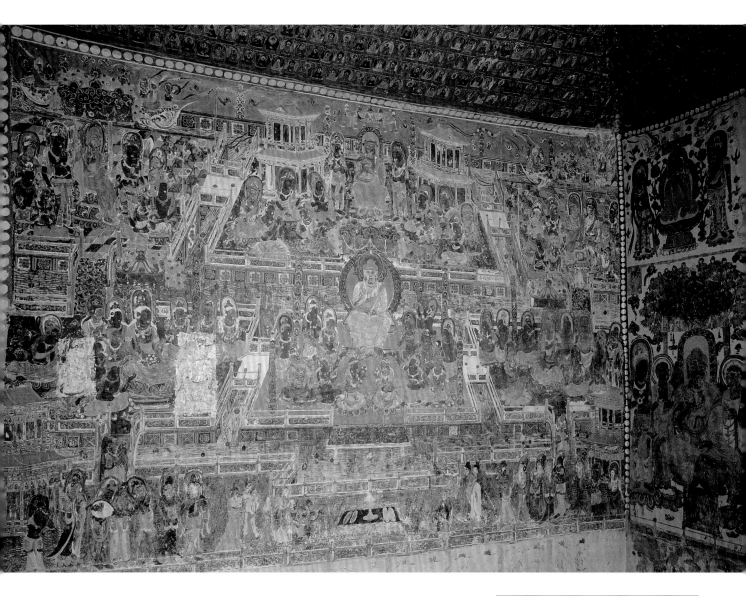

66 佔滿全壁的大幅經變畫

此窟北壁整面畫了一鋪經變。前期在南
北壁繪畫小幅說法圖的佈局，從初唐起
開始改變。巨大的畫幅，充分表現了佛
國世界歌舞昇平的場景，其中壯觀的樓
閣亭台，為後世留下了珍貴的木構建築
的圖像資料。

初唐 莫329 北壁

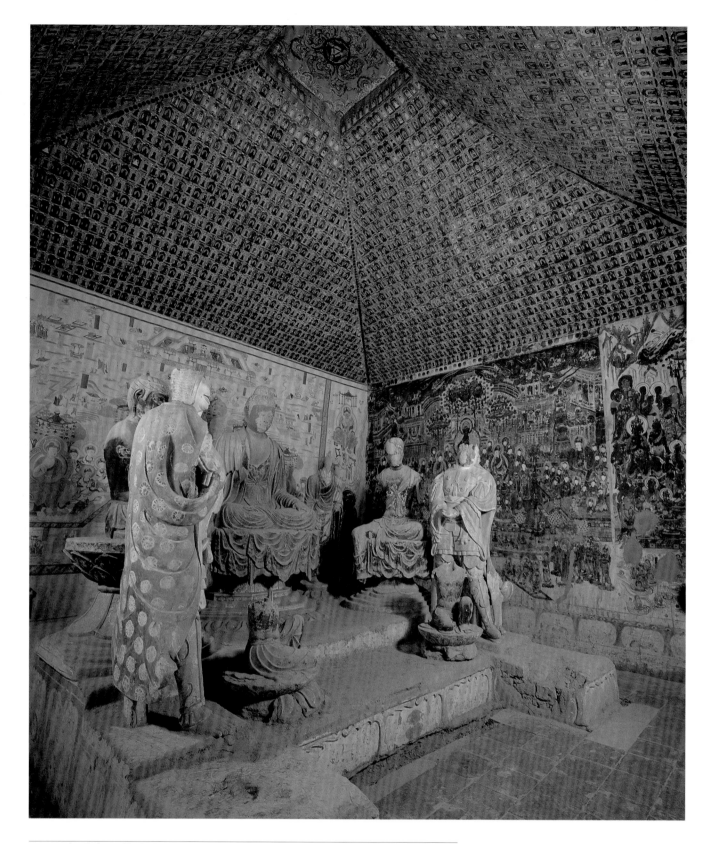

67 凹字形中心佛壇窟

此中心佛壇窟為覆斗頂。主室寬6米，深
6.6米，頂高6.25米。窟室中有"凹"字
形佛壇，壇上塑有一佛，二脅侍菩薩，
二弟子及二供養菩薩像，中唐時增塑二
天王像，可惜都有不同程度的損毀。壇

的一周有通道，可供繞壇禮拜。敦煌文
獻中所說"剎心佛堂"，即是這種形制
的石窟，後來成為晚唐、五代、宋初流
行的石窟形制。
初唐 莫205

68 盝頂窟

盝頂上並排繪三朵大團花,室內西壁設
"凹"字形佛壇,壇上塑一佛二菩薩二
弟子及二天王像,是莫高窟少數窟形之
一。石窟的前部已坍塌。

初唐 莫319

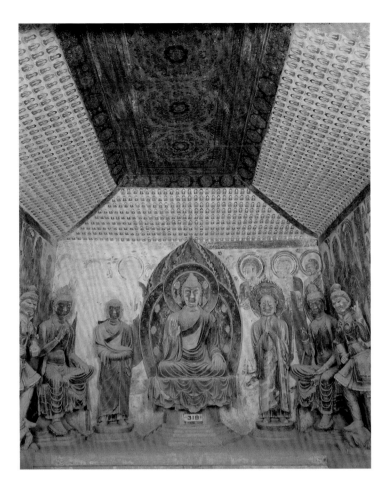

69 帳形窟

此窟為覆斗頂帳形窟,正壁開一龕,窟
室四角有八棱帳柱,帳柱下有蓮花柱
礎,柱身上用四層束蓮裝飾。覆斗與四
壁的交接處均用連珠紋分界,表示出帳
杆的意味。在帳柱與帳杆的交接處,還
裝飾有仰覆蓮的帳杆節點,窟頂藻井下
的帳幔下也有同樣的節點,將佛窟變成
一座裝飾華麗的寶帳。這種帳形窟始於
隋代,延續到初唐前期,以後衰落。

初唐 莫60

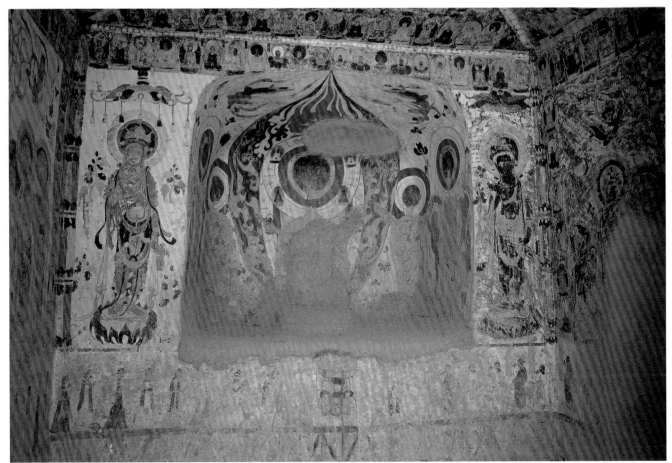

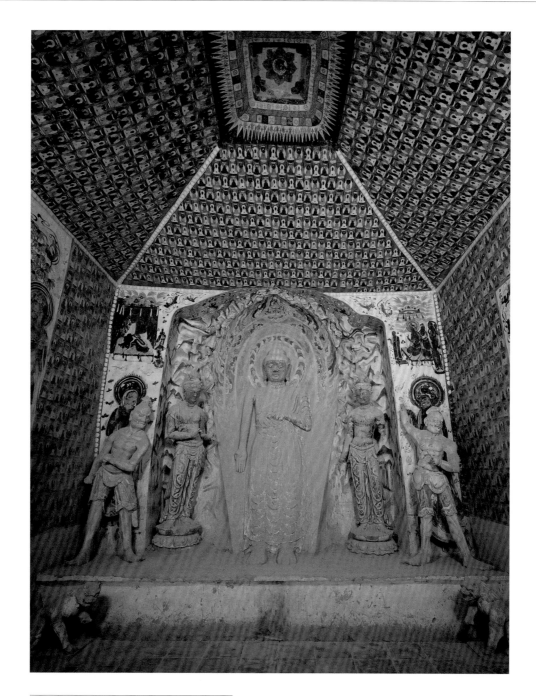

70 山形佛龕窟

此覆斗頂方室，在西壁淺龕內塑一佛二
菩薩，佛背光作山形，示意釋迦牟尼在
靈鷲山說法。窟室轉角仍全部作連珠紋
帳杆形式，藻井覆斗的帳幔裝飾四角有
覆蓮節點。此窟與盛唐第300窟相同，可
見此形制延續到盛唐。
初唐 莫203

第三節　　各有特色的局部變化

從隋到初唐的百餘年間，石窟形制儘管有許多變化，但仍保持着連續性，可是對於石窟內部的局部裝飾，其時代性卻很明顯，而且延續的時間也不長，隔代出現的很少。以下將分類介紹。

人字坡窟頂裝飾變化

人字坡式的窟頂本是源於模仿兩坡屋頂，在莫高窟表現得非常清楚，時代越早，模仿性越強。人字坡最早出現在北魏，隋代繼承並發展了北周的做法，即在人字坡上除繼續繪千佛外，更多的是繪佛經故事畫，並已見不到椽檩形象，擺脫了對木構屋頂的模仿，集中表現佛教內容。

窟頂的帳形裝飾

帳形裝飾有多種表現形式：

1、繼承早期的形式，如第305窟的藻井圖案，與西魏第285窟帳頂很相似。

2、在覆斗頂的窟室棱角線上表現出帳杆形式，與頂部的蓮花藻井和波浪形垂幔共同組成帳，將石窟全部的空間置於帳中。在隋代壁畫中就有很多佛坐於盝頂形的帳中，覆斗頂的帳形窟與壁畫中盝頂帳相呼應。

3、人字坡式窟形用帳杆裝飾成帳形窟，在隋代壁畫中已經出現這種形式。

隋代石窟中四壁用帳杆表現的帳形窟共有三十一座，約佔全部隋窟的三分之一。用整座石窟空間來表現帳，還見於麥積山石窟的北朝窟中，帳的形式以四角攢尖式為多，覆斗式帳形只有一窟。莫高窟的帳形窟以覆斗式為主，不見四角攢尖式，卻有人字坡式的帳形窟。麥積山石窟內的帳柱，用塑繪結合的方式，表現了傳統的束蓮柱形式，而莫高窟用繪畫畫出的帳柱，多用白色的連珠紋，僅第56窟的帳柱繪成束蓮柱。四壁拐角處的蓮花形帳構架，有的畫得很清晰，有很多卻被省略了，只有覆斗頂上華麗的瓔珞與懸鈴組成的波浪形垂幔，表明窟內的空間就是一個大帳。用帳的形式表現石窟空間，明顯是漢地文化傳統的繼承，但波斯式的連珠紋圖案又是隨着當時暢通的絲綢之路帶來的新紋樣，所以隋代壁畫中大量的使用連珠紋圖案，以至使傳統的帳柱也改變了模樣。

初唐時期覆斗頂上的帳幔，還出現了很多漸變的趨勢，與早期比較更顯繁複綺麗，如第386窟的帳幔四周呈現出一片翻捲的祥雲，雲中的捧花飛天彩帶飄舞，正如《歷代宅京記》中描寫後趙鄴都宮室中的"佛座帳上刻作飛仙，迴圈右轉，又刻紫雲飛騰，相映左轉，往來交錯，終日不絕……奇巧機妙，自古未有"。這樣的帳幔，更加接近現實。當時的開窟者就是要用佛帳形式來表示石窟的空間造型，使佛的生活更加接近世俗化。

龕楣裝飾

隋代對龕楣的裝飾已大不如前，浮塑大多僅用於龕樑和龕柱，龕楣採用繪畫，以火焰紋居多，夾以少量的忍冬蓮花紋。龕楣經過幾百年的發展，逐漸消失，其沒落主要源於佛龕逐漸加深加大，在佛龕頂上繪佛經故事等，取代了龕楣。重層佛龕的出現，是龕楣走向沒落的開端，由於佛龕加深，龕楣只用於內層龕前，上部的龕楣成為外層前龕的頂部裝飾，失去了在佛龕前裝飾的意義。發展到初唐，僅少數沿用重層佛龕的幾個窟內還有龕楣的裝飾。以後，由於佛龕加深，佛經的大量翻譯，使石窟內容增多，佛龕頂也用來表現經變故事，如第338窟龕頂繪彌勒經變，第329窟龕頂繪"乘象入胎"與"太子逾城"的佛傳故事。

重層佛龕的興起

佛教從無偶像發展成偶像崇拜的宗教，並進一步認為造像最能得福。佛龕正是為塑造佛像而設的。在敦煌石窟開鑿過程中，佛龕逐漸形成具有中國特色的形式。

隋代佛教造像越來越世俗化、漢地化，淺佛龕已不適應需要，因而加深佛龕，出現了大量的重層佛龕，將龕外的菩薩納入在外層龕內，龕券深度不斷有所增加。莫高窟共有重層佛龕四十一個，其中隋代佔三十八個，初唐僅有三個，以後就消失了。

初唐的佛龕形式以半圓敞口龕為主，龕內更利於造像的佈置：佛正面向前，兩旁的弟子與菩薩沿着半圓形龕舒展排開，以半側身扭腰轉頭的"S"形姿態向着參拜的芸芸眾生。這樣的佈局和優美的姿態，使佛國的菩薩們更加充滿了世俗的人情味。

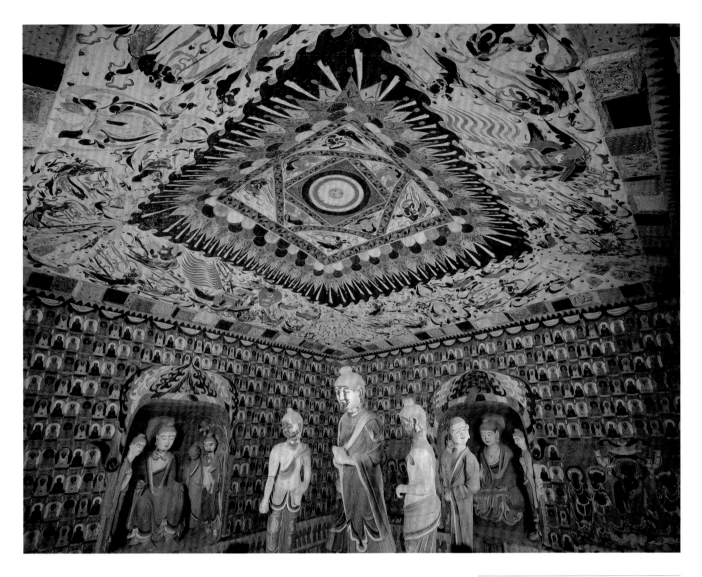

71 華蓋藻井及流蘇

窟頂中心畫一個大華蓋藻井，中有三層
四方套疊圖形，四方井心外畫帷帳，四
角懸掛瓔珞流蘇，有罄、璧、璜、羽
葆、鐸鈴等飾物。窟頂與四壁之間又畫
一周帷帳，將整個窟室裝飾成一個華貴
的巨大佛帳，由此可見當時上層社會所
用帷帳、華蓋的裝飾形式。

隋　莫305

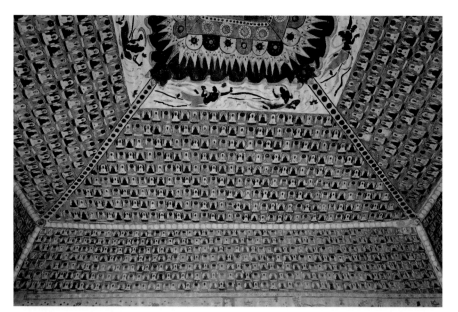

72 藻井與帳構節點

莫高窟從隋代開始在窟室轉角處用聯珠紋做出帳杆的形式，模仿斗帳的節點，而這在麥積山的北朝石窟中就已出現，並在節點上浮塑出蓮花。此窟在牆壁交接處用聯珠紋作帳杆，在四角轉折處浮塑出一朵蓮花，藻井四角的帳幔下也有一朵大蓮花。這些蓮花既是裝飾，又是帳杆的節點處。

隋 莫386 窟室四角與窟頂

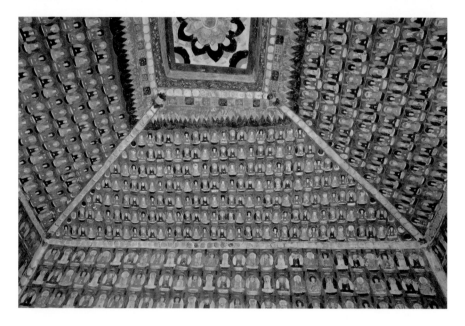

73 藻井與帳構節點

窟頂上的聯珠紋即為帳杆，每一串聯珠紋的盡頭即節點處，可看到有一朵束腰的仰覆蓮做為帳杆節點裝飾。

隋 莫396 窟頂

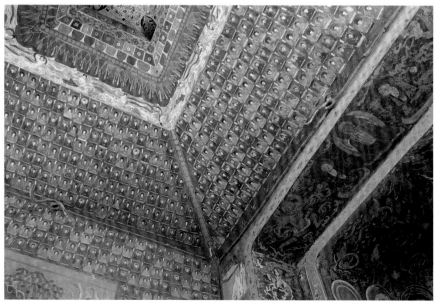

74 帳柱上的節點

此圖是前圖的上部，木杆沿牆角而上，將窟室四壁都圍滿，清楚地表明了窟室仿作佛帳的意圖。帳杆在牆角作一彎鈎狀，在牆面中間由兩個頭交扭在一起。在覆斗形窟頂的轉角處，以聯珠紋作為帳杆的延續。

初唐 莫322 西壁牆角與窟頂

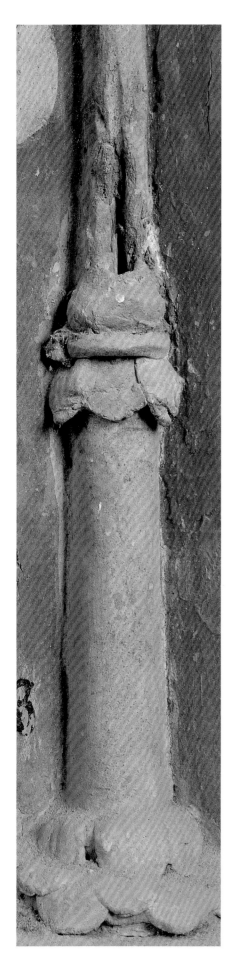

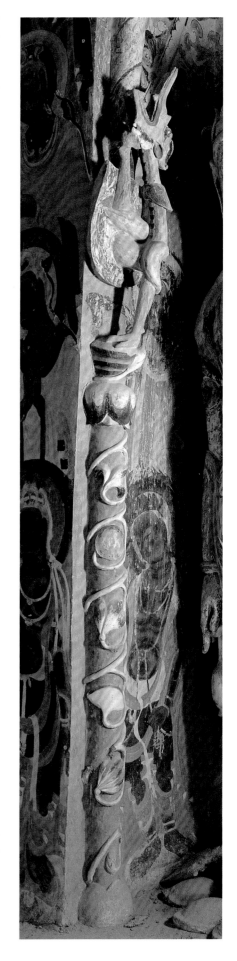

75 帳柱下部構件

蓮花帳柱上部為木帳杆，中部至下部是
泥塑的套管，套管的根部有三重蓮瓣，
上有一重覆蓮，然後有一個套箍，是帳
杆和套管的連接位置。

初唐 莫322 西壁佛龕牆角

76 蓮花龕柱

在西壁內層龕兩側塑有蓮花柱頭，覆缽
形柱礎，圓形柱身，通身纏繞蓮莖及枝
葉。蓮花柱頭上站立龍身。佛教淨土宗
又名蓮宗，故石窟中多以蓮為飾。

隋 莫420 西壁佛龕側

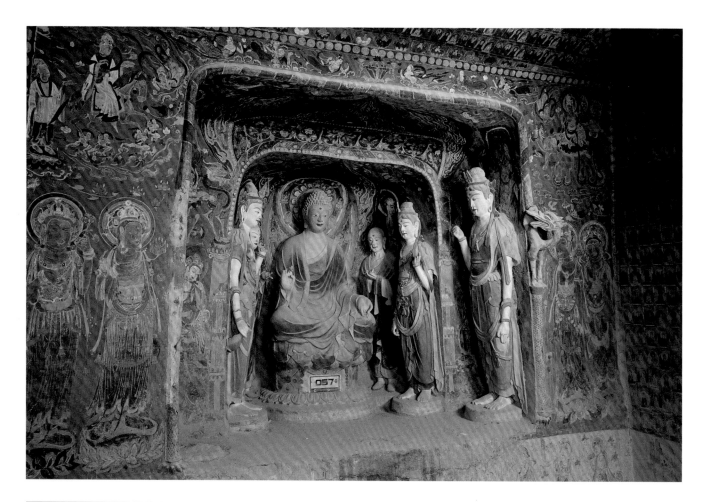

77 重層佛龕

重層龕是隋代在北朝淺佛龕的基礎上發
展而成的,它可以容納較多的塑像。重
層龕在初唐前期尚有使用,以後逐漸發
展為敞口佛龕,這種重層龕形制就絕迹
了。

初唐 莫57 西壁

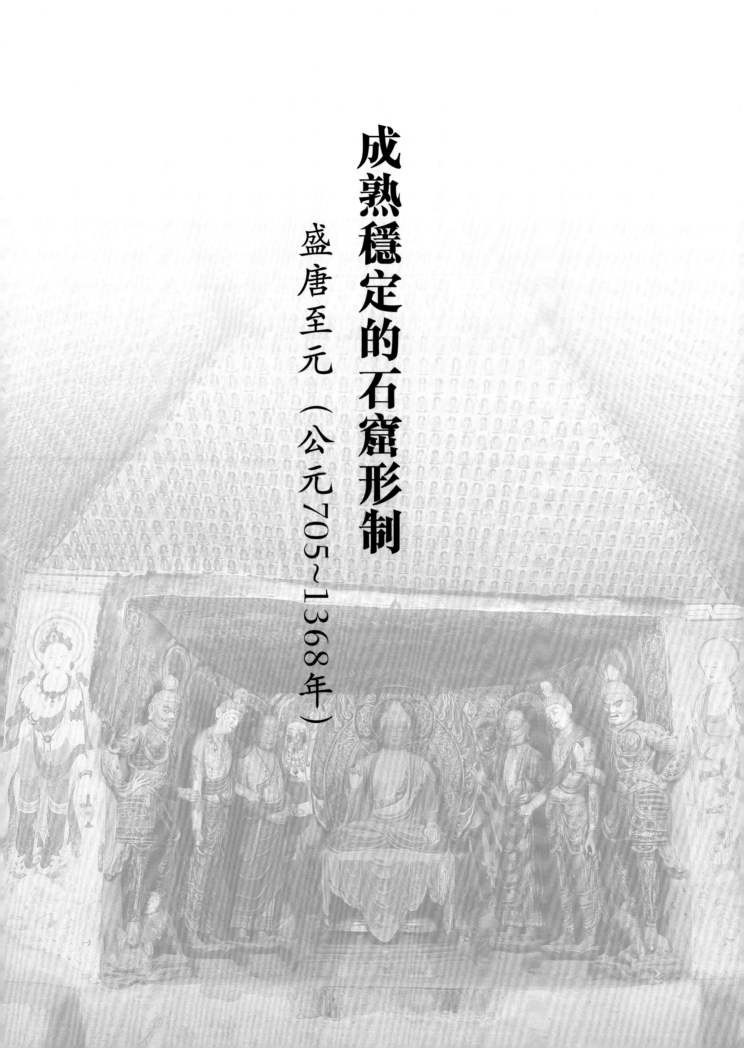

成熟穩定的石窟形制

盛唐至元(公元705~1368年)

　　唐代社會穩定，經濟繁榮，在莫高窟的開鑿也達到鼎盛時期，到晚唐時，莫高窟崖面上的石窟已"狀若蜂巢"，沙州地方官張淮深"欲鐫龕一所，躊躇瞻眺，餘所竟無"。當時石窟崖面上已經佈滿了石窟，數量達四百一十七座之多。唐以後的五代、宋、西夏至元近五百年間，僅開窟六十七座。清代開窟兩座，還有六座因殘毀嚴重，已看不出開鑿的確切年代。所以從五代開始，改造前代的洞窟成為時尚。因此包括唐代在內的石窟中，絕大部分都有被改造的痕迹。

　　敦煌歷史上的中唐、西夏、元代曾分別由吐蕃、黨項、蒙古三個民族佔領，他們也信仰佛教，所以繼續在莫高窟及敦煌周邊的榆林窟等地開窟造像，但在石窟的形制上沒有太多的改變，只是壁畫上表現出鮮明的民族特色。

　　盛唐至元代的石窟形制以覆斗形殿堂窟為主，只有極少數中心塔柱窟與人字坡式殿堂窟。對早期形成的覆斗形殿堂窟，也不斷發展和完善。隨着開窟技術的提高和發展，開大窟、造大像反映了唐代雄厚的經濟基礎與輝煌的藝術成就。中原地區大量修建佛寺，寺院的殿堂形制影響到敦煌石窟形制的變化，所以在晚唐和五代興起了修建中心佛壇窟的高潮，是開鑿大窟的繼續。五代、宋代由於曹氏家族與西域各地往來頻繁，受高昌穹窿頂佛寺的影響，在窟室內融入了一些高昌建築的因素。

　　盛唐至元代的中小型石窟以覆斗形殿堂窟為主，盛唐已經出現的帳式佛龕裝飾，中唐發展得更加華麗。這一時期窟內變化主要體現在壁畫的佈局上，初唐形成的一壁一幅經變畫的格局，經盛唐發展到顛峯，中唐以後向着一壁有多幅經變的形式轉變，並一直沿用到宋元時代。

第一節　中小型石窟形制

　　唐代是中國佛教大發展的時代，佛教的繁榮使敦煌石窟的開鑿達到興盛期，但石窟形制卻日漸單一，這是經過從北涼到初唐近三百年的演變後，逐步成熟、定型的結果。這種趨勢自初唐後期已經顯露，因此盛唐以後一直沿用至元代，其中又以面積約幾十平方米以下的中小型窟佔絕對多數。

　　盛唐時期從神龍元年至建中二年（公元705～781年），在近八十年的時間裏，莫高窟開窟九十八座，平均每年開窟一座多，是僅次於隋代的又一個高峯。這些石窟主要集中在莫高窟崖面南區下層和南區南段的第一層和第二層一帶，南區中段和北段的上層也有少數盛唐窟。中小型窟以覆斗頂殿堂窟為主要形式，只有兩座人字坡與平頂組合的中心塔柱窟，一座人字坡殿堂窟和一座盝頂式殿堂窟（一般將方形盝頂稱為覆斗頂，長方形盝頂稱為盝頂）。

　　盛唐兩座中心塔柱窟仍是前部人字坡、後部平頂的形式，但中心柱只有前部開一個較深的斜頂敞口龕，其餘三面不開龕。第39窟西壁開龕塑涅槃像一鋪，南北壁各開一斜頂圓券龕，龕形較多的保留了初唐形式。第44窟西壁不開龕，卻有中唐繪出的涅槃經變一鋪，南北壁各開兩個斜頂方口龕。使中心塔柱窟的形式既有繼承又有發展。

　　盛唐的覆斗頂殿堂窟中，有七座於西、南、北壁各開一龕，組成三龕窟形式。這是隋代開創的一種形式，初唐沒有採用，這時採用頗有點復古的意味。盛唐的一龕窟佔絕對多數，在西壁開有一龕，這種形式在初唐就已顯現出其佈局利於表現大幅經變畫的優點，在盛唐通壁的大幅經變畫得到了更大的發揮，使藝術創作空間更完美。

　　大唐盛世的繁榮，使繪畫技藝如日

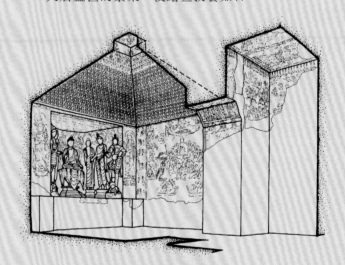

第 45 窟覆斗頂 · 龕窟透視圖

中天。窟室內的壁畫顯示出豪華精細的趨勢，表現佛國淨土世界的經變畫規模宏大，色彩絢麗，場面開闊壯麗。千姿百態的人物畫形象生動，雍容華貴，裙帶飄逸。窟頂、龕沿、牆角的裝飾圖案繁複多變，色彩艷麗。雖然時間流逝了一千幾百年，當我們站在保存較好的第23、45、103、172、217、320、445、148等窟之中，仍然能感受到它強烈的藝術魅力。

中唐是吐蕃政權統治敦煌的時代，從唐建中二年至大中二年（公元781～848年），共六十七年，稱為吐蕃時期。在莫高窟共開窟五十四座，有五十三座屬中小型窟室。同時在西千佛洞和榆林窟也有少量開鑿，規模都不很大。這一時期莫高窟的崖面上，經過幾百年的不斷開鑿，已經沒有大片完整的崖面了，因此只能在前期的石窟羣中到處插入，根據崖面的空餘大小，或單窟，或三五一組，石窟形制在整體上沿襲盛唐的特徵，以覆斗頂一龕式殿堂窟為主，變化主要表現在佛龕上，初盛唐流行的敞口龕被盝頂式的帳形龕所取代，成為新時期的流行模式。龕內的塑像下增設了馬蹄形須彌座式佛牀，三面牆壁上以屏風畫的形式表現一些佛傳故事。由於屏風畫的出現，初盛唐時形成的一壁一鋪經變畫的形式，漸變為一壁多鋪經變畫，每一幅經變的下部，都配有幾幅屏風畫，上部是經變中的主體畫面，下部屏風內表現與之相關的內容。這種形式使窟內的佈局嚴謹整齊。多幅經變畫的設置，使當時流行的各種經典都被羅列在一窟之中，這種形式一直影響以後各時代。

晚唐在敦煌歷史中又稱張氏歸義軍時期（公元848～910年），張氏家族統治敦煌達五十九年。在莫高窟開窟七十一座，中小型石窟有六十六座。開窟大多分佈在南區崖面的下層，少量的插入在中上層前期石窟之間。石窟形制仍以覆斗頂一龕式殿堂窟為主，裝飾壁畫沿襲了中唐形式。兩座中心塔柱窟，前部為覆斗頂殿堂窟，後部的中心柱四周為平頂，中心柱前部開一盝頂帳形龕，與早期有很大區別。

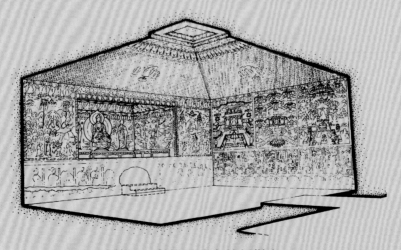

第 231 窟的一壁多鋪經變畫

這時莫高窟南區崖面上早已滿佈大小石窟，再開新窟，選址已很困難，因而開窟人才產生了“更欲鐫龕一所，躊躇遠眺，餘所竟無”的歎息。

晚唐以後的五代、宋、西夏、元各朝代，由於莫高窟崖面上已經擁擠不堪，因此又見縫插針地開鑿了六十七座，繼而轉向西千佛洞和榆林窟，在那裏繼續開窟十多座。這時的中小型石窟形制，仍主要是覆斗頂一龕式殿堂窟。少數的幾座中心塔柱窟沿用晚唐形式，而人字坡式殿堂窟則很多是改造隋窟而成。隋代和初唐形成的少量的中心佛壇殿堂窟，在晚唐以後逐漸增多，窟室空間向着大型化發展。

莫高窟在開鑿過程中，從隋代就開始更改北涼窟內的壁畫，以後各代都有在前期窟內覆蓋重繪的現象。特別在改朝換代的轉折期，往往有一批“開鑿有人，圖素未就”留下空置的窟室，等待後人去繪畫塑像，因此出現一窟之內有幾個朝代壁畫的現象。到五代、宋，由於崖面已沒有多少供開鑿的空間，覆蓋重繪前期窟室成為造窟積功德的新潮流，前期石窟大都難逃此劫。

改造前代窟室的另一種方式是封堵縮小甬道，然後將前室和甬道再重新繪製。第220窟曾經被宋代全部覆蓋，1944年被剝出下層的初唐壁畫，1975年又將宋代封堵的甬道整體向前移出，露出原甬道。從而看到初唐、中唐、晚唐、五代的繪畫及供養人題記等，有一條題記清楚的記載此窟建於唐貞觀十六年（公元642年），是敦煌的世族翟家所開，五代時，翟家的後人在甬道上重繪供養人像並題記，到了宋代又一次被覆蓋，清代時對佛龕裏的塑像重修。此窟自初唐開鑿後，先後經過五個朝代的改造，壁畫和塑像已是面目全非。因此很多早期精美的壁畫就在後代的不斷重修中被掩蓋了，像第220窟這樣能較為完好的重見天日的窟室很少見，大多數窟室在經歷重修時，原壁畫表層都被劃破，再重新抹泥繪製。西夏和元代時，可開鑿的空間更小，所以人們就將更多的窟室全部重繪，如第306、307、308三窟，本是隋代開鑿成一殿兩堂的一組模仿佛寺的石窟，卻被西夏完全改造重繪，龕內的塑像又經清代重塑。

從五代、宋以後，敦煌石窟藝術走向衰落期，窟室內的裝飾基本上沿襲中晚唐的形式，並越來越趨向程式化。西夏和元代是兩個邊疆游牧民族政權，西夏較多地吸取了中原漢文化的影響，因此在榆林窟第2、3窟的壁畫裝飾上以全新的繪畫形式為落寞的敦煌石窟藝術增添了一道靚麗的晚霞。元人信仰密宗，在莫高窟第3、465窟內留下的密宗佛教藝術，也是敦煌石窟藝術中的一朵奇葩。

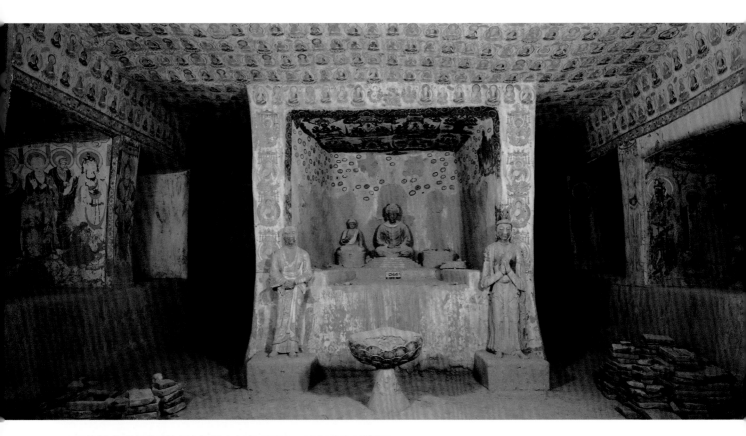

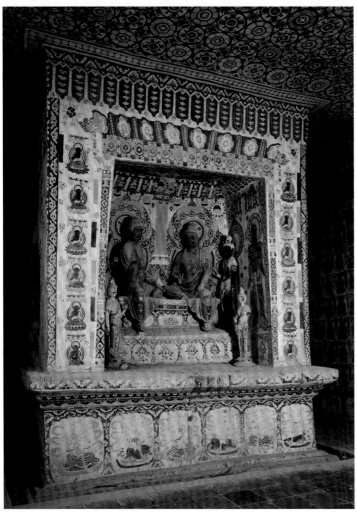

78　有蓮座燈台的中心塔柱窟

窟室平面呈矩形，主室寬7.5米，深10.9米，頂高4.5米。前部人字坡頂，後部有中心塔柱，正面開平頂敞口龕，南北兩側壁各開佛龕兩個。在中心柱前有一個蓮座燈台，塑繪得非常精美。這種形制是莫高窟較為特殊的一例。

盛唐　莫44

79　帳形中心塔柱

此窟原為北魏中心塔柱窟，經西夏完全改造，中心柱變為佛帳，下部是須彌座式的帳座，在中心柱的兩側繪出帳柱，中間有帳帷。中心柱中部開佛龕，內塑釋迦、多寶並坐像。在佛龕外又有帳柱、帳簷，龕內有覆斗帳頂，形成一個小佛帳。

西夏　莫246

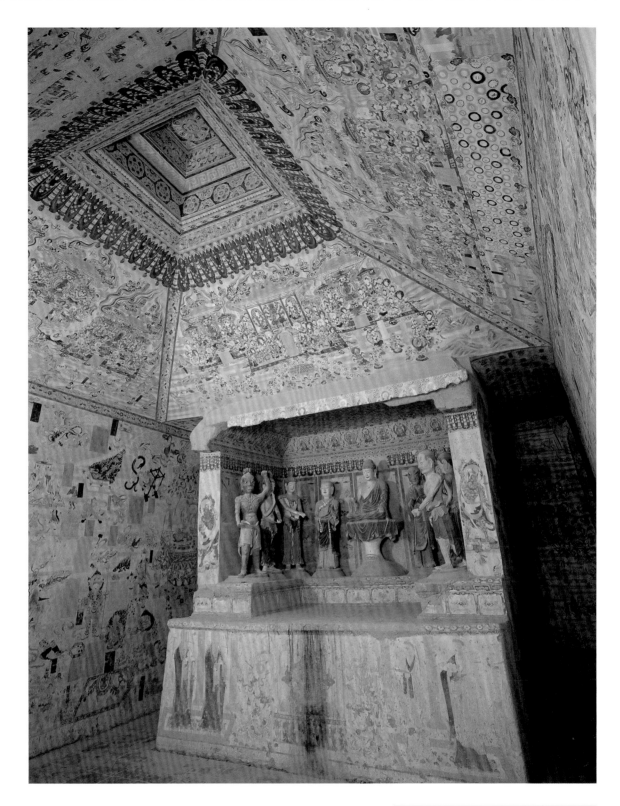

80 覆斗頂中心塔柱窟

窟室平面呈矩形，主室寬5.5米，深8.3
米，頂高5.6米。窟室後部有中心塔柱，
正面開帳形佛龕，內有"凹"字形佛
牀。中心柱前為覆斗頂。雖是中心塔柱
窟，但與北朝時期的形制已完全不同。
晚唐 莫9

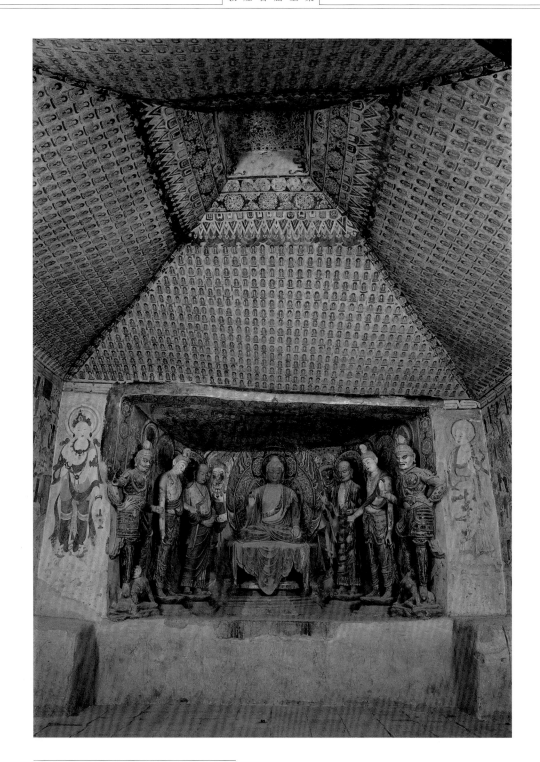

81 敞口龕殿堂窟

殿堂窟為方室覆斗頂。主室寬4.37米,深
4.45米,頂高4.05米。西壁開敞口大龕,
龕內有一佛、二弟子、二菩薩、二天
王,展示了西方極樂世界的等級秩序。
每身塑像都以優美身段展示在人們面
前,反映了盛唐藝術的高度成就。龕外
兩角的小方台,原有力士塑像,惟已
毀,故此窟塑像原共九身。窟室形制簡
潔,壁畫彩塑製作極為成熟精美。

盛唐 莫45

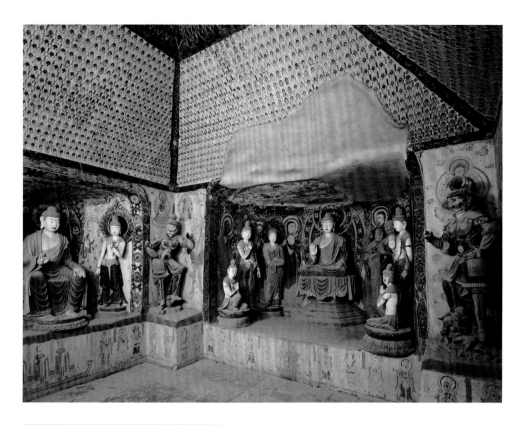

82 三龕殿堂窟主室

三龕殿堂窟主室為覆斗頂。寬、深皆為
4.25米，頂高4.4米。西、南、北三龕均
為敞口斜頂龕，西龕內有七身塑像，南
北兩龕內各有三身。西壁兩隅角台上有
天王像。窟頂四坡上滿畫千佛，中央為
團花藻井。此窟為盛唐所開，當時只完
成了窟頂及佛龕塑像，其餘牆面為中唐
五代補繪完成。

盛唐 莫384

83 三龕殿堂窟前室

此圖是前圖殿堂窟的前室。在莫高窟保
留完整前室的石窟很少，這是其中之
一。前室較為寬敞，矩形平面，呈人字
坡頂。西壁正中有甬道通向主室，兩隅
的角台上塑有青獅守護。前壁已坍塌。

盛唐 莫384

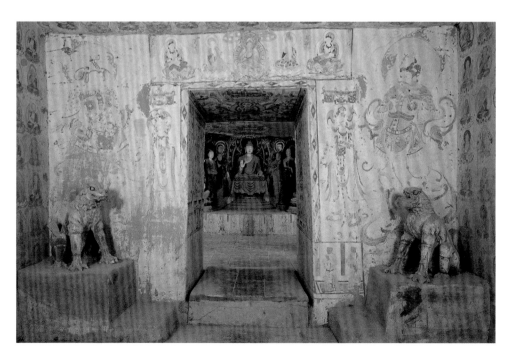

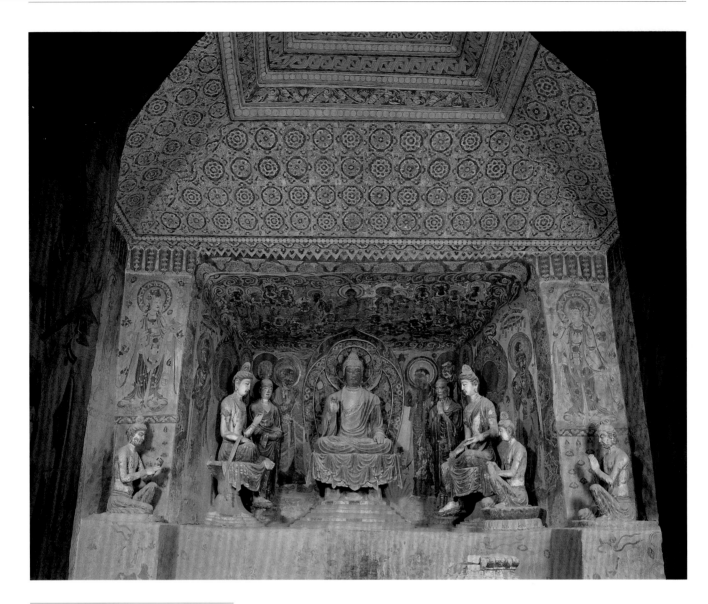

84 一龕殿堂窟

盛唐時在中小型窟中，一龕窟佔據主流
地位。此殿堂窟為方室覆斗頂，頂部和
四壁有壁畫。西壁開一敞口龕，龕內塑
一佛二弟子二菩薩四供養菩薩，其中龕
內南側的供養菩薩在1924年被美國人華
爾納劫走。此窟是盛唐塑像的代表窟之
一。

盛唐 莫328

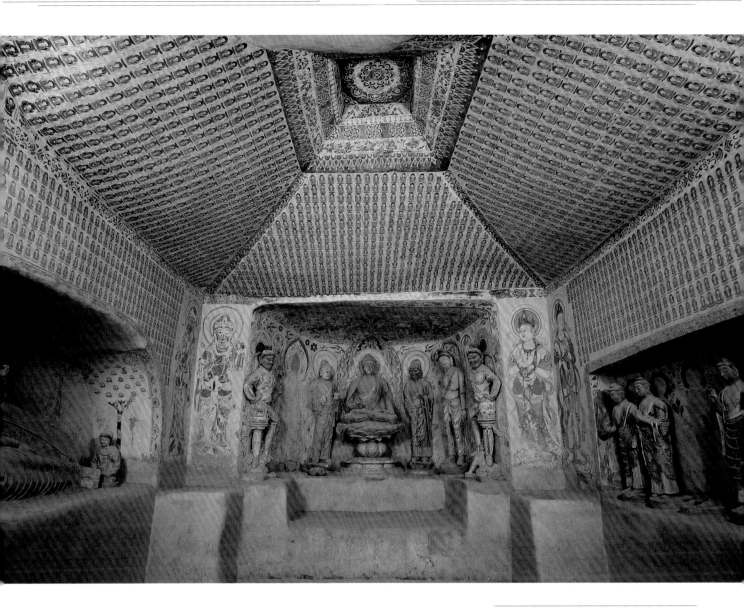

85 佈局獨特的三龕殿堂窟

本窟為覆斗頂方室，寬4.42米，深4.32
米，頂高4.05米，西、南、北壁各開一
龕。隋代及盛唐的三龕窟一般均塑三世
佛，而此窟的南壁龕塑有涅槃變一鋪，
北壁龕塑有七佛，西壁龕塑有 佛、二
弟子、二菩薩、二天王，是此三龕窟佈
局的獨特之處。

盛唐 莫46

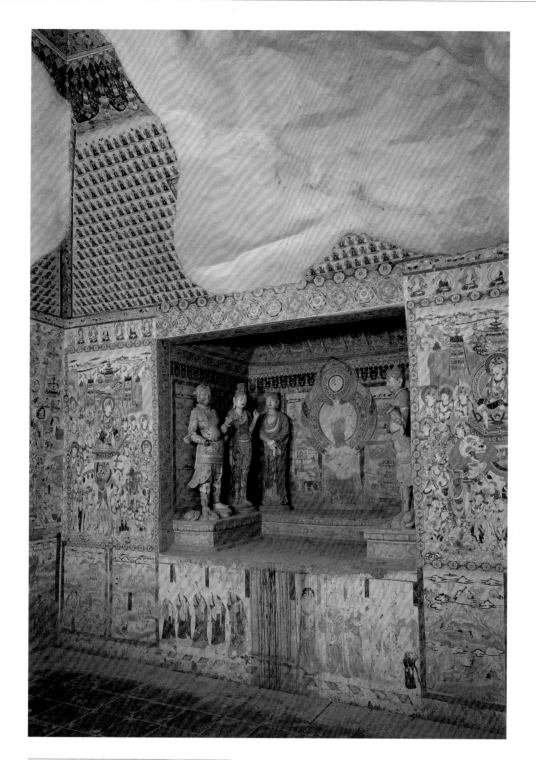

86 帳形龕殿堂窟

此為帳形龕殿堂窟,覆斗頂。主室寬4.8
米,深4.5米,頂高4.8米。西壁開龕,龕
頂作盝頂形,畫平棊圖案,龕內有一佛
二弟子二菩薩二天王七身塑像,至今保
存完好,是莫高窟的彩塑精品之一。南
北壁各畫經變三鋪,經變下畫條形屏風
畫,壁畫繪製精細,色彩淡雅,是中唐
的優秀代表窟。

中唐 莫159

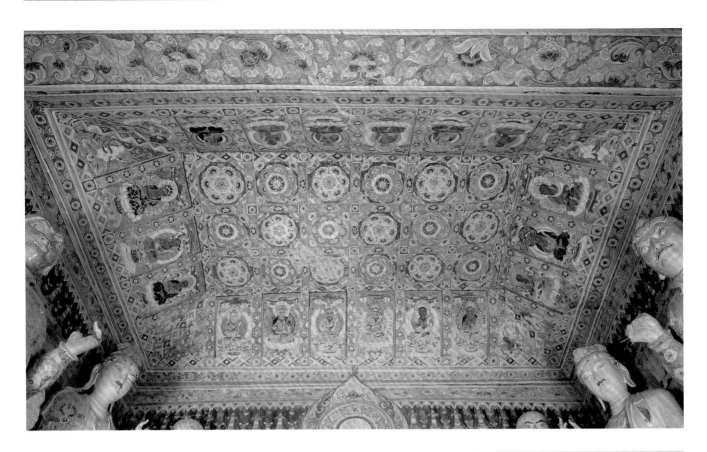

87 帳形龕頂平棊

本圖可見前圖帳形佛龕內的盝形頂，平
頂用長條分格成棋格狀，內畫團花圖
案，結構嚴整勻稱，四坡亦用長條分
格，坡下沿垂帳帷，這種形式仿自木結
構的佛道帳和平棊頂。此時期的石窟佛
龕普遍如此處理，形成了一種程式。
中唐 莫159 西壁龕內

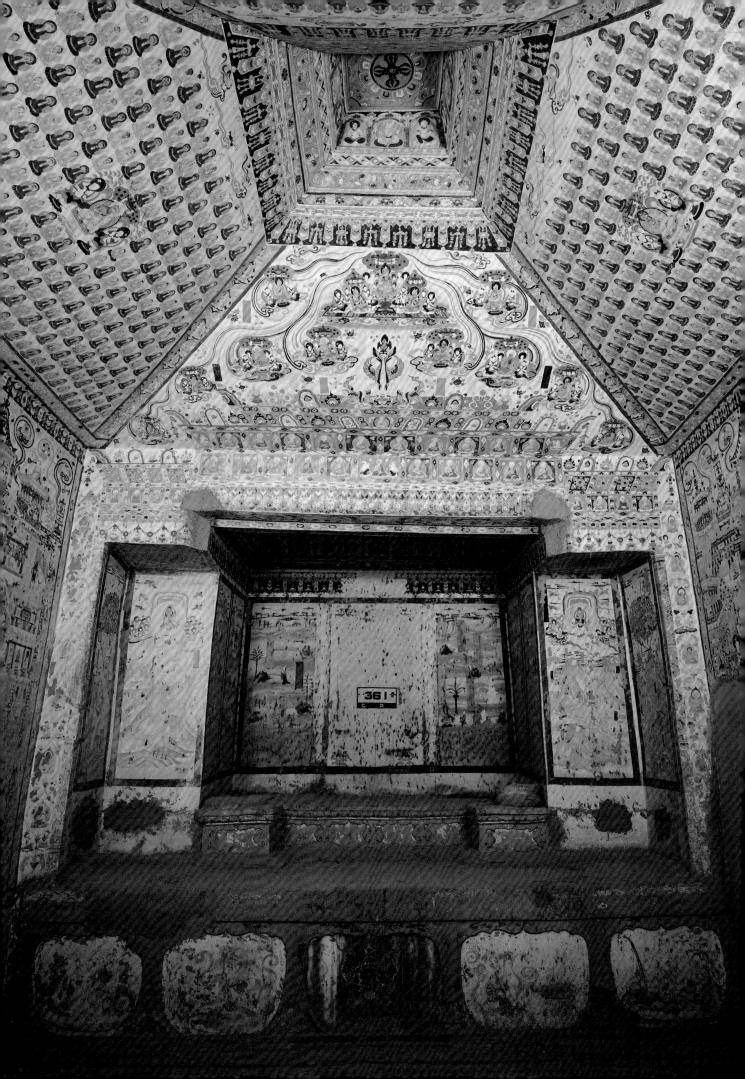

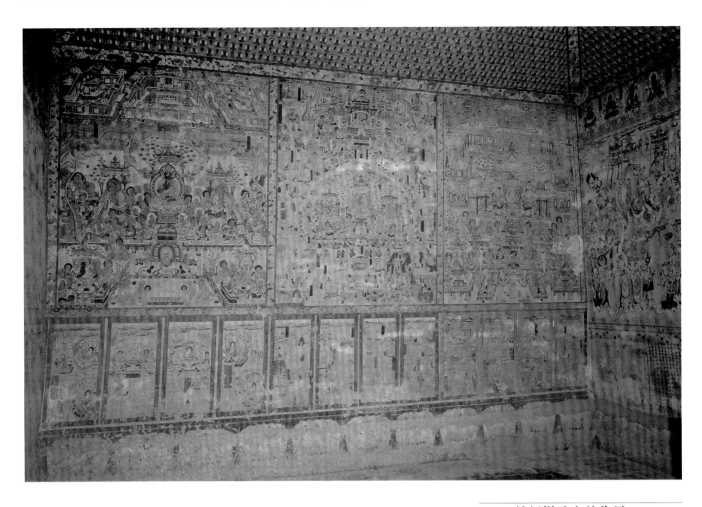

89 三鋪經變壁畫的佈局

中唐時期流行的佛經增多，改變了初盛唐一壁繪一鋪經變的佈局。此窟南壁畫了三鋪經變，中間是法華經變，右側為觀無量壽經變，左側是天請問經變。每一幅經變下有四條屏風畫作為補充內容，再下是壼門。三幅壁畫之間有帶狀圖案分隔，像是房屋分間的柱子，屏風和經變嚴格對位，形成牆面嚴整的區劃，對牆面的劃分也很合比例，這是在石窟建造技術上日臻成熟的表現。

中唐 莫231 南壁

88 凸形帳形龕殿堂窟

此殿堂窟為覆斗頂方室，寬3米，深2.9米，頂高3.6米。西壁是一平面呈"凸"字型的帳形龕，龕下有帳座，類似隋代的重層龕，龕頂亦為盝形。龕外上部畫帳簷，外層龕兩側繪帳柱，從龕頂兩邊突出部分的殘破形狀分析，原來可能有木構柱子，是一個三間四柱的大帳龕，仿自中原貴族的居室或寺廟佛殿中設置的大帳。龕頂和龕外帳簷的圖案形象與色彩俱佳。

中唐 莫361

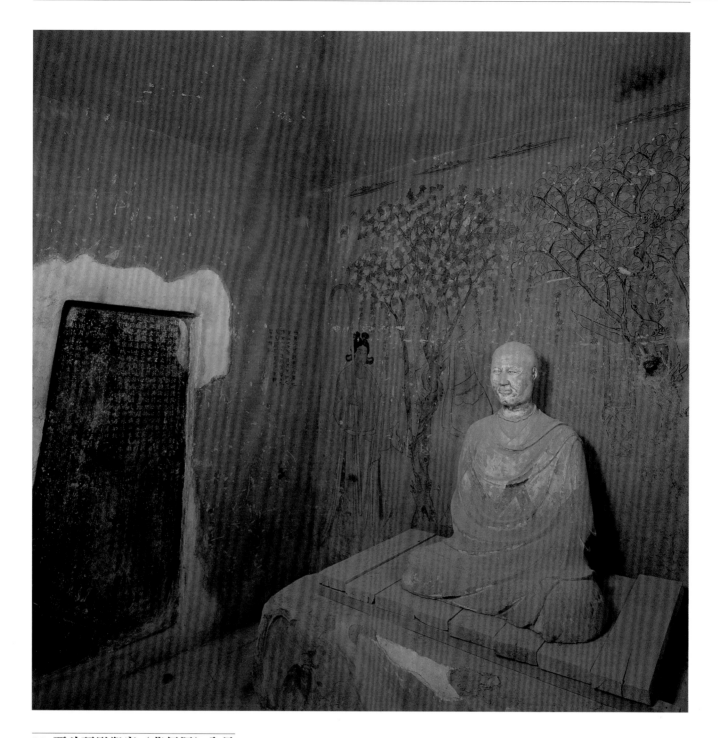

90 覆斗頂影塑窟（藏經洞）內景

此窟即清光緒二十六年（公元1900年）
王道士發現的藏經洞。藏經洞為方室覆
斗頂影塑窟，窟室寬深皆為2.6米，頂高
3.05米，開鑿在第16窟甬道北壁，窟內有
洪辯的影像，西壁嵌有唐大中五年（公
元851年）洪辯告身碑。此窟被發現時，
內藏莫高窟諸寺經書文獻等三四萬件，
因此聞名中外。可是，自1905年起先後
被俄、英、法、日、美等入侵者大肆劫
掠而去，如今只餘空窟供人憑弔。

晚唐 莫17

第二節　營建大窟的興起

開鑿一百平方米以上規模的大型石窟，在當時條件下，是一項極其艱辛的工程。唐以前只有北周第428窟達到百米以上的面積。隨着唐代政治經濟的穩定和繁榮，敦煌興起開鑿大窟。從初唐武則天時期建造北大像（第96窟）起，直到五代、宋，在莫高窟開鑿百平方米以上的大窟共有十九座。同時在榆林窟也有大型的窟室形成。大窟的形式有大佛窟、涅槃窟、七佛堂窟、中心佛壇窟。大佛窟的情況已詳見本書第一章。

涅槃窟

涅槃是佛教徒追求的最高境界，世俗的解釋就是死亡，是寂滅，但石窟中供奉的涅槃像卻是一副溫馨祥和的安睡狀，讓人們不再感到死亡的恐怖，而是到達了拋卻人間煩惱的永恆境界。涅槃窟共有三座，莫高窟的盛唐第148窟和中唐第

158窟，榆林窟的第5窟也建於唐代。

莫高窟的兩座涅槃窟根據塑像需要，平面變成橫矩形。第148窟為橫長拱券頂，涅槃像身長14.5米。窟前有面闊三間的窟廊，廊柱是兩根方形石柱，在開窟時就預留下了，窟廊後壁塑天王、力士及獅子像，相當於寺院的天王堂。窟內的涅槃像經清代重修，已失去原貌，唯有圍繞涅槃像、滿壁全長20餘米的涅槃經變壁畫，充分體現了大唐盛世的繁華與氣勢。

第158窟為長方形盝頂形式，涅槃像身長15.5米。圍繞涅槃像的牆壁生動描繪了眾菩薩、佛弟子以及各國的王公大臣對佛涅槃的悲哀表情，與涅槃像安詳的睡態形成鮮明的對照。窟內採光柔和而明亮，使涅槃場面沒有灰暗、壓抑、哀傷的氣氛，這也許正是匠師對涅槃精神的理解與闡釋。

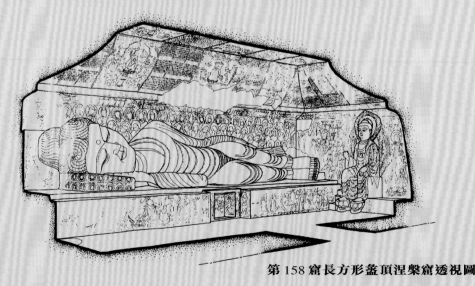

第158窟長方形盝頂涅槃窟透視圖

中心佛壇窟

營造大窟盛於晚唐、五代,終止於元代。這類窟形自晚唐以後在莫高窟共有二十座,其中窟室面積在100平方米以上的有十四座。榆林窟自中唐開始建有中心佛壇窟,計二十一座,其中第25窟當是繪畫高手的精心之作,精美的壁畫堪稱中唐敦煌石窟壁畫之冠。

中心佛壇窟是由覆斗頂殿堂窟派生出的另一種類型,窟室呈矩形平面,覆斗頂,四壁不開龕,後部中央有馬蹄形或方形、圓形的大佛壇,壇上塑像,壇四周有迴旋通道。晚唐、五代、宋代的佛壇後部有的還有高大的背屏與窟頂西坡相連,這時的佛壇和背屏都是在開窟時就預留的,免去了再用土坯加修背屏的麻煩。建於晚唐的第16窟是莫高窟最大的背屏式中心佛壇窟,面積達226.8平方米。西夏和元代有的佛壇出現多層圓形和八角形的變化,如莫高窟第465窟的四層圓壇,榆林窟第3窟的八角壇和第29窟的五層圓壇都是中心佛壇窟的變異形式。這兩個朝代主要受西藏密宗影響,壁畫亦全部是密宗內容。

現存山西唐代和宋遼時期的寺院,大殿中普遍有大佛壇,壇後有扇面牆,五台山建於唐代的南禪寺和大同遼代的華嚴寺薄伽教藏殿內有平面作"凹"形即

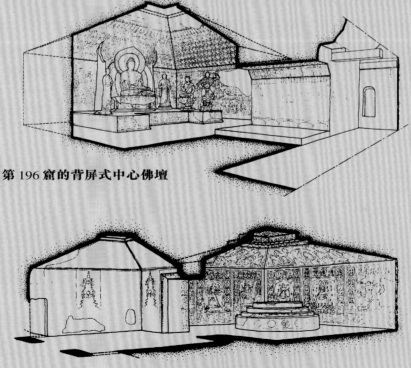

第 196 窟的背屏式中心佛壇

第 465 窟的四層圓壇

馬蹄形佛壇，與敦煌石窟中唐宋的中心佛壇極為相似，説明這一時期修建中心佛壇殿堂窟，實際是模仿內地木構寺院中心佛壇形式。

晚唐五代時期，中心佛壇窟大為興盛，而且規模宏大，多是敦煌地方統治者及世家豪族所營造。中心佛壇上塑多身大型佛像，佛壇邊沿有精緻小巧的木欄杆，壇四周立面作淺浮雕的須彌座裝飾。壇前面有寬敞的空間可以講經説法，順着壇周的通道可以近觀屏風畫中的故事，如第61窟西壁的"五台山圖"壁畫約46平方米，五台勝迹歷歷在目。在巨大的石窟空間裏，滿壁畫出的佛教經典五彩繽紛，令人目不暇接。正如張淮深碑中説"方太室內，化盡十方，一窟之中，宛然三界。"

這時曹氏政權的周邊地區都是少數民族的小朝廷，為了敦煌地區的和平與安定，曹氏政權積極與各少數民族交往，和睦相處，並與于闐國和回鶻國聯姻，在文化交往中也受到新疆少數民族的強烈影響。這時在大中型殿堂窟和中心佛壇窟內的覆斗頂下方四角處，出現了穹隆形的轉角形式，就是受新疆高昌穹隆頂建築的影響。在今天的新疆吐魯番地區還可以看到方形平面加蓋穹隆頂

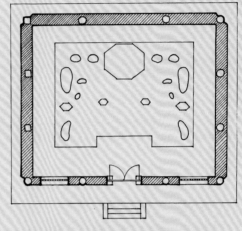

南禪寺大殿馬蹄形佛壇平面圖

的古老建築。這種形式由方形向圓形的穹隆頂過渡時，就在四角出現一個小型的穹隆作為轉換。而敦煌的方形覆斗頂窟室內，並不需要這種轉換，卻使用了這種形式，而且只出現在這個特定時期。這種形式的石窟有第55、61、98、100、108、146、152等窟，在四個穹隆形的轉角內各繪一鋪天王像，組成四大天王的格局，內容與形式十分吻合。

建大窟需要一定的經濟實力與相對穩定的環境，五代、宋時期的曹氏家族在統治敦煌的一百二十多年間，在莫高窟開鑿大窟達十座，在榆林窟也有相當一部分的大中型窟室，這正是當時敦煌地方安定繁榮的一個象徵。

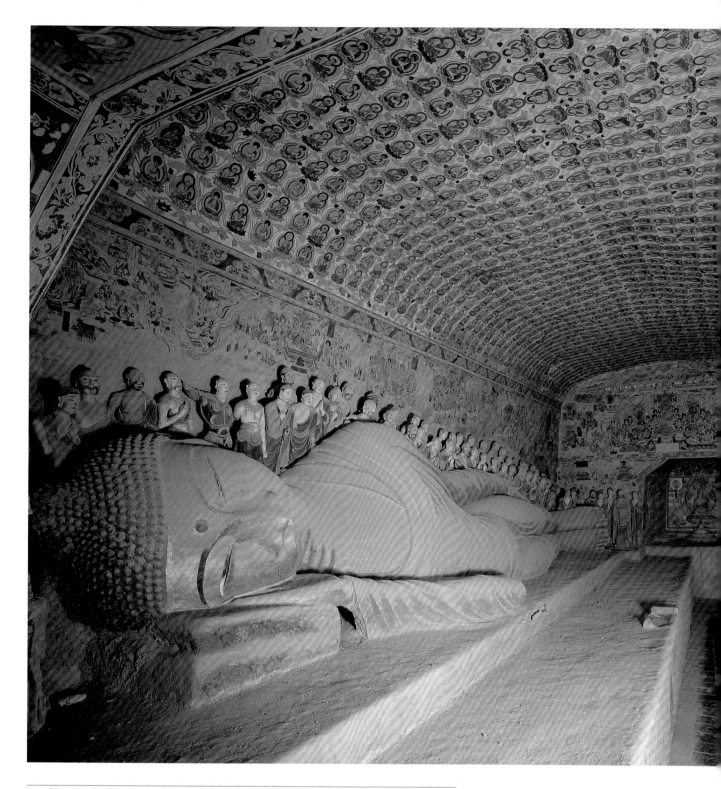

91 拱頂涅槃窟

此窟平面呈橫矩形，拱券頂，主室寬
16.95米，深7.4米，頂高7.55米。西壁佛
牀上塑釋迦牟尼涅槃像，像長14.4米，左
右及背面有舉哀弟子、各國王子、菩薩
及天人等塑像七十二身。主室兩端開
龕，壁畫內容豐富，僅涅槃變就佔據了
西壁和南北兩壁的一部分。東壁門兩側
的觀無量壽經變及藥師淨土變，其規模

是莫高窟同類經變之最。前室內有天
王、力士、侍從、獅子等塑像十二身，
具有一般寺院天王殿或金剛殿的功能。
南側有《大唐隴西李府君修功德碑記》，
紀年為唐大曆十一年（公元776年）八月
十五日。崖面前有兩根石柱，當為開鑿
時預留，形成前室的三開間簷廊。

盛唐 莫148

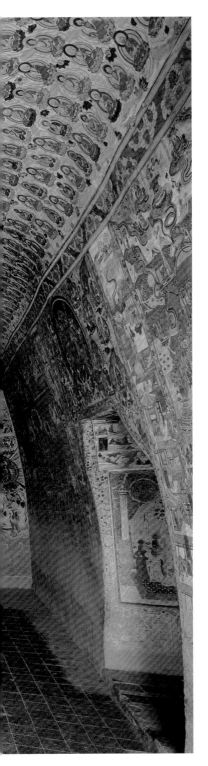

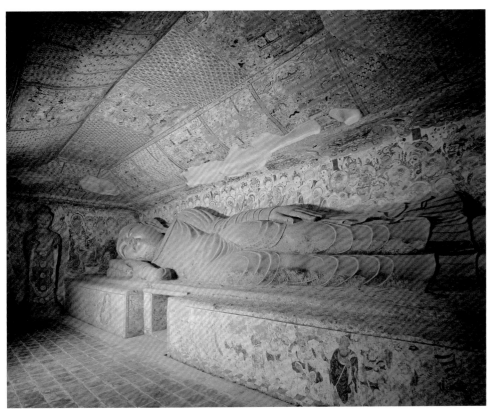

92 盝頂涅槃窟

窟室平面呈橫矩形,窟頂呈盝形。主室
寬16.6米,深7.4米,頂高6.55米。西壁佛
牀上有釋迦牟尼涅槃像,塑像長15.6米,
是敦煌石窟最大的涅槃像,面相端莊安
祥。在涅槃像的左右及背後,繪畫由弟
子、菩薩、各國王子、天龍八部等構成
的《舉哀圖》。

中唐 莫158

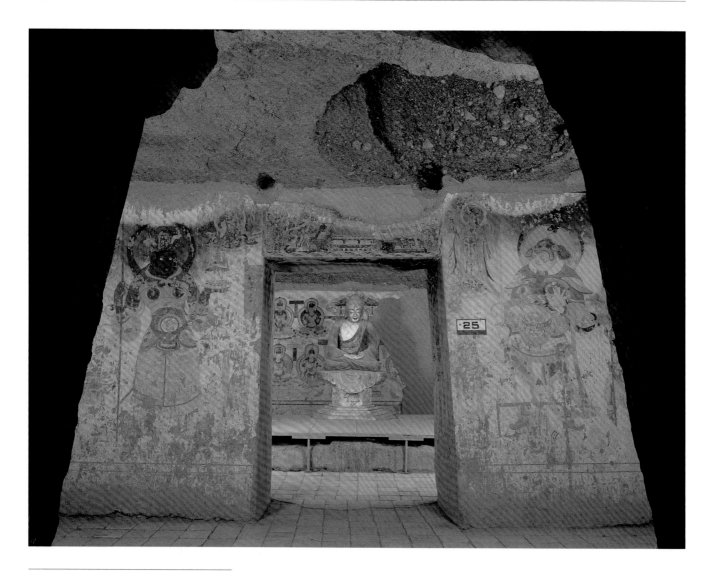

93 雙甬道中心佛壇殿堂窟

此圖從前甬道向內拍攝,可見前室、後
甬道、主室的組成形式。主室為覆斗頂
中心佛壇殿堂窟,寬5.9米,深6.2米,頂
高4.5米。佛壇作矩形,壇上存佛像一
身。前室正壁兩側畫南北天王,使前室
成為寺院中的天王堂。

中唐 榆25

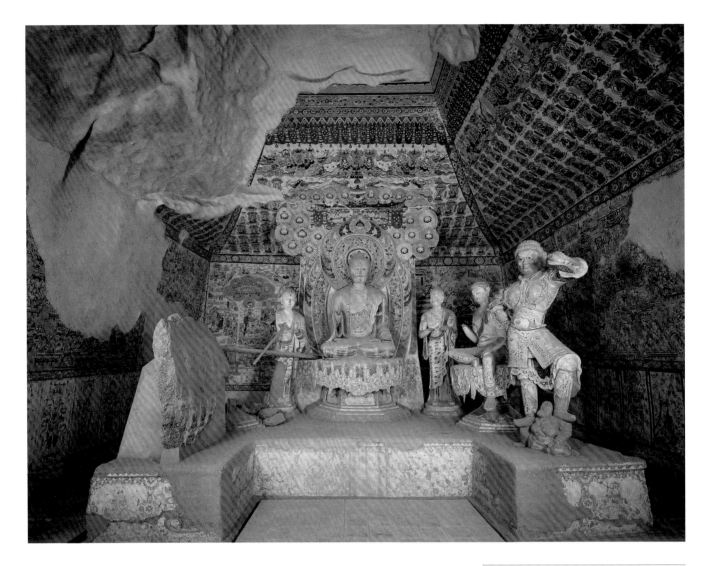

94　中心佛壇殿堂窟

窟室為覆斗頂，主室寬9.8米，深10.2米，
頂高8.5米。後部有“凹”字形佛壇，壇
上塑像體形高大，現存一佛二弟子一菩薩
一天王。菩薩體態健美豐腴，神情閒適，
是晚唐塑像的精品。窟頂左側岩層風化坍
塌，墜落的岩石砸壞了下面的塑像。窟前
有寬敞的前室，殘存的木構窟簷，是莫高
窟現存最早的木構建築。

晚唐　莫196

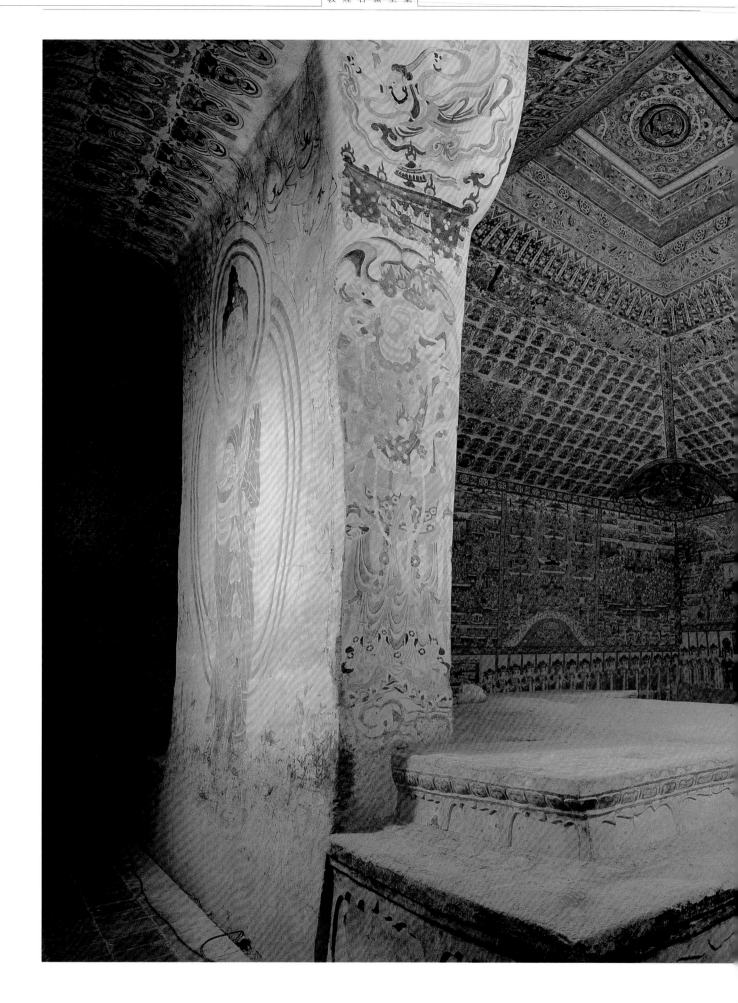

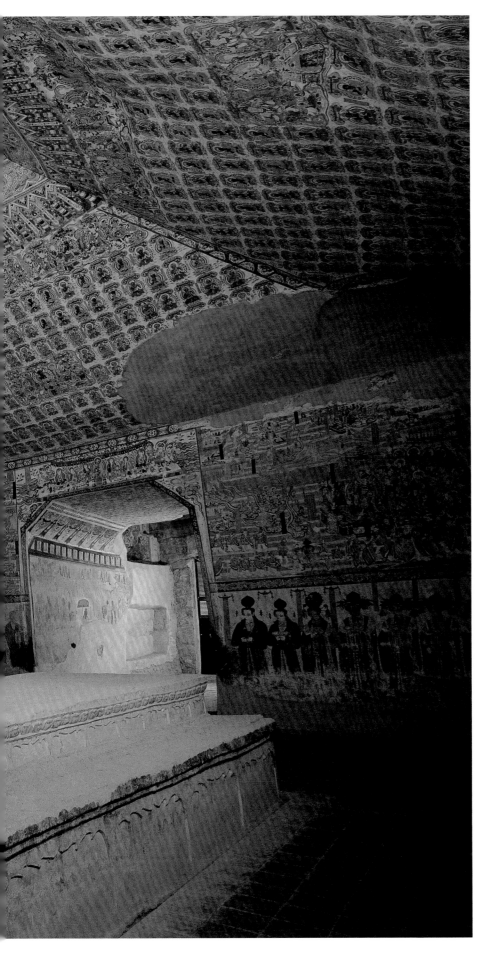

95 規模宏大的中心佛壇殿堂窟

此為覆斗頂的中心佛壇殿堂窟，主室寬
12.95米，深14.1米，頂高9.5米。中心佛
壇上的文殊塑像佚失，僅存背屏上的獅
尾及一隻前爪。據敦煌文獻記載，此窟
應稱作"文殊堂"，著名的《五台山
圖》就是繪於與背屏相對的西壁上部。
從圖中所見，本窟規模宏大，南北壁各
畫經變五鋪，東壁兩邊畫維摩詰經變。
南北壁及東壁下部畫有曹氏家族女眷的
等身供養像共四十八身。中心佛壇前有
寬敞的前堂，視野開闊，顯示出石窟的
巨大規模。

五代　莫61

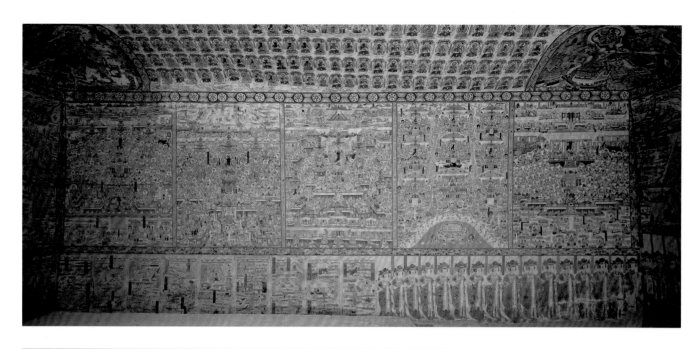

96 大型窟的多鋪經變壁畫佈局

本窟的經變壁畫佈局恢宏，北壁高5.9米，寬14.1米，共畫五鋪經變。西起第一鋪是密嚴經變，第二鋪是天請問經變，第三鋪是藥師經變，第四鋪是華嚴經變，第五鋪是思益梵天問經變。經變下部由西起畫屏風九扇，然後是曹氏家族女供養人像十六身。中晚唐以後，無論南北壁畫三鋪或五鋪經變，中間的一鋪一定是阿彌陀經變，與它相對的是藥師經變，說明這兩部佛經的重要性。

五代 莫61 北壁

97 覆斗頂四角的天王龕

覆斗頂下部的四個角，內凹形成淺龕，上畫四大天王。莫高窟五代以後的大型窟窟頂多作這樣的佈局處理，是受西域影響形成的一種新形式。

五代 莫100

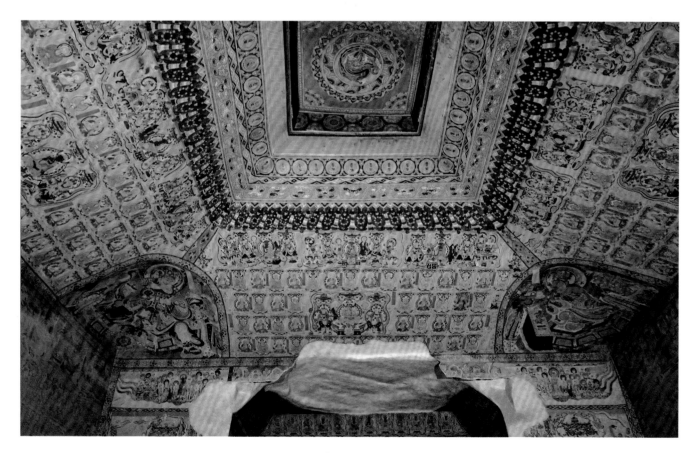

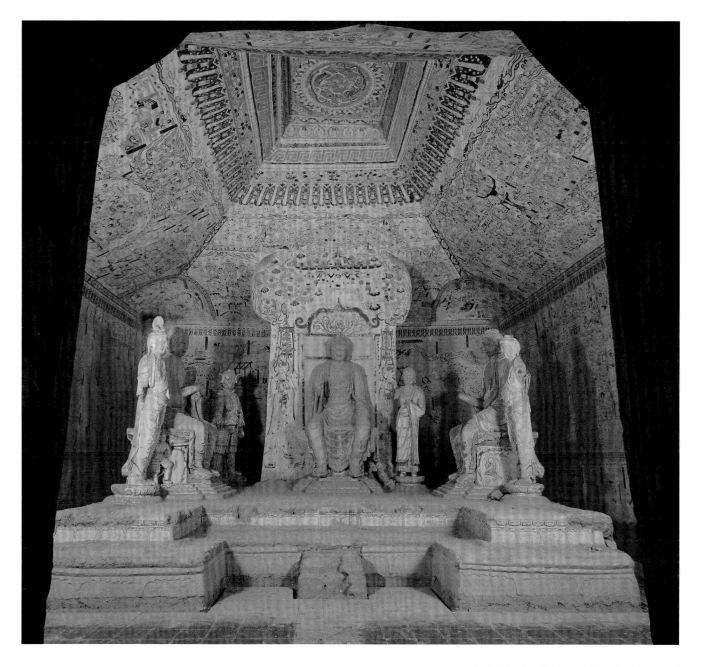

98 中心佛壇殿堂窟

此殿堂窟主室寬11.3米，深11.9米，頂高
8.9米，屬於大型窟。室內正中偏後有大
佛壇，現存佛像三鋪共九身。重層
"凹"字形須彌座式佛壇，壇後中間有
背屏連接窟頂。覆斗頂四坡角上有凹進
的淺龕，內畫天王，是五代、宋時期在
大形窟室內興起的一種形式。

宋 莫55

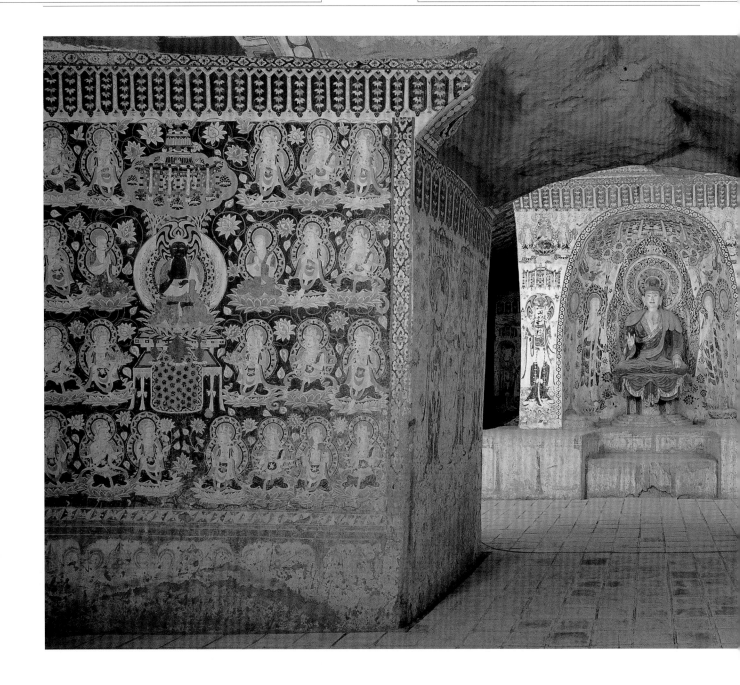

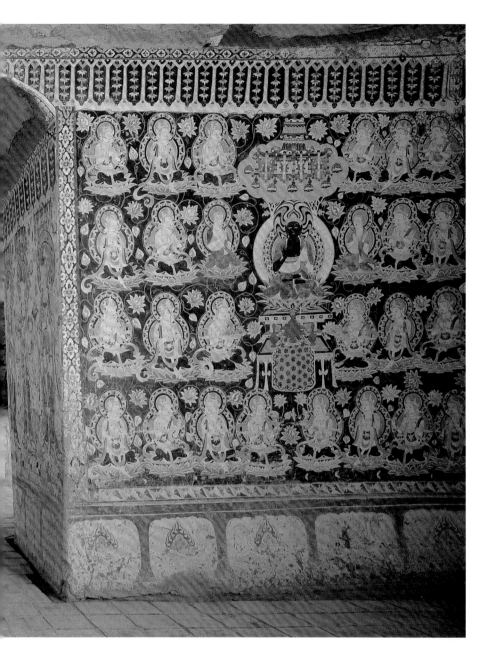

99 有完整前後室的中心塔柱窟

榆林窟大多數石窟都有完整的前後室。
這座窟室的主室寬9.25米,長11.6米,頂
高5.35米。內有中心塔柱,四面開圓券大
龕,窟頂前部不作人字坡,沿中心柱作
四面坡,形成與莫高窟北魏中心塔柱窟
不同的空間感覺。此窟前室有前甬道,
長7.1米,前室通向主室有後甬道,是榆
林窟窟羣的特徵。

宋 榆17

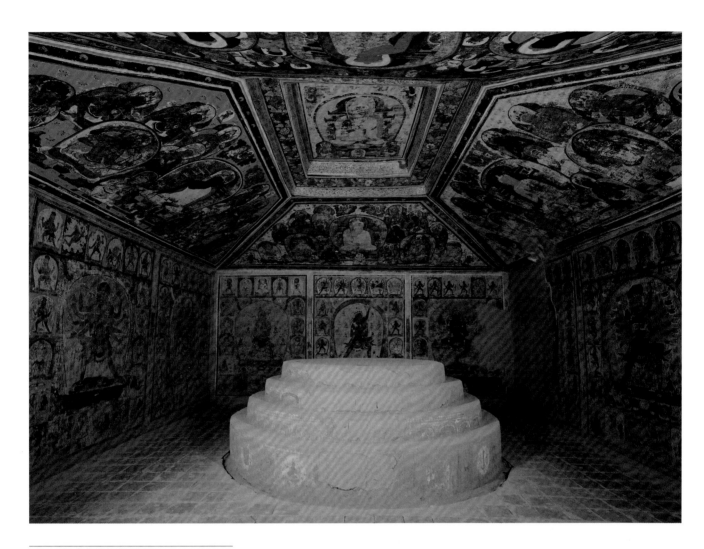

100 中心圓壇殿堂窟

此窟是莫高窟唯一的藏傳佛教石窟,呈
覆斗頂,主室寬8.6米,深9.8米,頂高
5.75米。中心圓壇上的塑像已不存,南北
兩壁及西壁各畫曼荼羅三鋪,東壁畫曼
荼羅兩鋪。窟頂中心藻井及四坡畫五方
諸佛,繪製精緻細密。前室正壁兩側及
南北兩壁各畫喇嘛塔一座,現已風化模
糊。

元 莫465

第三節　　石窟內的局部裝飾

盛唐以後，石窟內的空間變化不大，以覆斗頂殿堂窟為主，包括中心佛壇式殿堂窟都是覆斗形窟頂。覆斗頂開始於建窟初期，大成於隋唐，持續到元代，成為石窟頂部的主流形式而長盛不衰。

佛龕裝飾

石窟內佛龕是重點的裝飾部位，所以佛龕的形式不斷變化。

一、敞口龕：從初唐後期漸變形成的敞口佛龕，是盛唐佛龕的主要形式，其中又分為半頂敞口龕和斜頂敞口龕。敞口龕的平面呈梯形或半圓形，佛陀高居在龕後壁正中，兩側的弟子、菩薩、天王沿斜面或半圓形的龕壁展開。敞口龕的造型，使龕內站立在佛兩旁的塑像，可以微微地將身軀半側向前。唐代及以前的窟室甬道，原本的開口都很大，可能與開鑿石窟時方便出渣有關。當信徒們進入到開敞的前室，從中間通過甬道就可以看到佛龕上的全部造像。以第45窟為例，一個中等身高的人（約1.65米）站在寬敞的甬道口，平視佛龕，目光正好落在跏趺坐的佛腳上。所以參拜者在佛龕前要瞻仰每一尊塑像的全貌，都必須仰視他們，這樣才能瞻仰到坐在蓮台上的佛陀莊嚴慈祥，雙目低垂；左右兩側老成持重的弟子迦葉和聰敏智慧的弟子阿難、端莊秀美的菩薩和怒目圓睜的天王組成半環形排列，俯視

前方，目光集中在禮拜者的身上。古代的匠師們根據造像的各自特點，充分利用敞口龕的形式，將每一尊造像最美好的半側面展現出來，他們舒展輕鬆的站姿，給人以神聖的美感。

二、帳形龕：隋代與初唐將整座石窟裝飾為帳形，到盛唐依然有帳形因素，只不過範圍縮小在佛龕上，成為盝頂帳形龕的開端。盛唐的帳形龕只佔這時佛龕總數的七分之一強一點，儘管數量不多，但形式已很完整，如第74窟的帳形龕，在盝頂形的佛龕壁上，用繪畫的形式繪出帳柱，柱頭上有斗栱，帳頂上是平棊圖案，帳外兩側用寶珠和瓔珞串成長大的流蘇垂下。據敦煌文獻《莫高窟陰處士公修功德記》所述："龕內塑釋迦牟尼像並聲聞菩薩神等共七軀，帳門兩面畫文殊普賢菩薩並侍從"，這裏所說的帳門就是佛龕的開口，佛龕就是帳，是帳形的龕。它起於盛唐，盛於中唐持續到宋代、西夏。

中唐是帳形龕的鼎盛期，在這一時期的佛龕中約佔80%，比盛唐有所發展。它在佛龕內增加了馬蹄形的佛牀，佛像塑在佛牀上。因此中唐的帳形龕內，內容更加豐富，龕頂上是色澤艷麗、排列有序的平棊圖案，龕外繪出了鑲板木格式的仰陽版，完全模仿木構的佛道帳形式，頂上裝飾山花蕉葉，仰陽版飛翹出帳外兩端，端頭伸出龍頭，口

衡由各種環佩組成的花飾。第359、360、361窟龕頂外的仰陽版裝飾是這時的代表作。龕下的馬蹄形佛牀採用須彌座式，須彌座中間的壺門花式也不盡相同，極大的豐富了窟室內的局部裝飾。

在對帳形龕的調查中，還發現有的龕前曾經用木構件作裝飾。現在還留有痕迹的是中唐第361窟的重層帳形龕，龕的開口很大，幾乎佔據了整個西壁。內龕高，外龕低，使龕頂外的仰陽版也成為中間高，兩旁低的重層形式。在外龕的龕沿邊有繪出的束蓮八棱柱，而內龕的上下遺留有對應的痕迹，從龕上的痕迹可以看出，這裏曾經裝飾過彩繪的束蓮八棱柱，只是木柱早已不存。從整體分析，這個龕的前面原本是三間四柱式的大帳龕。

中唐第231窟的帳形龕，在龕內南北兩壁和馬蹄形佛牀上遺留的痕迹，顯露出在佛牀的邊沿曾經安裝有小型的木欄杆，在龕南壁留下的痕迹看去就是一個半鑲在牆壁裏的小型斗子蜀柱的形象，這種斗子蜀柱在窟前曾經發掘出一個完整的實物，連帶下面的榫卯頭通高為13.8厘米，由一整塊木頭雕成。在馬蹄形佛牀邊沿，每隔一段距離就有一個小孔洞，是安裝斗子蜀柱的卯眼。根據出土的斗子蜀柱實物上的凹槽進行復原，復原後的小欄杆就是唐代壁畫中的一種欄杆形式。

第29窟始建於晚唐，後經西夏整窟重繪。此窟帳形龕兩旁的牆壁上繪有帳柱，帳柱的下腳即整個佛龕前沿分佈着8個寬5厘米、高3厘米、長9厘米的缺

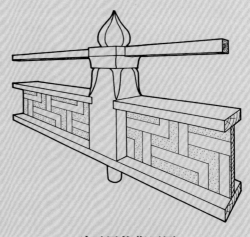

斗子蜀柱復原圖

口，每個缺口間隔約38厘米，佛龕總寬355厘米。由此判斷，帳形龕下的帳柱邊安裝有一排小欄杆，更增加了帳形龕造型的完美。

石窟中大量採用帳形龕形式，是寺院裏大造木構佛道帳的反映，發展到宋代，將這一形式固定在《營造法式》中。木構佛道帳的製作在《營造法式》屬於小木作，從其圖版中的形象看，的確是一種小巧精美的建築小品。這種纖巧的木建築小品，在唐代曾盛行在各個大小寺院裏，隨着寺院的興衰，很難保存長久，因此對於石窟中的帳形龕復原研究，可以再現早已消亡了的唐代佛道帳形式。

中心佛壇裝飾

中心佛壇的形式從隋代開始，當時的佛壇形式只是一個簡單的方台。晚唐以後，佛壇形式改為須彌座式，是中唐以後須彌座佛牀的發展。佛牀上曾經出現的小欄杆在佛壇上仍然流行，在莫高窟晚唐第 16 窟、五代第 61、108、146 窟、宋代第233窟的佛壇上都發現了曾經裝飾過小欄杆的痕迹。

晚唐第 16 窟是一個大型石窟，有名的藏經洞就開鑿在它的甬道上。窟內的壁畫在西夏時被覆蓋，唯有佛壇還保留晚唐原作。佛壇形式為重層須彌座式，上層平面為馬蹄形，下層平面為矩形。須彌座中間的壺門裏有晚唐繪的護法神將、獅子、金剛等。在上下須彌座的邊沿處，每隔一米左右就有一塊長 40 厘米、寬4.5厘米的木條，淺埋在佛壇邊沿的泥層下。在佛壇拐角處的木條比中間稍長一點，為44厘米，以45°角的方向放

置在拐角中間，向外的一頭與拐角兩條邊平齊呈90°的尖角狀。見於甘肅炳靈寺石窟第 3 窟中間的一座唐塔，在塔座台基上的石刻槽痕與此相同，有專家研究的結果是 "座上曾有勾欄"。所以這個佛壇上在修建之初，曾經安裝有欄杆，欄杆的望柱就卯接在這些木條上。第 29 窟佛龕邊沿的小欄杆下，也是用這種形式卯接的。

第 61、108、146窟的佛壇都是重層馬蹄形須彌座形式，在這些洞窟的佛壇須彌座下也都發現了安裝小欄杆的遺迹。在須彌座的上下兩層距邊沿6厘米左右的薄泥層下，壓有長木條，上有孔洞，正是安裝小欄杆的。

在莫高窟還曾出土了各種欄杆望柱和望柱柱頭，其中有一根望柱，殘高24.1厘米，從望柱卯口分析，應是轉角望柱，而且尺寸也與佛壇上的情況基本相符。為了清楚看到佛壇的裝飾效果，筆者按照

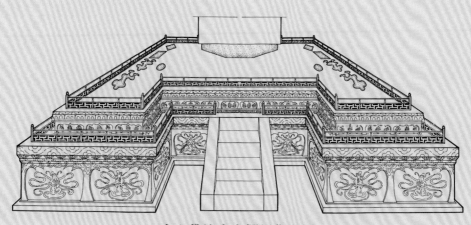

中心佛壇小木欄杆復原圖

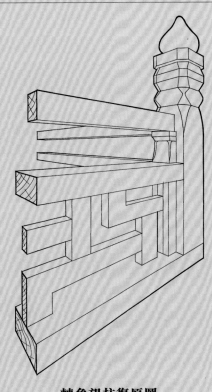

轉角望柱復原圖

佛壇上的孔洞遺址與該望柱的形式進行
了復原，得到滿意的效果。

敦煌石窟內的壁畫中間，自始至
終，欄杆的形象從簡到繁，多不勝數，
大型經變畫前的每一座台座邊都有精美
的欄杆圍繞。在保存至今的著名古建築
中，有山西大同下華嚴寺薄伽教藏殿內
的天宮樓閣前遼代的小木欄杆。而與中
國文化有着淵源關係的日本，在一些古
老的寺院裏，也保存着佛壇邊的小木欄
杆，如奈良東大寺的法華堂、藥師寺的
東院堂，特別是東大寺法華堂裏的一組
欄杆，樣式與敦煌壁畫唐宋時代繪出的
欄杆形式非常相似。

隨着時間的流逝，這種纖細小巧的
木欄杆在石窟裏都沒有留存下來，所幸
的是在窟前的考古發掘中，出土了這些
殘損的小構件，為佛壇上遺留的孔洞提
供了直接依據。再從其他地方和資料中
查尋間接依據，就使探討石窟內部的裝
飾與形制更加有意義。

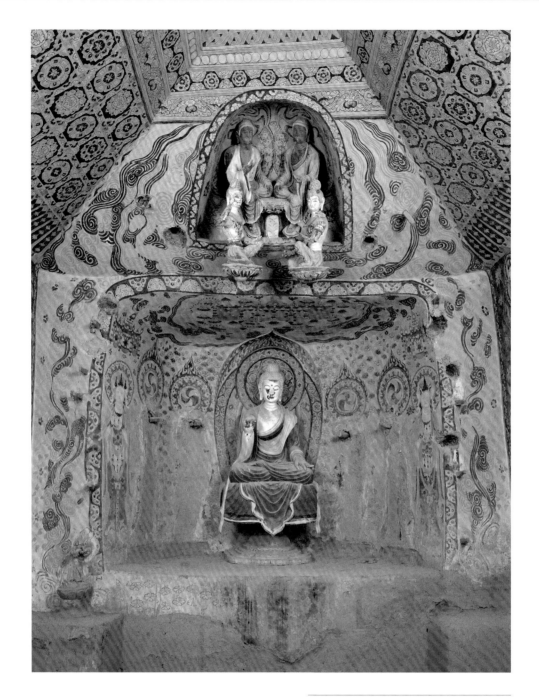

101 上下式佛龕

此窟原為唐窟，但大部壁畫是在宋代重
繪。覆斗頂的西坡中開一圓券龕，塑釋
迦、多寶佛並坐，龕外懸塑兩尊供養菩
薩，這一組塑像又在西壁的大龕之上，
表示法華經變"見寶塔品"中釋迦與多
寶佛出現於空中。西壁的平頂敞口龕內
有坐佛一尊，形成上下式佛龕。原來人
小佛龕的兩側尚有多身懸塑的飛天，惜
已缺失。

盛唐 莫27 窟頂西坡與西壁

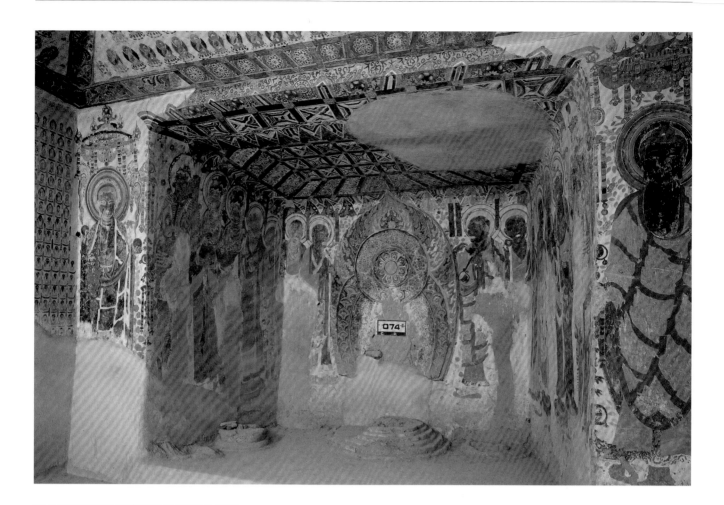

102　帳形佛龕

這是出現較早的帳形佛龕，把立體的盝
頂帳形畫作平面形象，透視的處理基本
合理，中心部分畫作平棊。盝頂的條狀
斜坡即是峻腳椽，椽條之間畫海石榴
紋。四面有下垂的帳帷及帳柱。盛唐有
的帳形佛龕已成立體的盝頂，但平棊帷
帳仍用繪畫畫成。此窟即是帳形佛龕的
濫觴。

盛唐　莫74　西壁

103 帳形佛龕的帳柱

此圖是前圖的細部,可清楚看到繪於力
士像身旁的帳柱結構。柱頭上用淺色繪
出一段套管,上下有幾道箍,上部與柱
頭大斗連接,下部套在柱子上。而在佛
龕沿邊轉角處,繪了垂下的長大流蘇。

盛唐 莫74 西壁龕內南側

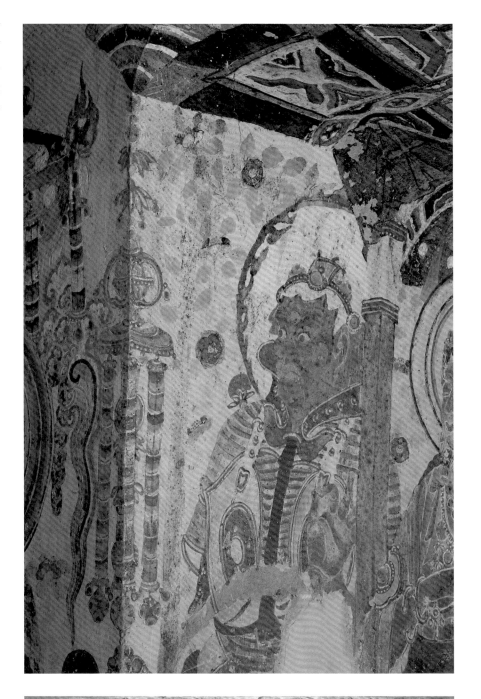

104 帳頂圖案

此窟已從第74窟的平面帳頂發展到立體
的盝頂,帳頂平棊畫團花圖案,四坡峻
腳椽之間畫立佛像,中唐以後的盝頂帳
形龕多作如此佈局。

盛唐 莫113 窟頂

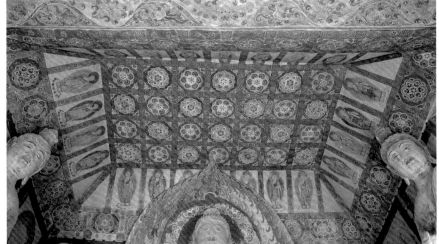

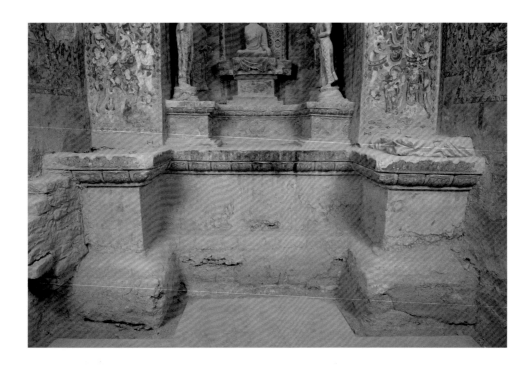

105 佛龕須彌座

此帳形佛龕下有束腰須彌座式佛牀，龕
下及兩側角台形成重層"凹"字形須彌
座，須彌座的壺門曲線婉轉多變，形成
富麗的風格。此窟壁畫繪製纖細著稱，
是中唐的代表性石窟。

中唐 莫112 西壁

106 繪有伎樂天的須彌座壺門

中唐以後的佛牀、佛座盛行須彌座式。
帳形龕內有須彌座式佛牀，上下部分用
兩層疊澀線腳，束腰部分劃分為壺門，
壺門內畫伎樂天，須彌座區劃嚴整，線
條簡潔。

晚唐 莫144 西壁

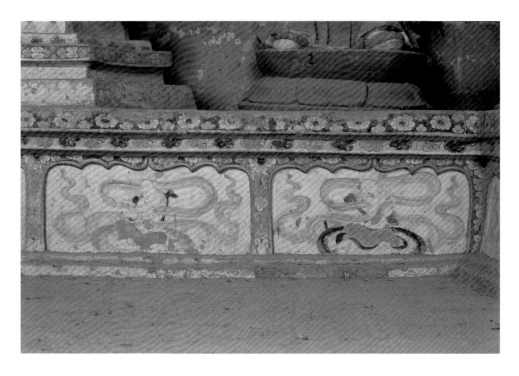

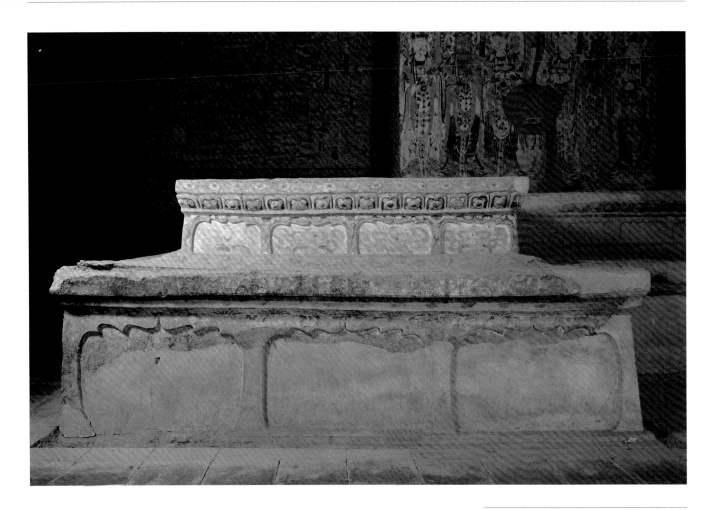

107 中心佛壇的重層須彌座

中唐以後，在窟室中佔據中心地位的佛
壇，已經從隋代簡單的方台式向裝飾多
樣化發展，五代中心佛壇多作重層須彌
座，其上下有上下枋及仰蓮、覆蓮，中
段作若干壺門。這座佛壇每一層邊沿原
有木製小欄杆（已佚失），使立面形象
更富裝飾性。

五代 莫61 中心佛壇

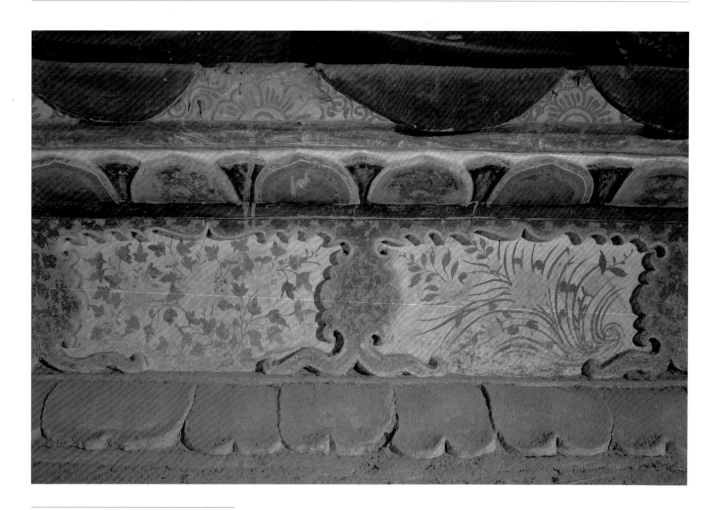

108 繪上折枝牡丹的須彌座壺門

此窟建於唐大和六年至八年（公元832～
834年），除塑像及部分壁畫外，大部分
壁畫經西夏重繪。於西壁七佛座下的佛
牀，其造形應為中唐時期原貌，但須彌
座壺門上的折枝牡丹則是西夏時繪。這
種圖案以後被保留在建築彩畫中，一直
沿用到明清時期。
中唐 莫365 西壁佛壇

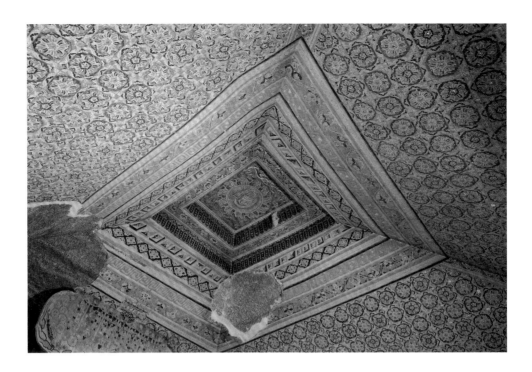

109 覆斗頂的團鳳與四龍藻井

此窟本是晚唐窟,壁畫則是西夏重繪。
覆斗頂的藻井圖案主次分明。方井中心
浮塑團鳳與四龍,彩繪使用大量金色,
顯得金碧輝煌,這昰藻井的主題圖案。
順延方井周邊的回紋、捲草紋邊飾圖案
層層鋪開,繁縟而有序,色彩富麗典
雅。由於設計者巧妙利用覆斗形頂的造
型,層層展開的圖案在視覺上將窟頂加
高、加深,使洞窟更加壯觀。

晚唐 莫16 窟頂

110 覆斗頂藻井的花邊裝飾

覆斗頂的裝飾是根據其造型精心設計
的,中心畫捲瓣蓮花,周圍花邊層層展
開,各層花邊之間沒有內在的聯繫,完
全是花邊的羅列,但是由於圖案規整,
色彩協調而絢麗,並沒有繁縟之感,這
也是敦煌後期覆斗頂紋樣程式化的體
現。

西夏 莫291 窟頂

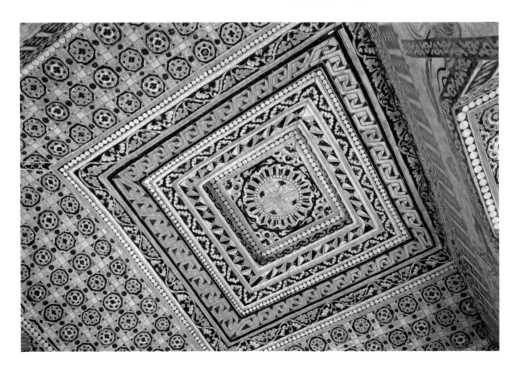

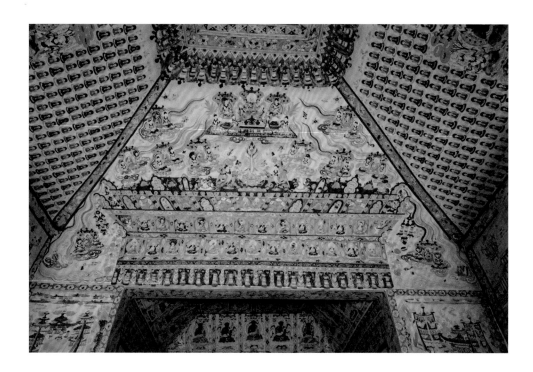

111 帳形龕外的帳簷圖案

帳是古代一種大型家具，供帝王、神佛
及富有人家使用，外觀裝飾極為豪華富
麗。此圖在龕沿上畫帷帳，上有各種裝
飾，而以佛像居多。帳簷的邊上畫山花
蕉葉，角上有獸頭口銜流蘇。

中唐 莫359 西壁及窟頂

112 團花紋平棊圖案

隋代的人字坡被西夏改成為棋格團花紋
圖案，削弱了人字坡頂的感覺。整齊的
圖案再用色彩作點變化，看上去仍很自
然，表現出窟頂各個時代的形制與風格
的變化。

西夏 莫408 窟頂

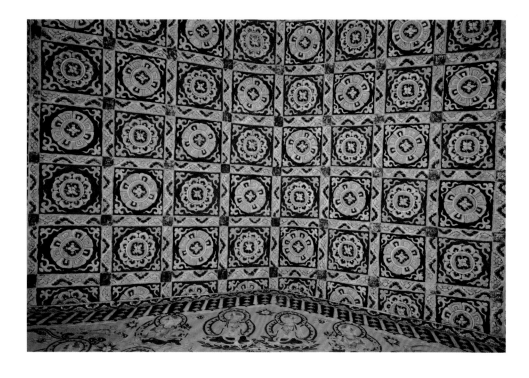

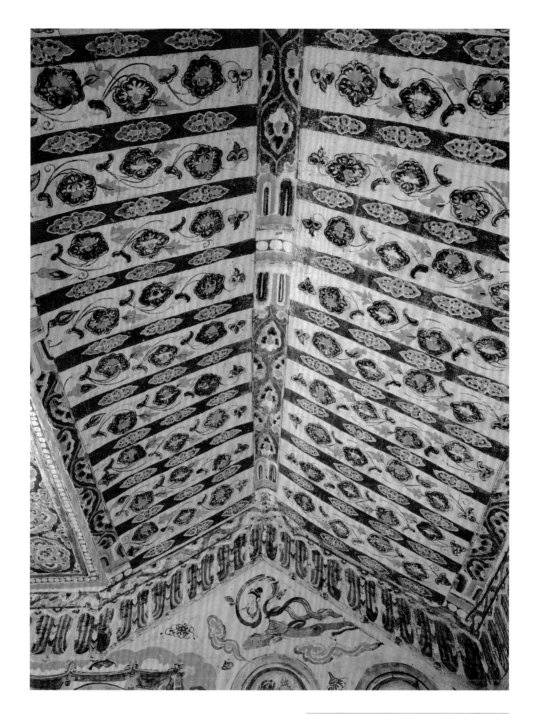

113 椽望裝飾

原本為隋代的人字坡窟頂，被西夏改繪。人字坡繪仿木結構的椽檁形象，所畫圖案應與莫高窟西夏所建的木構窟簷有關，只是這些窟簷都沒有保存下來。

西夏 莫309 窟頂

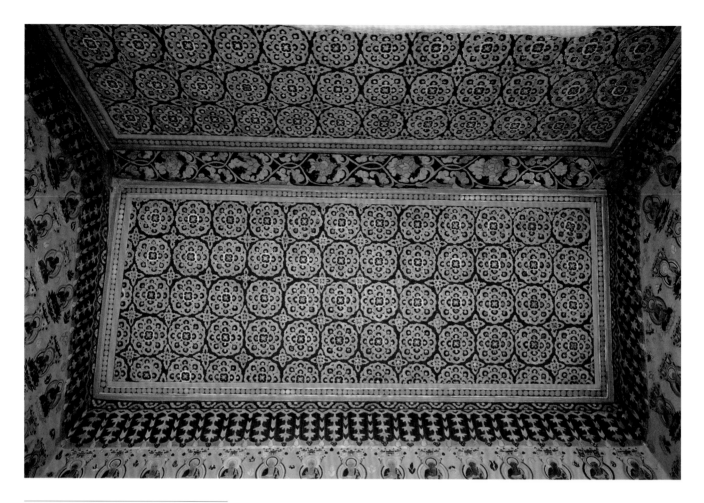

114 人字坡上的團花圖案

隋代的人字坡窟被西夏改繪。兩坡面上
畫團花圖案，周邊用聯珠紋作邊框，脊
飾纏枝花卉紋。圖案整齊規範，色彩協
調，自有一番美感。

西夏 莫409 窟頂

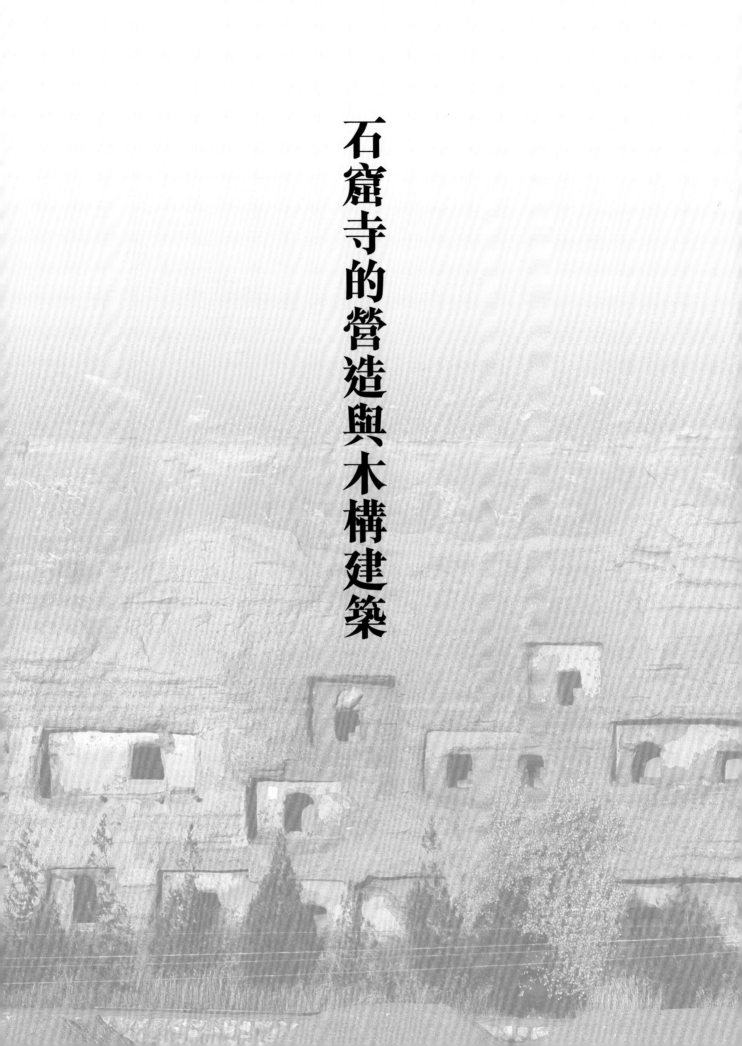

石窟寺的營造與木構建築

在敦煌地域範圍內開鑿石窟是一件非常不易的艱巨工程，自然氣候乾旱惡劣，開鑿石窟的地質條件也很差。營造石窟寺需要開山鑿石、製作畫壁、繪製壁畫、塑造佛像、修建窟簷、鋪裝地面、搭設棧道等，都是在極其艱苦的環境下進行的，還要耗費巨大的財力、物資、人力，更需要眾人通力合作才能實現。

敦煌文獻中有許多記述石窟寺營建的事件，以及參與營建者之間的合作關係，他們有開窟的組織者，即窟主與施主，是開鑿石窟的出資者與管理者，文獻中大都是關於他們的記載，為他們的行為歌功頌德；而對於石窟藝術的創造者——工匠的記載卻很貧乏，儘管石窟的營建工程都是由他們完成的，但工匠在繁重的勞役下和艱辛的生活中，卻幻想着積累功德，有朝一日能脫離苦海，到達由他們創造出的虛幻世界。在他們辛勤的勞作中，對畫壁的製作、壁畫顏料的使用、大小塑像製作技術的差別等，都在不斷改進和提高，致使五代、宋以後能在露天崖壁上製作大幅壁畫，並保持一千多年到如今。這正是眾多無名的工匠們在充滿想像的歡樂中，創造出這豐富瑰麗的藝術殿堂，使後世的人們能夠倘佯其中，領略他們創造的虛幻世界裏的歡樂。

第一節　　敦煌的自然環境與石窟的開鑿

敦煌氣象環境

敦煌地處荒漠戈壁腹地，氣候特徵是溫差大，年平均氣溫10.3℃，最高氣溫40.6℃，最低氣溫零下31℃。雨量少而蒸發量大，現在的年平均降雨量為23.2毫米，而蒸發量卻高達3479毫米，為降雨量的一百五十多倍，是一個極度乾旱的地區。全年降雨日數平均不足二十天，連續兩三個月乾旱無雨是常有的。1939～1940年曾有連續乾旱無雨長達二百零七天的紀錄。石窟內的空氣濕度大多只有30%左右，僅在少數下雨的日子裏達到70%以上。在這樣的乾旱氣候中，礫石岩層中的泥質膠結遭遇水溶解的機會很少，是礫石岩層風化緩慢的一個重要因素；同時乾旱的氣候，也是石窟內的壁畫和泥塑得以保存的一個絕佳的自然條件，這是客觀環境和條件帶給敦煌石窟的莫大幸事。

敦煌地質環境

敦煌石窟的開鑿，全部選擇在由地面水下切沖成的峽谷斷崖上，這種地層是一種由海底上升而生成的酒泉系礫石層，在地質上屬第四紀地層，它由大小不等的礫石、沙粒，經鈣質和泥質膠結而成。該地層由於地層重力作用，沙粒與泥質膠結，緩慢地形成堅實穩定的地層，因為沒有經過地質構造的變動，還保持原來沉積時的水平層次，地層壁立

性、整體性都很好，岩層內力相對穩定。但崖壁表面看似疏鬆，這是千百年來長期風化的結果。在表面疏鬆的岩石下，是堅韌的膠結層和大小不等的礫石，開鑿洞窟極其不易。但開鑿成石窟後，窟內空間受氣候影響較小，至今，石窟內的岩石表面風化並不嚴重，古人開鑿石窟時的錘鑿痕迹清晰可見，說明這種礫石岩層的耐候性還是比較好的。又由於礫石岩是由礫石與砂粒組成，開鑿成型的窟室壁面非常粗糙，不能直接着色繪畫，更不能直接雕刻成為佛像，這些自然條件決定了敦煌石窟的建築和藝術特性：石窟內只能採用壁畫和泥塑這兩種藝術形式，在石壁上抹一層混合草泥做地仗，是壁畫底部的襯地，在地仗上再繪製壁畫；造像均為泥塑，與印度和中國中原各大石窟開鑿在砂岩或大理岩上的石雕造像也不同。由於繪畫和泥塑的表現方式比較細膩，因而可以傳達出古代更多的人文資訊。

開鑿石窟的神聖儀式

由於石窟寺的開鑿經歷了艱苦而複雜的過程，因此開窟工程被人們視為神聖之舉，在施工前後都要舉行各種祭祀神靈的儀式。據晚唐《張淮深功德記》（又稱《張淮深碑》）記載，沙州節度使張淮深在重修莫高窟北大像窟的前窟簷工程後，決定在北大像窟之北，開鑿石

窟，這時莫高窟崖面開鑿已空餘無幾，所剩只有嵯峨陡峭的山崖。儘管如此，張淮深還是不惜財力，立志工成，工匠以"情專穿石之殷，志切移山之重"的意志完成了施工。其間舉行了一系列祈禱天地神靈的儀式，主要有：

一、在開鑿石窟前進行一番祭天地神靈和占卜凶吉的儀式。

二、經過多日的開鑿，再次焚香禱告神靈，得以神助，電閃雷鳴，飛沙走石，一夜之間"崖如削成"。

三、窟室開鑿後，必然要塑畫佛像。待石窟全部竣工後，還要舉行盛大的慶祝儀式。敦煌文書《營窟稿》中，記載了一個完整的慶典過程，"請僧設供，慶贊於茲"。贊頌內容為"長將松柏以齊眉，用比丘山而保壽"。這也是信徒們開鑿石窟的最終目的。

石窟開鑿的工序

開鑿石窟的艱辛在不少文獻中都有記載，但是如何在砂礫岩上既省工又省時的開鑿石窟，卻不見於任何文字。據推測，開鑿石窟，首先開鑿窟門及甬道①，然後開始向上、向四周擴展②，由於工作面狹窄，這是石窟開鑿中最為困難的一個階段。當石窟中覆斗的前坡開好之後，就形成了一定範圍的工作面，可以容納多個工匠同時進行。當窟頂全部開鑿完成後，就轉為向下層挖掘③，

便於操作又比較省力，腳下有岩體支撐，不需搭設腳手架，直至開鑿完成後，再搭設腳手架，修整牆面，進行抹泥、繪畫、造像等裝飾石窟的工序④。

莫高窟從公元 366 年開始開窟，到唐代崖面上的窟室已密如蜂房，第285窟周圍是洞窟開鑿最密集的一個區域（第

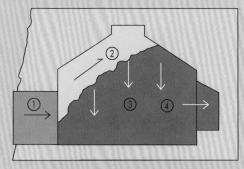

敦煌石窟開鑿程序示意圖

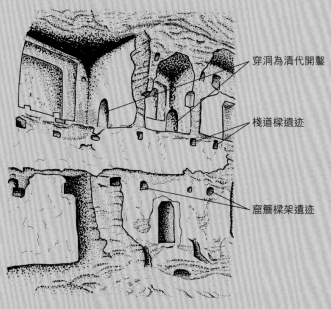

穿洞為清代開鑿

棧道樑遺迹

窟簷樑架遺迹

**敦煌石窟在歷代開鑿過程中的
修補與破壞**

285窟門上為第286窟，門北為第287窟）。在這一帶，洞窟多達五層，在大約2500平方米的崖面上共開窟一百五十七座，平均每16平方米的崖面上就開一窟。這樣密集的開鑿，使岩體自身失去穩固的支撐，形成許多不穩定狀態，再加上地震等自然因素的破壞，使許多洞窟出現不同程度的坍塌。

開鑿石窟的費用

關於開窟所需的費用見於《敦煌錄》："並是鐫鑿高大沙窟，塑畫佛像，每窟動計費稅百萬。"

石窟開鑿在礫石岩上，由砂石膠結而成的岩體看似酥鬆，實際相當堅硬，歷代全靠鐵鑿子鑿出石窟。如今在很多窟室頂部的壁畫脫落處，仍可見到清晰的白色鑿痕。建於公元9世紀初的第16窟，是莫高窟很大的窟，其主室深16.2米，寬約14米，面積達226.8平方米。中部藻井高10.3米，主室各壁高約6.2米，室內空間約1737立方米。主室的正中還有7.2米深，寬4米，高3.4米的甬道，總計石窟內的空間約1830立方米。晚唐張淮深開鑿的北大像窟旁的第94窟，面積達231平方米，是一座更大的洞窟。完成這樣大的石窟，如果用五個壯丁勞動一

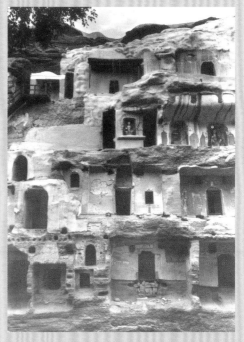

第285窟周圍石窟開鑿的密集程度

天開鑿1立方米計，估計需要近萬個勞力。礫石岩重約2.5噸（立方米），總計重量約4575噸。要把這些廢料運離石窟一定的距離，按照一輛牛車一次裝運250公斤，約需一萬八千三百次才能運完。尚且下一步還有"塑畫佛像"的過程，更加費時、費工。盛唐開鑿的第130窟南大像窟，費時約三十年。所以凡是大型洞窟大多是達官貴人和世家豪族開鑿的，只有他們才能集中這麼多的財力，動員如此多的人力和物力。

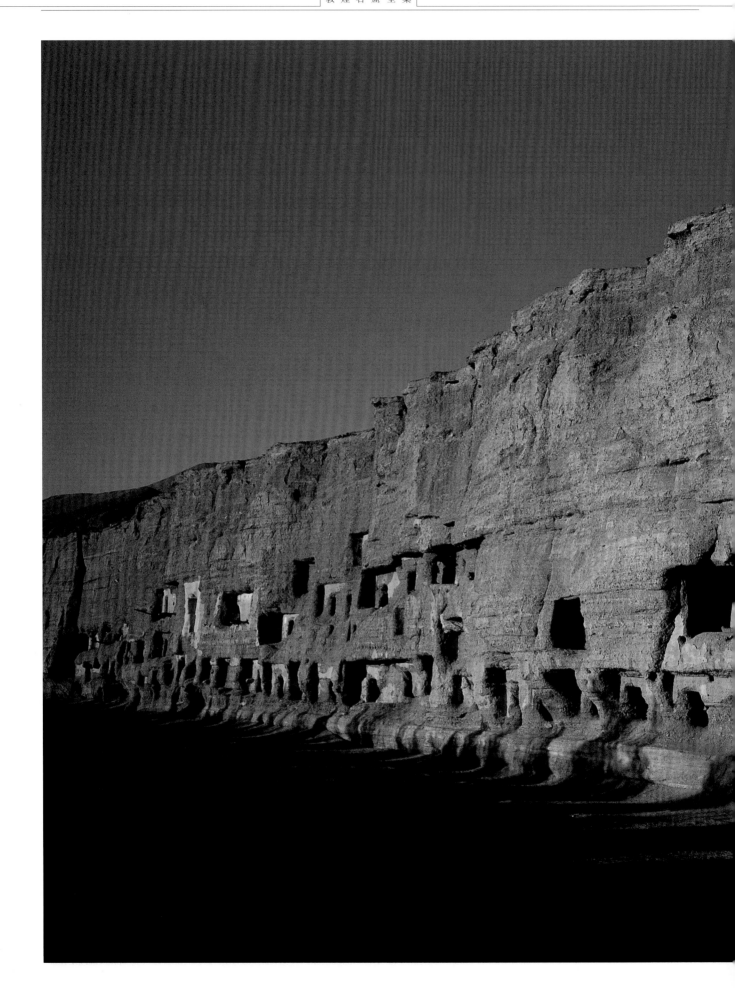

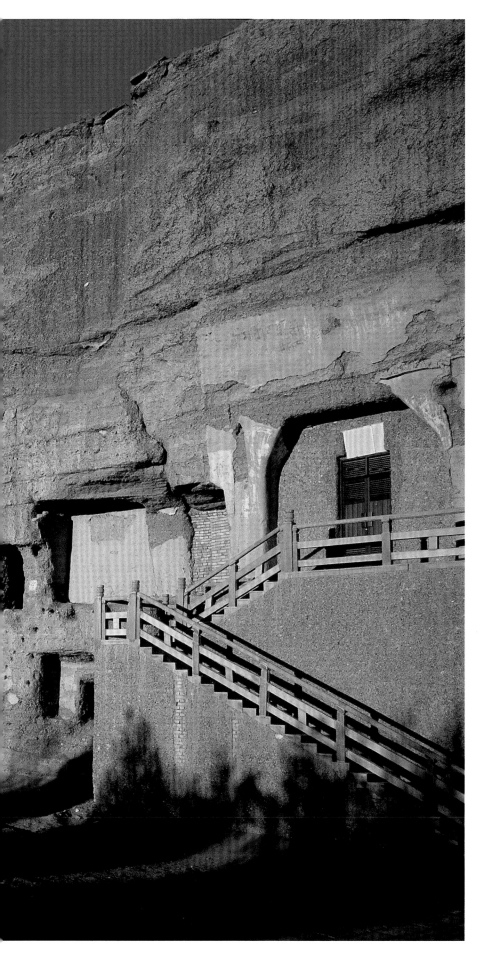

115 莫高窟北區

莫高窟北區的石窟羣，窟前的山崖上只
有第465窟做了加固工程，其餘均保持着
原有風貌。遠遠望去，可以看到山崖上
石窟當初開鑿時密如蜂巢狀的排列。南
區窟羣在未加固前，石窟的分佈排列比
北區更密集。

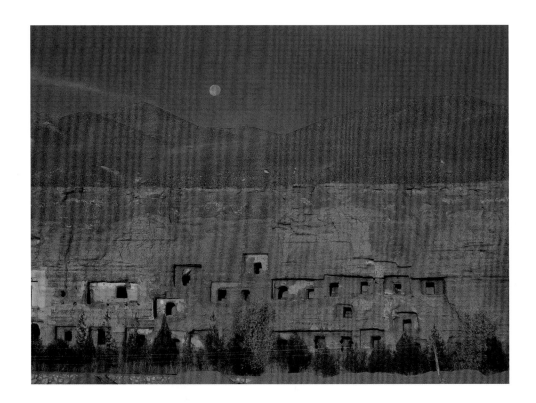

116 晨曦中的北區棧道遺迹

每個窟室前都有一個方形的外框即"窟
廠（敞）"，也是前室，然後才是方形
或拱形的甬道窟門。在窟前的崖壁上
下，有殘留的孔洞，有的還存有挑出的
棧道樑。中上層窟室之間的往來，就全
靠這些棧道。

117 前室窟簷的樑孔

在莫高窟，幾乎每一座窟前的頂部和下
部相應位置，都可以看到殘破的矩形孔
洞遺迹，這就是當時修建窟簷時的樑孔
位置。以後窟簷消失了，建築的痕迹則
永遠留在石窟前。

中唐 莫231 前室

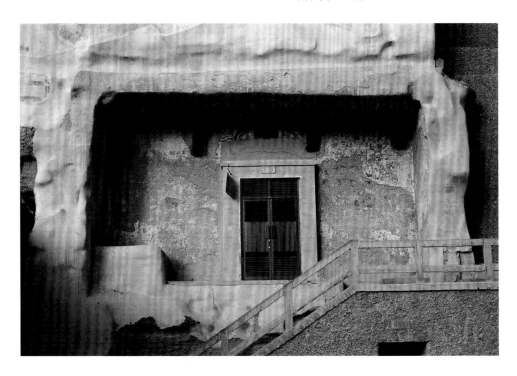

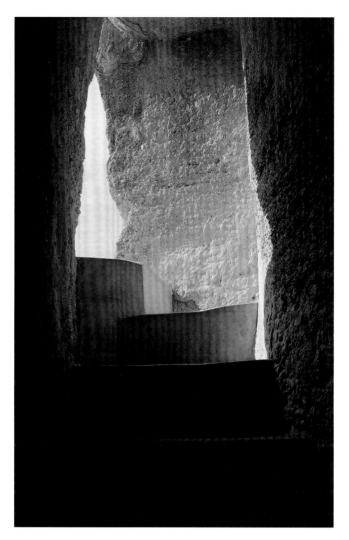

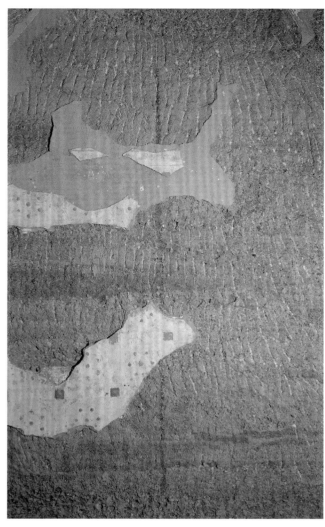

118 石窟蹬道

在密如蜂房的窟羣前,石窟之間的交通
是必不可少的。這是一處從二層到三層
的蹬道,在近乎垂直的狹小空間內,以
"之"字形的踏步蜿蜒而上。

莫234附近

119 岩面鑿痕及紅色中線

石窟開鑿在砂礫岩層上,質地堅硬,只
有表面的風化層呈現出鬆散狀態。窟頂
的壁畫層剝落後,可以看到開鑿時留下
的道道鑿痕,以及窟頂用土紅色彈出的
中心線。

莫256 西坡

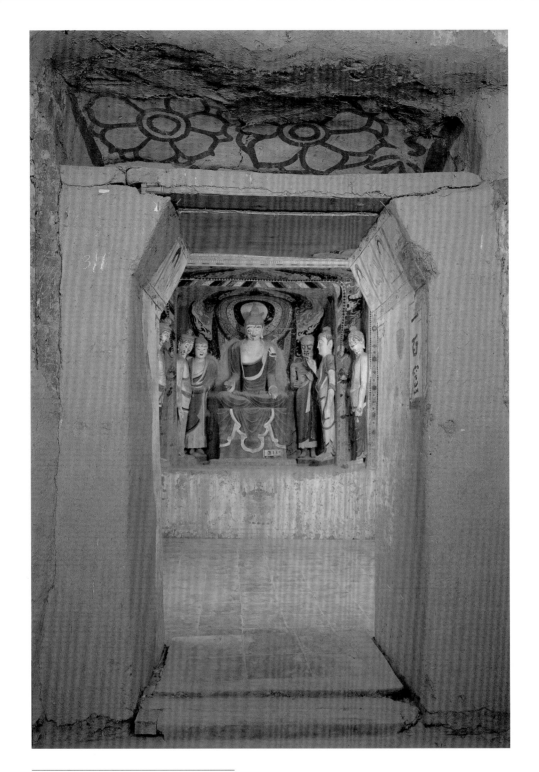

120 五代加修的甬道

此窟原為隋代開鑿，五代重修時又增修
了甬道，現在五代的甬道上部殘損，露
出底層的隋代蓮花圖案。在莫高窟開鑿
後期，由於山崖上密集的窟室，致使五
代時已沒有更多的地方可供開鑿石窟，
大量改造前代石窟成為一種時尚，因此
莫高窟許多窟室都有重層甬道。

五代 莫311

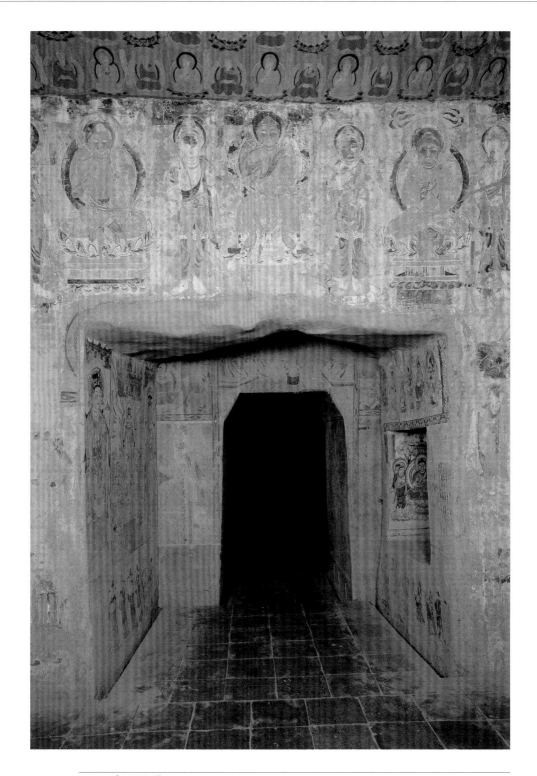

121 重層甬道

莫高窟第220窟是敦煌望族翟家的家廟。
初唐貞觀十六年（公元642年）建成，以
後幾百年間曾一再增修，到五代時，翟
家後人又在甬道上題寫了"檢家譜"，
並繪供養人像。宋代重修時，將原來的
甬道縮小，覆蓋了五代壁畫，重新繪
畫，形成了重層甬道。1975年進行搬
遷，將外層甬道向前推出，露出了底層
甬道與五代壁畫。圖中的方口窟門甬道
兩邊各有一小龕，龕內及周圍壁畫為五
代所繪，後面的盝頂形窟門為宋代增
修。

初唐 莫220 東壁

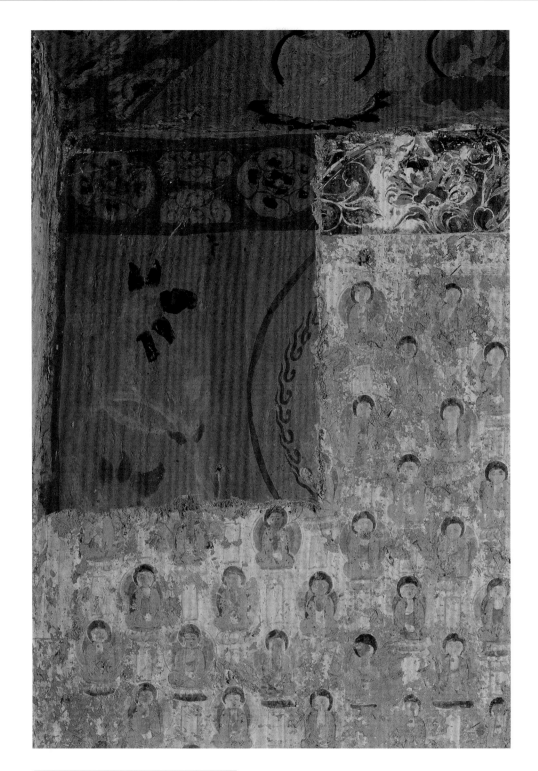

122 重層壁畫

此窟開鑿於初唐，後被西夏全部覆蓋重
繪，由於覆蓋前沒有破壞底層壁畫，才
使當時敦煌藝術研究所在1943年剝出完
整的初唐壁畫，並有唐"貞觀十六年"
的題記。這幅重層壁畫是當時特意留出
的一小塊，沒有剝去表面層。

初唐 莫220 北壁

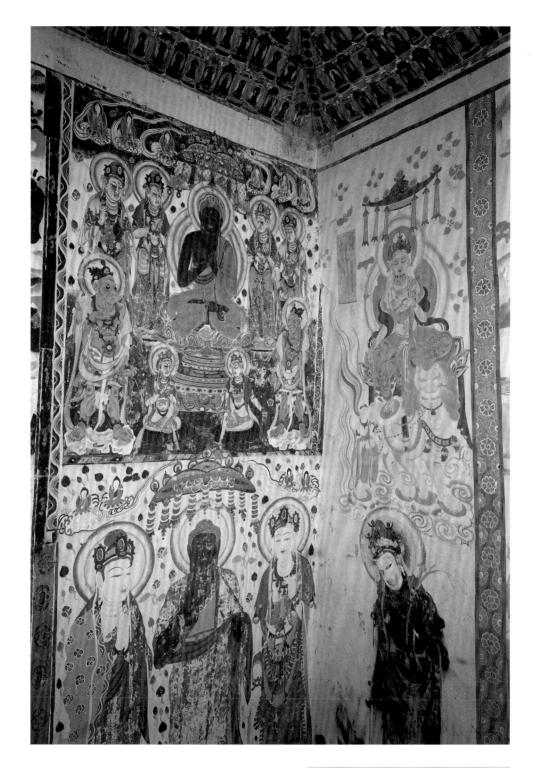

123　初唐至五代完成的壁畫

第205窟原為初唐開鑿，當時只完成了北
壁和窟頂的繪製，以後盛唐繪製了南
壁，中唐又補繪了西壁，五代重繪前
室、甬道、東壁及南北壁下部的供養
人，塑像是盛唐和中唐兩個時期所造。
西壁（本圖右面）為中唐繪製，南壁為
盛唐繪製，由於所用顏色的材料不同，
壁畫的變色亦不同，形成明顯的反差。
唐、五代　莫205　西南牆角

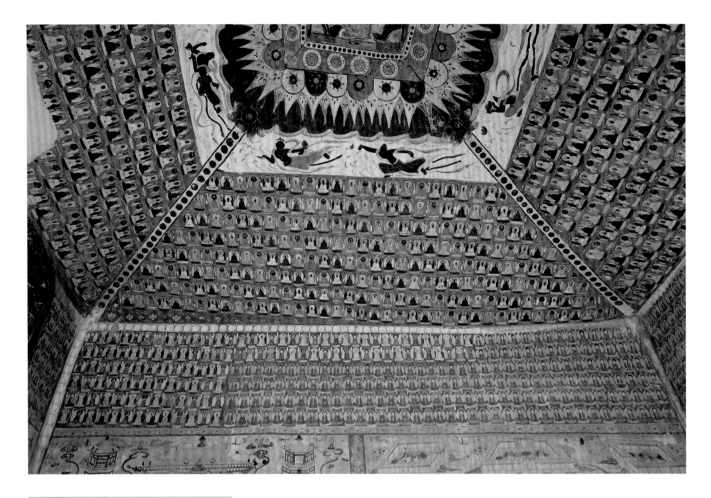

124 經歷幾代完成的壁畫

此窟為初唐開鑿,經過中唐、五代和清
代重修。窟室北壁上部存有三個時代分
別繪製的壁畫。窟頂北坡的藻井圖案和
千佛是初唐原作,北壁上部的千佛由初
唐和五代各繪一部分,下面的兩幅經變
畫由中唐繪製。以上各時代繪製的千佛
是根據色彩的氧化變色不同為區別,經
變畫則由多種因素構成了它的時代特
徵,其中顏料的變色是一個重要因素。

唐、五代 莫386 北壁

第二節　　石窟寺的木構建築

印度石窟寺沒有木結構窟簷，用木結構來裝點石窟，反映了中國在建築用材上幾千年的一貫傳統，可以說是對木構建築情有獨鍾。在長江下游浙江餘姚河姆渡遺址發現了距今六、七千年前的用榫卯結構建造的木構房屋，商周王朝的宮殿建築證明了人們熟練掌握了木結構建築技術。中國崇尚五行說，東方表示青色，屬木，它是生命的象徵。因此，敦煌石窟在開鑿過程中木結構建築發揮了巨大作用。

從敦煌文獻和考古發掘得知，在開鑿石窟的同時，窟前就大肆興建木構建築，唐代窟前已是"雕簷化出，巍峨不讓於龍宮"，崖面上遍佈密集的窟簷，高低錯落，簷牙相接，正如文獻記載的"張鷹翅而騰飛"之勢，洞窟之間還有棧道懸閣相連。窟簷懸閣內外滿飾彩畫，更增加了崖面的壯觀。根據敦煌遺書《乾德四年重修北大像記》記載，建造莫高窟木構建築的木材，有一部分出自當地，其餘由敦煌運來。至今歷經千年滄桑之後，木構建築大多已不復存在。由於各窟之間的棧道殘毀殆盡，因此使高懸在崖壁上的少數木構窟簷得以幸存，現仍然高懸住南區第三、四層石窟羣崖壁上的五座唐宋窟簷保留至今，使我們仍然能領略到當年的盛況。由於敦煌特殊的乾旱氣候，窟簷內部的宋代彩畫大部保存較好，成為中國古建築彩畫中不可多得的實例。

前室的木構窟簷

莫高窟的石窟佈局大多為：前室——甬道——主室。大部分的前室正面臨空開敞，稱為"窟廠"，又稱"露屋"，採光效果很好，開敞形式為建造窟簷提供了空間。在前室外側排一列柱子和門窗，上建斗栱椽枋，下修棧道欄杆，就形成完整的前室，組成類似寺院建築中的堂或殿。晚唐開鑿的第196窟，屬大型石窟，建成於唐景福到乾寧年間（公元893～894年），是莫高窟現存最早的一座窟簷。由於開鑿在崖壁高處，前室地勢高敞，可以縱覽"左豁平陸，極目遠山"的風光。石窟前室殘存一座三間窟簷，現僅存八邊形簷柱四根，柱下有棧道懸臂樑，斗栱、椽枋、闌額等大木構件等尚存，上部椽檁屋面等則全部消失在肆虐的風沙中。此窟簷建於晚唐，因為當心間的兩根乳栿插入前室後壁，乳栿後尾周圍保存的晚唐壁畫，沒有修補過的痕迹。第427窟是隋代開鑿的大窟，其前室有宋代加修的窟簷，屬於此類木構建築。窟簷在前室邊沿，保存基本完好，窟簷頂部承椽枋下有紅底墨書題記，證實前室的窟簷建造於開寶三年（公元970年）。窟簷僅在前室正面有一排三間建築，通寬6.99米，單簷四阿頂的小殿屋形式。窟簷前部有四根挑出的棧道懸臂樑上,棧道木板及欄杆早已殘毀不存。
隋代前室面闊6.78米,進深3.30米,比
較寬敞,供奉有二力士、四天王大型塑
像,應是金剛殿或天王殿,使石窟寺建
築更接近寺院的佈局。

　　莫高窟的石窟形式多為:前室——
甬道——主室。大部分的前室正面是開敞
的,文獻中稱為"窟廠(敞)",是沒有
牆壁的房屋,又稱為"露屋"。這種前室

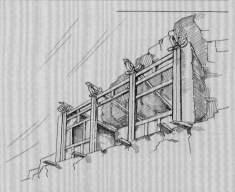

第196窟窟簷與斗栱復原圖

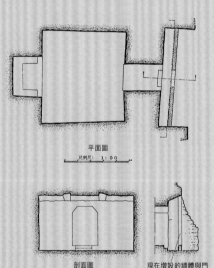

第 5 窟前室、甬道、主室的佈局

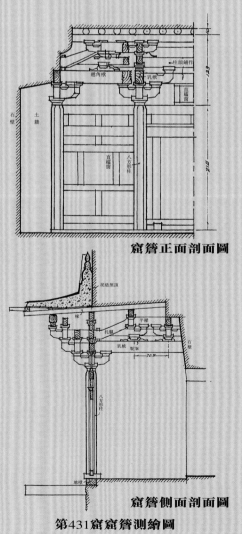

窟簷正面剖面圖

窟簷側面剖面圖

第431窟窟簷測繪圖

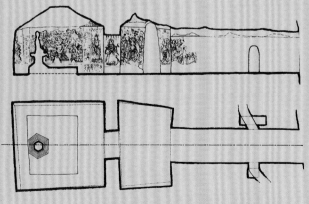

榆林窟第25窟平面、剖面圖

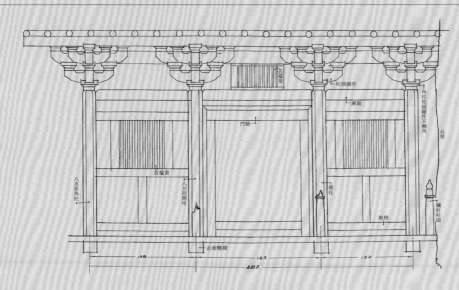

第444窟窟簷測繪圖

為修建窟簷提供了條件。而榆林窟的上層石窟形式多為：前甬道——前室——後甬道——主室，在莫高窟大建窟簷的時代，榆林窟將窟簷用彩畫形式繪在完整的前室內，而下層石窟大多卻沒有前室。現在保存的窟簷都是清代所修，所以看不到原來的窟簷痕迹。

莫高窟唐宋窟簷雖然都是小型木構建築，但在中國現存古代木構建築中，因時代較早而具有歷史價值。成書於宋元符三年（公元1100年）的《營造法式》是一本重要的古代木構建築技術典籍，莫高窟這幾座唐宋窟簷早於《營造法式》一百多年，窟簷的形式與結構已相當成熟和規範。例如窟簷中最重要的部件斗栱，其斷面的比例為15：10.15，更早的山西五台山唐代佛光寺大殿斗栱斷面為15：10.25；

斗栱斷面的高與厚之比為3：2，五台山唐代南禪寺大殿、河北薊縣遼代獨樂寺山門，以及遠在日本奈良的唐招提寺金堂的斗栱斷面比例都是3：2，與《營造法式》也相符。顯然敦煌石窟的工匠在長期工程實踐中，已經掌握了非常符合力學原理的木結構建築技術。

此外，莫高窟地處邊遠，資訊不及中原暢通，建築上保存了很多古風。如窟簷的簷柱斷面全用八邊形柱，這類窟簷在山東沂南漢墓、四川彭山漢代崖墓和早於唐宋的雲崗石窟、河北響堂山石窟、山西天龍山石窟、甘肅麥積山石窟等都在使用，而同時代的中原建築已經流行新型的圓形簷柱。另如莫高窟的屋簷平直，翼角不起翹，造型古拙敦厚，與敦煌壁畫中的殿堂建築風格相一致；

斗栱的線條也比較硬而直，不似唐宋時中原建築的斗栱線條圓和。所以敦煌窟簷既保持着中原傳統，也表現了地方古風和特色。

木構屋簷的彩畫

莫高窟的五座唐宋木構窟簷上還有彩畫裝飾，既有裝飾作用，又可以保護木質，以宋代第427、444、431窟的內簷彩畫及外簷的部分栱眼壁彩畫保存較完好，它們是中國目前保存最早、最多、最完整的建築彩畫實例。此外，莫高窟的一些洞窟還有零星木構件上保留着彩畫。

莫高窟最早的木構彩繪，是北魏第251窟人字坡下的木斗栱及替木上的圖案。木構件上遍塗土紅打底，石綠色作界邊，再以赭石繪出雲氣紋圖案，這種圖案在北魏石窟內隨處可見，用它彩繪木構件，可能是一種流行圖案。

宋代三座窟簷彩畫，多以紅土暖色為主調，在構件上遍刷紅土，再繪彩畫，白壁紅柱是色彩的基調，顯得強烈而濃重。簷柱多用青綠色的束蓮連珠紋作裝飾，這是由早期壁畫的束蓮柱演變

的。在莫高窟、麥積山石窟、響堂山石窟及其他佛教建築上亦多有用束蓮柱形作裝飾，而此類裝飾用於木建築彩畫上則僅見於莫高窟。

三座窟簷的闌額和柱頭枋上，還有各種變化複雜的圖案，如類似壁帶的圖案、雜色龜背紋、雜色團花紋、青綠菱花紋等，圖案形式非常活潑。窟簷內的乳栿、椽擋望板上也滿繪卷草紋、海石榴紋、團花等花卉植物紋樣和小佛像組成的千佛圖。就連門框的三面也用彩畫塗遍，可惜現在只能看到門框內的圖案色彩。由此可見宋代的木構彩畫的構圖和用色都比較自由，沒有嚴格的彩畫程式，色彩以暖色為主調，對比強烈。

不難想像，唐宋時期莫高窟崖面從南至北，大小窟簷高懸在崖壁間，其上的彩畫新舊交錯，相互掩映，展現出一幅壯觀絢麗的場面，在鳴沙山與三危山之間熠熠生輝了千百年的歲月，把一座為佛教徒追尋清淨淡泊的聖地，裝點得熱烈明快，富有生命力，把出世與世俗結合在一起。現存的唐宋窟簷是當日景象僅存的碩果。

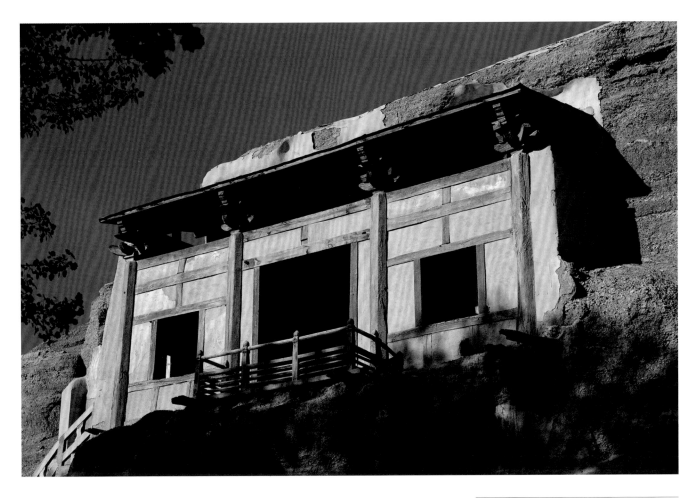

125 晚唐窟簷

第196窟在崖面的最上層，殘存的窟簷前有出挑的棧道樑，窟簷大樑後尾插入崖壁，周圍尚有晚唐壁畫，所以窟簷與石窟為同時所建。現在保存的窟簷，從大樑以上的頂部已殘，斗栱僅存一挑，門窗也只存大框架。

晚唐 莫196

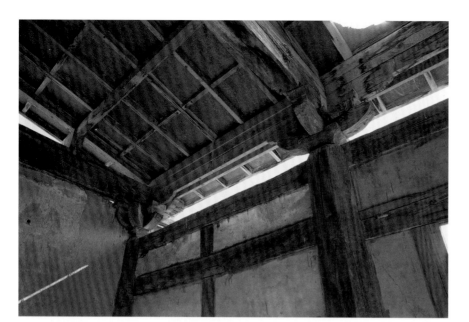

126 晚唐室內斗栱

窟簷斗栱僅存一挑，轉角鋪作出45°斜栱，但角樑已失。斗下有圓和內頷的欹部，栱眼和栱端卷殺呈圓和的曲線，不似莫高窟宋代以後以出現的線條硬直轉折的卷殺。

晚唐 莫196

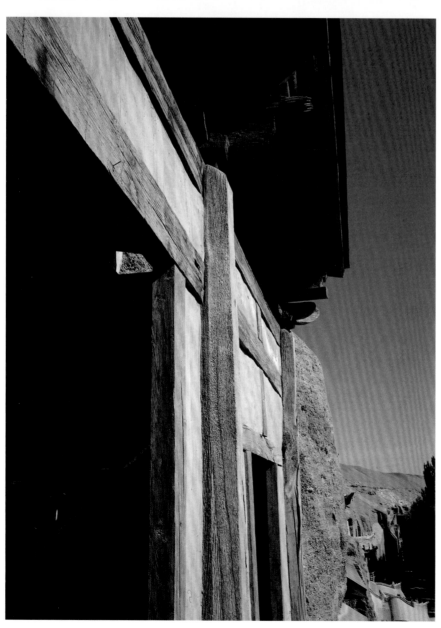

127 晚唐室外斗栱

室外挑出的斗栱，乳栿樑在華栱上伸出後，由於沒有屋頂，樑頭的構造形式已殘損，其樣式與結構都已無從得知，有專家認為窟簷斗栱有下昂。

晚唐 莫196

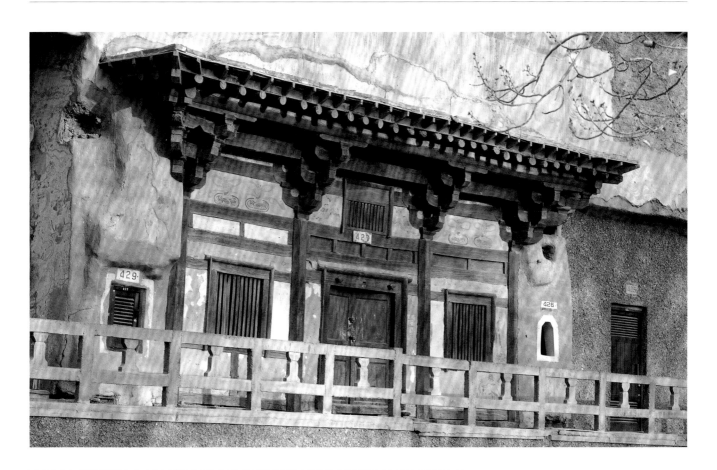

128 宋代窟簷

第427窟位於南區中部第三層，前室窟簷為單層三間四柱，緊緊鑲嵌在山崖內，柱上有兩組轉角鋪作和兩組柱頭鋪作，全部門窗欄額等大木框架都是宋代原物，是典型的宋代木作結構，唯有直棱窗棱和門板為以後補配。木構件上因千年風沙雨雪造成的條條裂痕，使整座建築顯得格外古樸。為了保護窟簷，在1980年曾對木構件塗刷一遍清漆。

宋 莫427

129 宋代窟簷樑底墨書題記

第427窟的窟簷承橡枋下塗土紅底色，上有墨書題記，記載大宋乾德八年歸義軍節度使曹元忠建此窟簷，因宋乾德只有五年即改元，故應是開寶三年（公元970年）。

宋 莫427

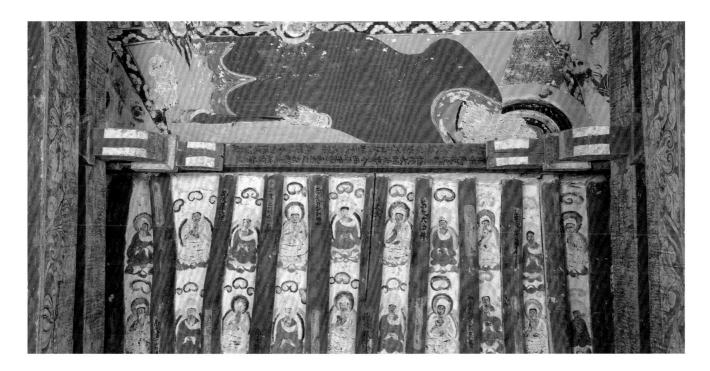

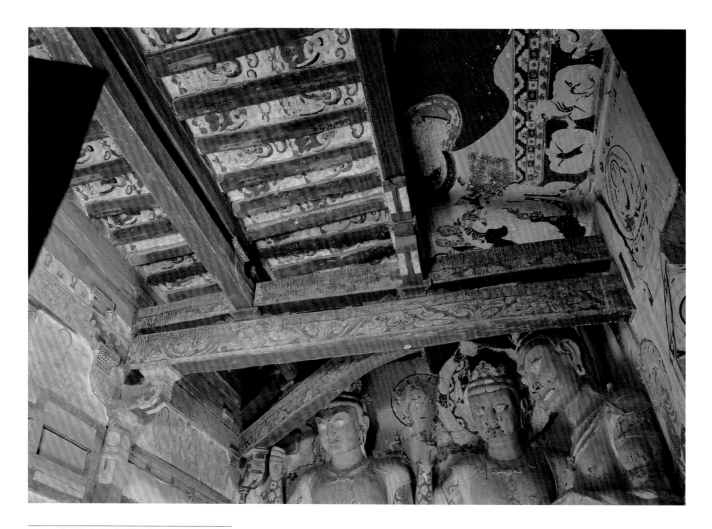

130 窟簷內樑架構造

莫高窟的窟簷都建在敞口的前室前面。
第427窟窟簷的樑架構造,是乳栿樑與劄
牽後尾伸入崖壁裏,屋頂上用檩枋。在
這些木構件上有彩畫和墨書題記。

宋 莫427

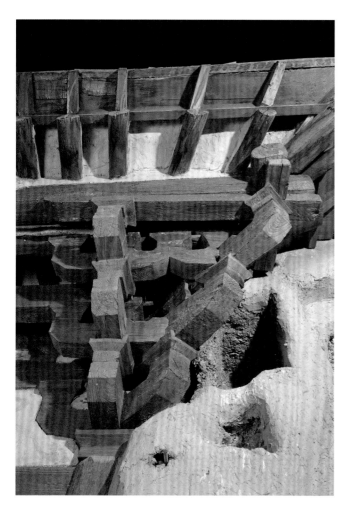

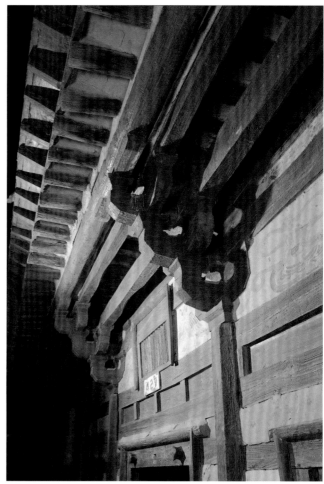

131 柱頭鋪作斗栱

斗栱是中國古建築中的一個創舉，它由斗與栱組成，放置在屋頂與屋身之間，將屋頂的壓力通過斗栱傳遞到柱子上，具有承上啟下的功能。由於斗栱使用靈活，屋簷伸出的長短，都由斗栱的數量決定，因此，它又是封建社會等級制度的標誌之一。加之斗與栱勾結緊密，因此產生的辭彙"勾結"、"勾心鬥角"等，都由斗栱構造的形象而得來。圖中的斗栱位於中間的柱子上，稱柱頭鋪作斗栱，形式與轉角鋪作斗栱相同。

宋 莫427 窟簷

132 轉角鋪作斗栱

由於唐宋以來大型宮殿、寺院的興建，迫使建築工程需要制訂許多規範，統一標準，由此在宋代產生了《營造法式》一書（公元1100年寫成），它把當時和前代的建築經驗加以系統化、理論化，成為當時乃至以後修建和研究中國古建築的經典，莫高窟遺存的宋代窟簷上的所有構件名稱與此書大致相符。這組斗栱位於屋角柱子上，稱轉角鋪作斗栱，形式為六鋪作，三杪單栱計心造，用材碩大，造型古樸，與營造法式記載相符。只是由於山牆面為崖體所擋，正面的各構件只交至角華拱上，側面全部簡化。斗栱正中第三跳令栱作鴛鴦交手拱的形式，還見於河南少林寺的初祖庵（公元1125年建成），但比此窟（公元970年建成）晚了一百五十多年。

宋 莫427 窟簷

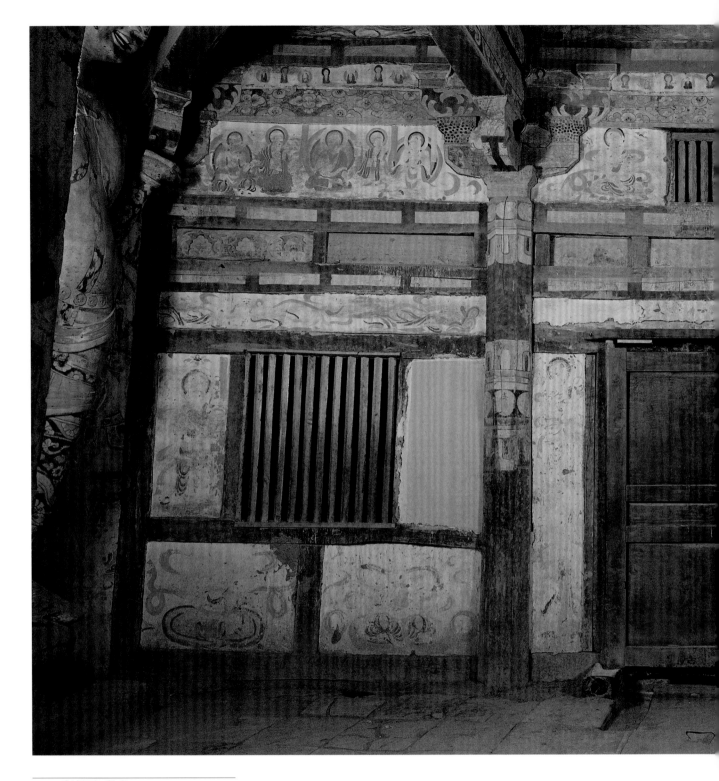

133 窟簷內彩畫

宋初的窟簷彩畫，反映了古代裝飾達到
"屋不呈材，牆不露形"的程度。沒有
彩畫的木構件上遍刷土紅顏料，木構件
之間的牆壁縫隙則根據大小，安排各種
佛教題材繪畫或用雲紋進行補白。

宋 莫427

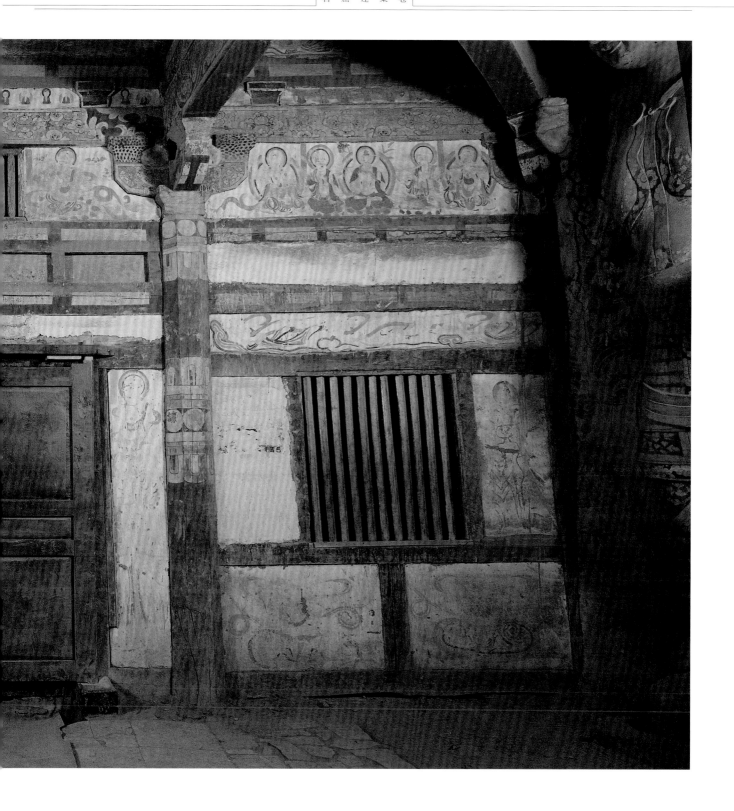

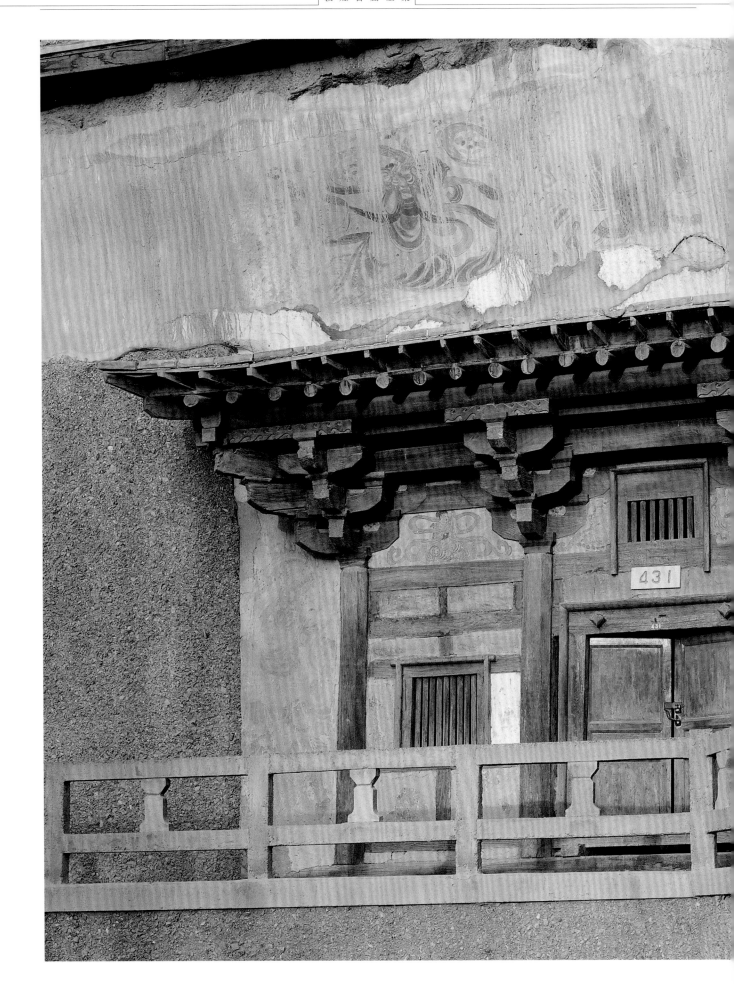

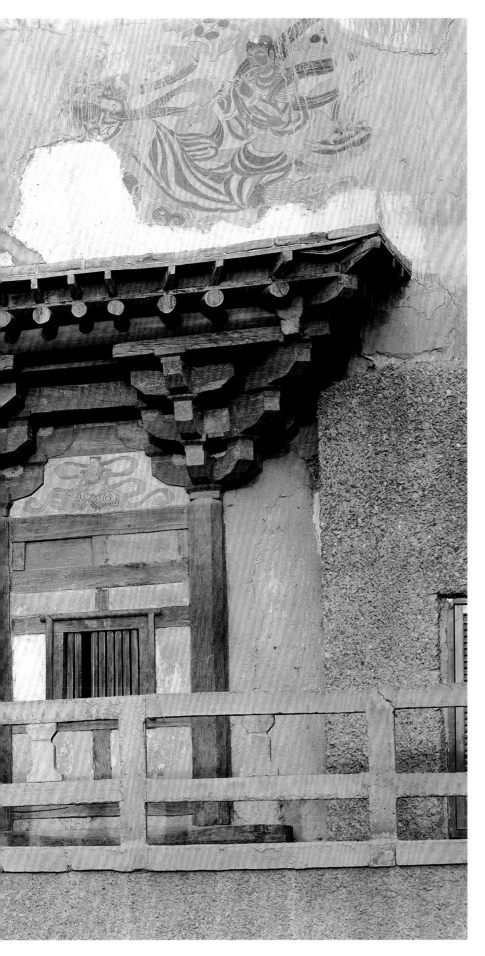

134 宋代窟簷木椽飛子

莫高窟原宋代窟簷屋頂都已殘損，椽子之上的飛子大多佚失殆盡。唯有此窟簷在圓形椽子上還僅存一枚方形的飛子，以此為依據，四座宋代窟簷屋頂才得以全部復原。這些宋代窟簷的簷角平直，沒有起翹，與唐宋壁畫中的建築形式相符。平緩的屋頂適用於敦煌乾旱少雨的氣候。原窟簷屋脊上的泥塑鴟吻和寶珠，現被保存在第450窟內。

宋 莫431

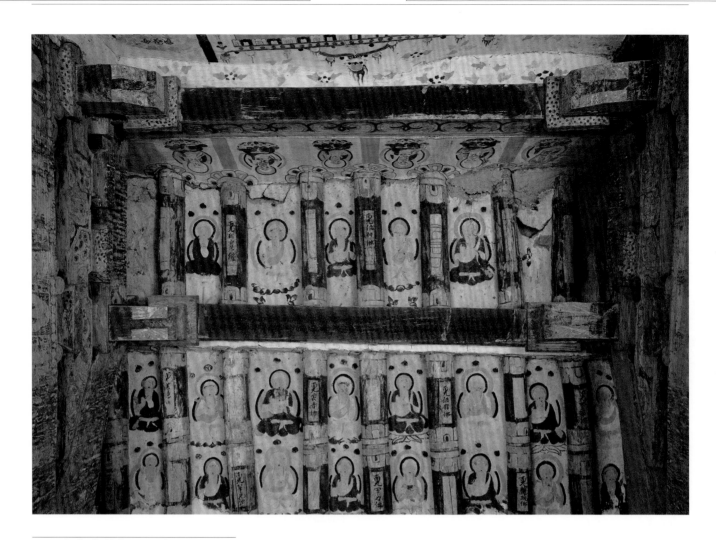

135 宋代窟簷樑底墨書題記

第431窟承椽枋底在土紅色地上有兩行宋
太平興國五年（公元980年）墨書題記，
記錄了窟簷是歸義軍節度使曹延祿時期
出資建造，窟主則是節度內親、從知紫
亭縣令閻員清。他們都是敦煌地區的統
治者。

宋 莫431

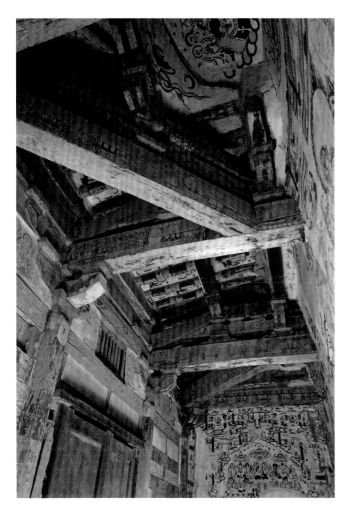

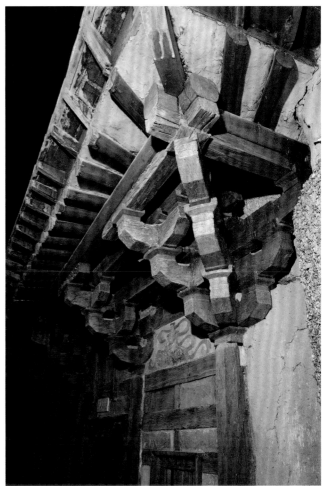

136　簷內樑架構造

由於窟簷建在崖壁前，所有的樑有一頭就插入在崖壁內，斜向屋角的角樑則斜插在正面的樑身中，第196、427、437窟的角樑都是一樣做法。這裏下層樑至上層樑之間又增設一層木枋，木枋下有起承托作用的駝峯與小斗構件。全部樑架槫椽上都遍繪彩畫裝飾。

宋　莫431　窟簷

137　窟簷下斗栱與替木

窟簷下的柱頭鋪作與第427窟相同，因為緊靠山崖，所以角華栱和山面華栱簡化成為偷心造形式。第三跳華栱上承托的替木上雕刻有花紋，北側轉角鋪作上的替木為宋代原件，其餘幾個柱頭上的替木以此為依據複製而成。

宋　莫431

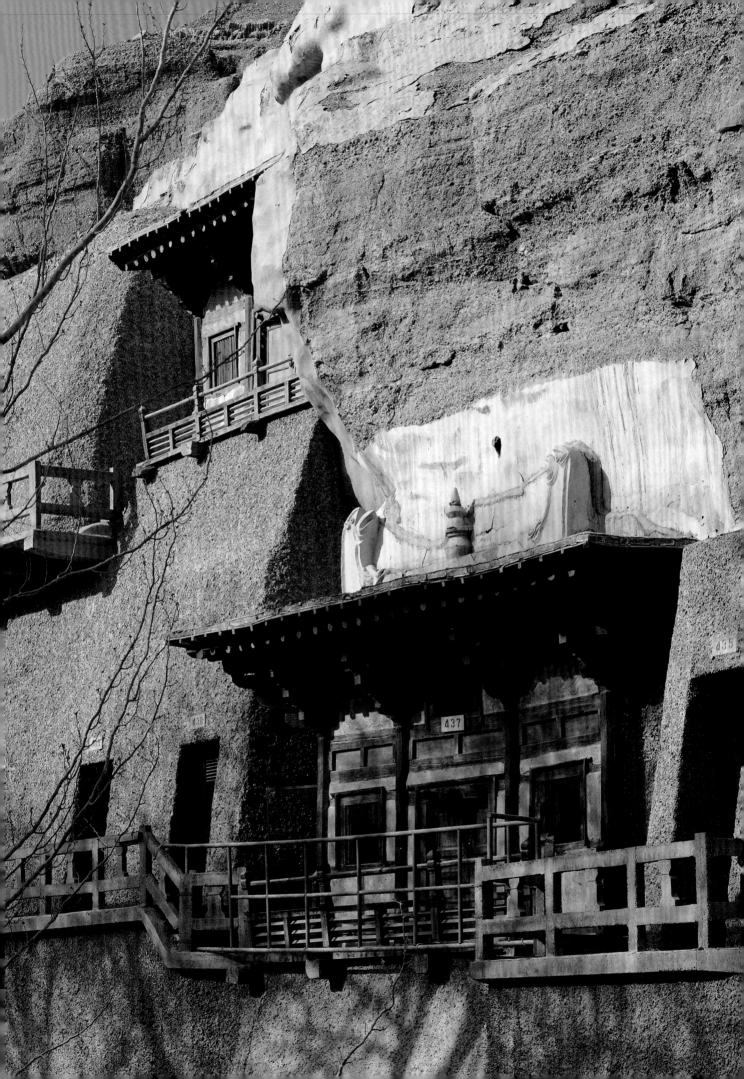

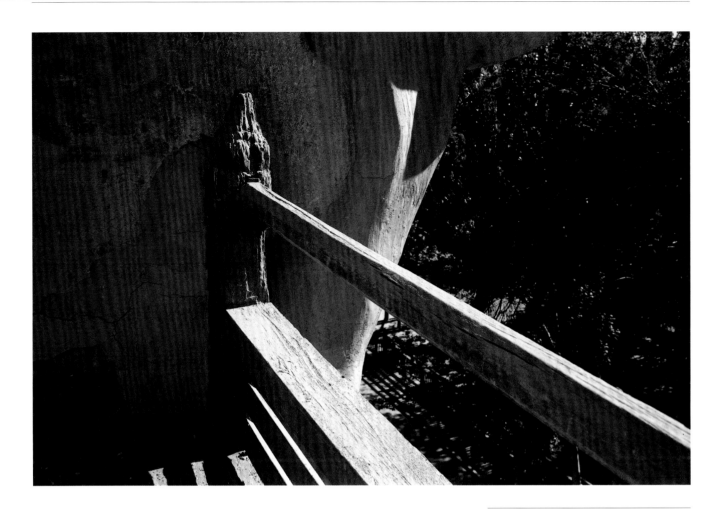

139 窟簷欄杆望柱

這就是所有唐宋窟簷前僅存的一根望
柱，根據此望柱上的榫卯槽口將其窟前
的欄杆復原，以後凡是在窟前需要增設
欄杆的地方，都是以此為依據進行仿建
的。

宋 莫444

138 宋代窟簷樑架構造

第437窟和第444窟的窟簷都屬於宋代典
型的五鋪作雙杪單栱結構。因1951年的
修復失誤，第437窟修造成六鋪作形式。
第444窟的窟簷位於崖面的最上層，三開
間，八棱柱，斗栱五鋪作雙杪單栱造。
窟簷前懸挑的棧道樑上有低矮的臥棱欄
杆，欄杆望柱通高72厘米，尋杖（欄杆
上部橫置的扶手）高63厘米。現在的欄
杆是根據北邊僅存的一根望柱復原的。

宋 莫437、444

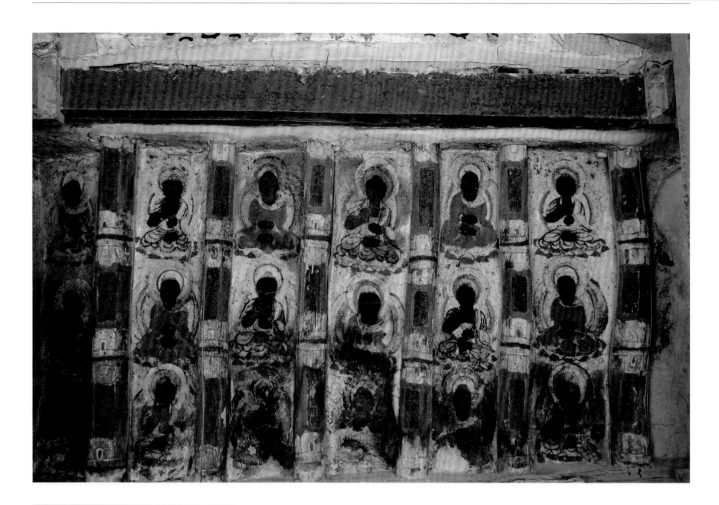

140 宋代窟簷櫟底墨書題記

莫高窟第444窟的窟簷承橑枋底有墨書題
記，記載此窟簷是歸義軍節度使曹延恭
時期所建。

宋 莫444

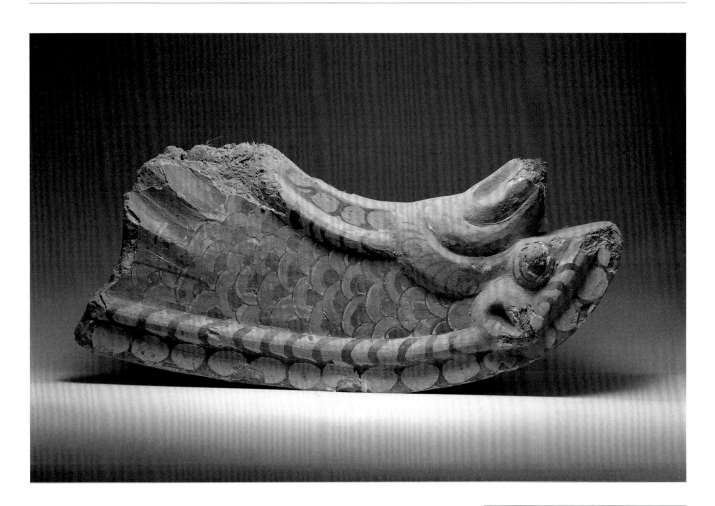

141 彩繪鴟尾

在第76窟內保存有一件鮮艷彩畫的鴟
尾,根據它的造型和彩畫形式,應該是
宋代窟簷上的鴟尾。敦煌乾旱少雨,使
用泥塑彩繪鴟吻是因地制宜的辦法,這
在中國古建築中是難於見到的泥塑建築
構件。

宋 莫76

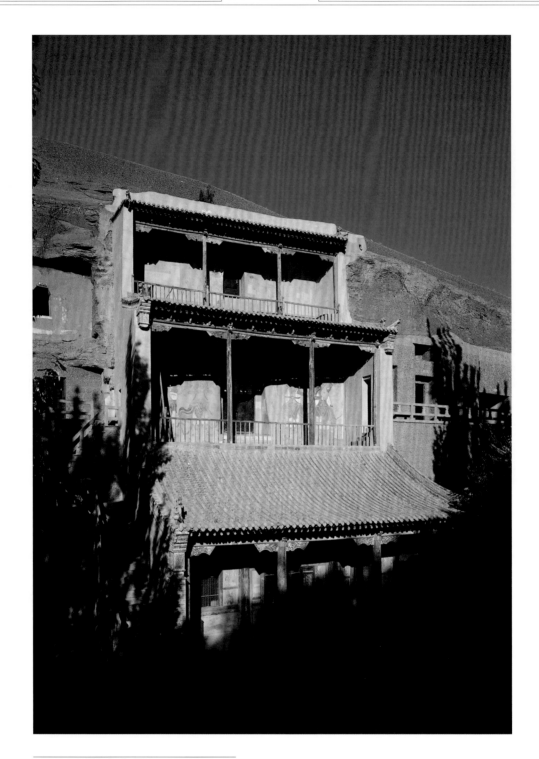

142 三層樓大窟簷

三層樓大窟簷包含三層洞窟,第一層有
第16、17窟(藏經洞)、476窟,第二層
有第365窟(七佛堂),第三層有第366
窟。第16窟甬道有《重修千佛洞三層樓
功德碑記》的木刻碑一塊,可知為光緒
三十二年(公元1906年)重修。2002年
夏天又進行了一次半落架維修,在山坡
上,發現有被燒燬的木構件,原來的窟
簷可能毀於大火。

清代 莫16

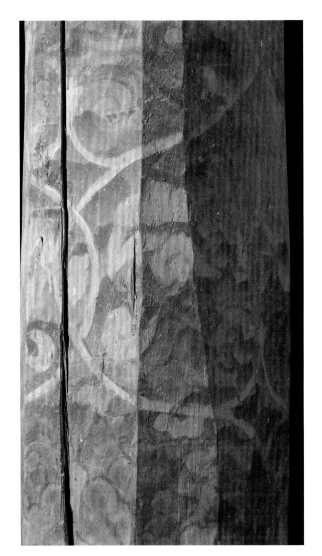

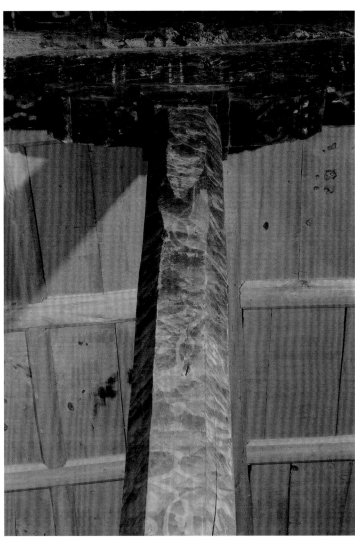

143 天棚柱子彩畫

此窟為宋代開鑿，西夏時窟頂出現坍塌
而增修了木製天花板，又稱"天棚"。
在清代時對天棚作了修補。現在保留在
柱子上的彩畫是西夏所繪，圖案為連續
纏繞的西蕃蓮紋。

西夏 莫233

144 天棚栱底彩畫

木製天棚下，大斗之上的栱底的彩畫圖
案是層層相套的桃形如意頭。在栱頭承
托的木枋上，還有許多四瓣菱形花圖
案。在莫高窟和榆林窟的石窟內可看到
很多西夏時的仿木構建築彩畫形式，但
繪在木構上的彩畫只見於此窟。

西夏 莫233

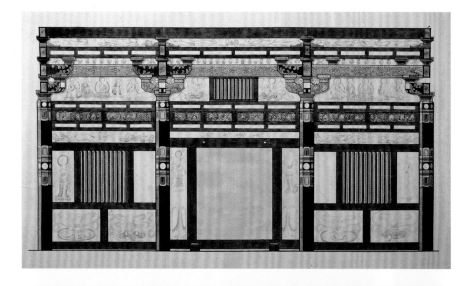

145 窟簷內部彩畫臨本

窟簷彩畫整體呈暖色調，發展到明清時
期，轉為冷色調的青綠彩畫。這裏有意
思的是右邊的兩柱間，在第二層有一道
栱是畫在木枋上的，但畫工們只畫出左
邊兩間的四個栱，有兩個被遺忘而沒
畫，上面的小斗卻安置在相應的位置。
這個窟簷彩畫用了三條"七朱八白"的
彩畫形式，是《營造法式》中彩畫的一
種方法之一，用於對橫長構件的粉飾。
做法是將橫長構件的寬度分成或五、或
六、或七等份，取中間的一份刷白。然
後按構件長度均勻地分成八等份，每份
之間用朱闌分斷七隔，兩頭近柱處不用
朱闌，即成"七朱八白"紅白相間的圖
案。但這裏卻沒有嚴格遵照官方頒佈的
法式規定。或因敦煌偏僻，或因修建窟
簷未上建築等級，所以有許多隨意之
處。

宋 莫427 孫儒僩摹

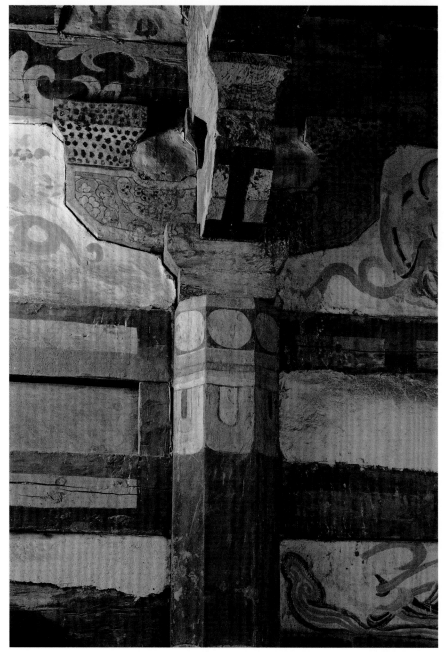

146 斗栱彩畫

斗栱的彩畫與窟簷形成反差，色彩淡
雅，綠色的大斗，帶白色邊框的破瓣團
花圖案的泥道栱，栱上的散斗用白地紅
點的簡單圖案，華栱的卷殺部位用白地
土紅"工"字裝飾，與泥道栱上的繁華
形成對比，又與上下木枋闌額上的七朱
八白圖案相呼應。

宋 莫427

147 木枋彩畫

在簷下的幾層木枋上，分別繪製了不同的圖案。窟室裏主要以"七朱八白"為主要形式，中間再插入其他圖案。第一跳斗栱上的木枋用一整兩破的菱形花裝飾，這個圖案在第444窟的大樑底部也用過。

宋 莫427

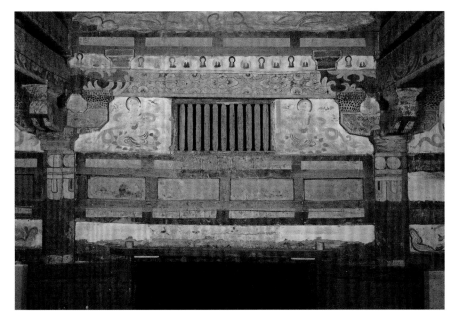

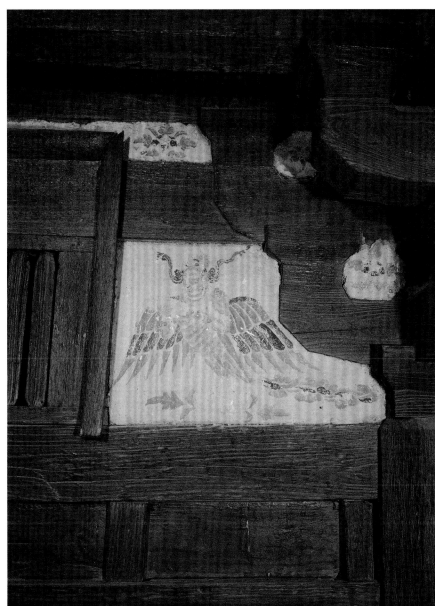

148 栱眼壁彩畫

繪製在窟簷外木構件上的彩畫被風沙磨損殆盡，而栱眼中間繪製在石灰泥皮上的彩畫卻保存下來，這種壁畫地仗層的製作與五代、宋在露天崖壁上繪製大幅壁畫的地仗層是相同的。圖案繪有人首鳥身的迦陵頻伽及各種花卉、雲紋等，靈活地填補了大小不等的空間。

宋 莫427

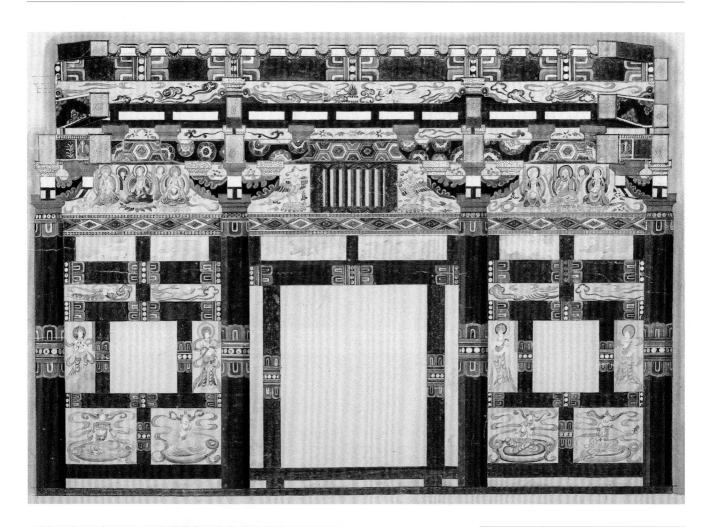

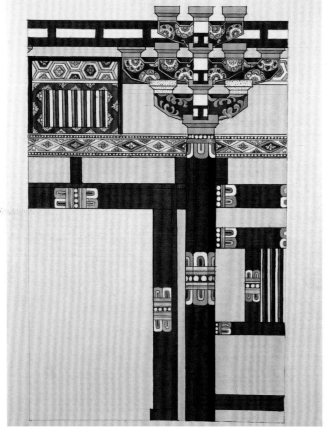

149 窟簷彩畫臨本

這是在1948年臨摹的窟簷彩畫原狀,從臨本上可以比現存的實物更清楚的看到宋代的彩畫圖案。彩畫在用色和圖案上都比較自由。

宋 莫431 孫儒僩摹

150 窟內柱頭彩畫臨本

宋 莫431 孫儒僩摹

151 門框彩畫痕迹

繪製在外面門框上的彩畫，由於長期暴露在風沙的環境中，原來的色彩已褪去。由於顏料中有膠的成分，塗繪在木構建築上，對木構建築起到了一定的保護作用。這裏的彩畫印痕就是色彩磨損後，剩下的膠質保護了木構件。沒有被彩畫的地方，木材表面被磨蝕下去。

宋 莫431

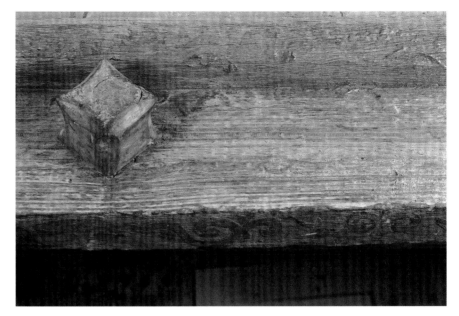

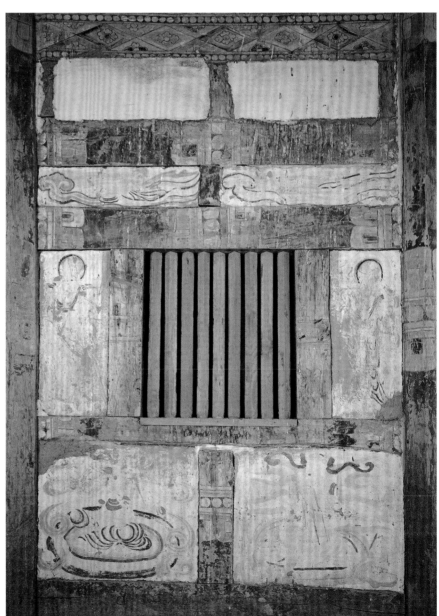

152 窗間彩畫

在窗子四周的窗框上，全部繪成束蓮形式。窗間的牆壁上則繪製佛教題材的伎樂與菩薩等，在更小的空間裏則用雲紋裝飾，真正做到"無處不彩飾"的地步。

宋 莫431

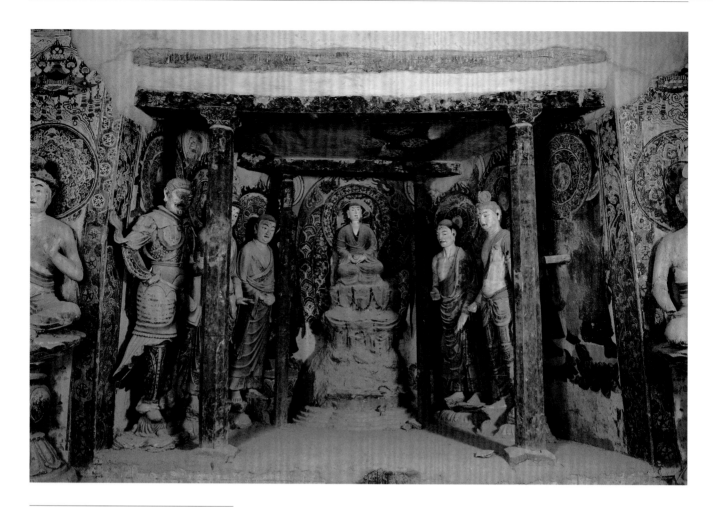

153 佛龕木構架彩畫

此窟為盛唐開鑿，由於洞窟位於最上
層，到宋代時，龕頂出現坍塌，所以宋
代在龕內增修了一個木頂棚，支撐頂棚
的柱子用八棱柱形式，在柱子大斗和木
枋上全部有彩畫。

宋 莫444

154 佛龕上柱頭大斗彩畫

這是佛龕木構架下的大斗，上面用綠白
黑三種顏色繪出的鎖子紋圖案，後來是
明清建築彩畫中常用的圖案之一。

宋 莫444

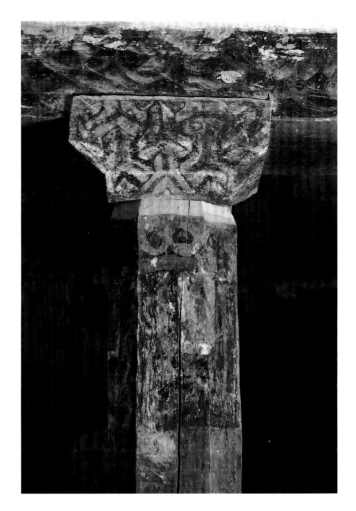

155 窟簷樑底彩畫

樑枋底部在土紅色底子上繪一整兩破的
菱形花圖案，樑側是色彩淡雅活潑的捲
草圖案。彩畫的濃淡與大樑的明暗關係
相符，突出了大樑側面與底部的陰影效
果。

宋 莫444

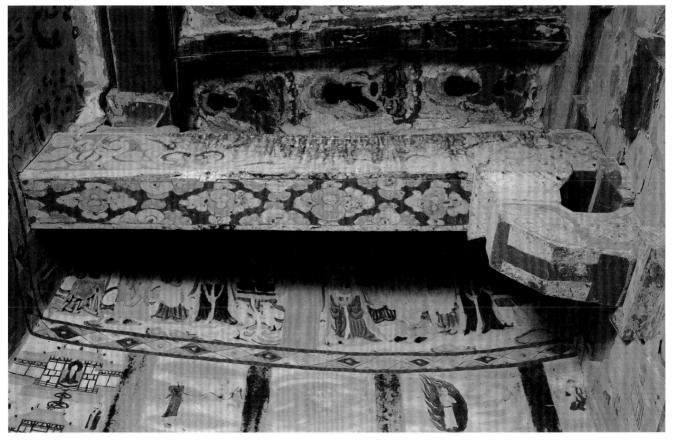

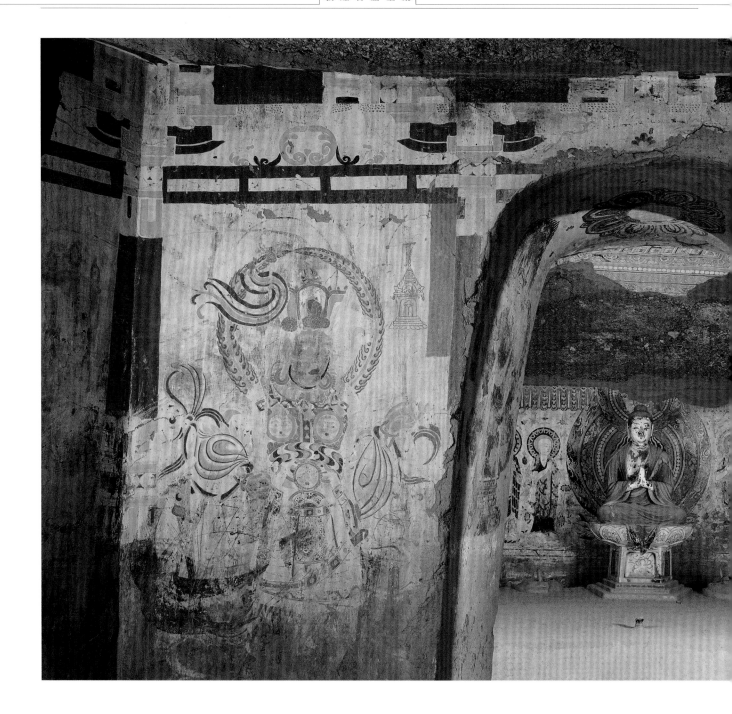

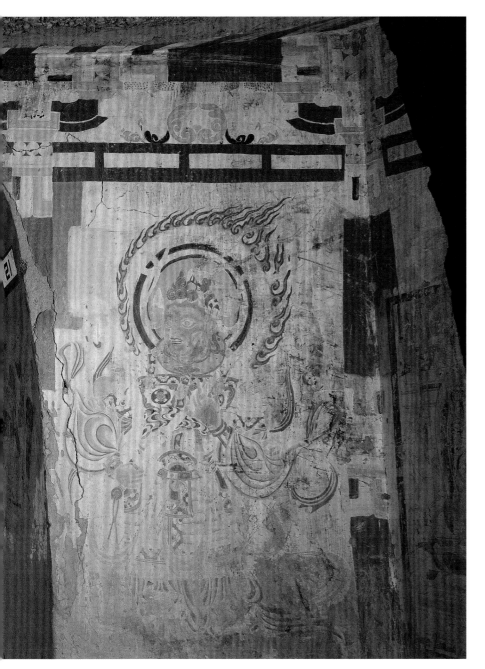

156 仿木構彩畫前室

榆林窟上層石窟都有完整的前室，因不
便於建造木構窟簷，所以就採用繪畫形
式來表現木構小殿，唐代墓葬中也採用
繪畫表現木構的廳堂。此圖與下圖共同
構成了一座完整的三間小廳堂。

五代 榆21 前室西壁

157 前室的仿木構彩畫臨本

此臨本繪於20世紀50年代初。臨本基本
採用復原繪製法，清楚地再現了當時繪
在石窟前室壁上的仿木構窟簷的斗栱、
木枋、闌額上的彩畫形象。

五代 榆21 前室東壁 孫儒僩摹

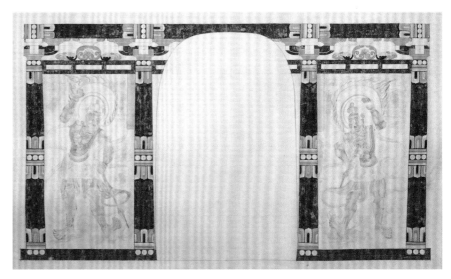

第三節　　窟前殿堂遺址與地面鋪裝

在地面上修建木構建築比在高懸的崖壁上修建要容易，規模也根據需要擴大，但高懸的唐宋窟簷卻因為棧道的殘毀而得以幸存，如今卻沒有一座晚至西夏的地面木構窟簷保存下來，只能通過考古發掘才能看到當年的建築規模和意圖。

殿堂遺址

20世紀50～80年代，為配合莫高窟石窟加固工程，在窟前地面上進行過多次全面的考古發掘，相繼發現了二十二座五代至西夏所建洞窟前的殿堂遺址，只有第96、130窟是五開間殿堂，其餘均為三開間殿堂，如第27～30窟的窟前殿堂。該處原殿堂是西夏所建，平面呈"凸"字形，中間的大殿為三間，旁邊各一小間，這種平面的立面形式可能為中間一大殿，兩邊各有一個抱廈。這些窟前殿堂遺址的發現，有助於了解莫高窟石窟開鑿與營建的面貌。

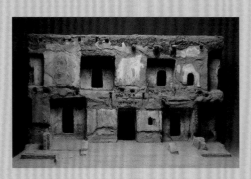

西夏第27～30窟窟前殿堂遺址復原模型

第130窟是著名的南大像窟，石窟及大像建於唐開元、天寶間，彌勒大像規模宏偉，是唐代的精美大雕塑。西夏時在窟內大規模重繪壁畫，同時在窟外修建木構殿堂，且殿堂規模很大。殿堂遺址平面呈矩形，殿堂五開間，通面寬21.6米，進深三開間，達16.3米，面積352平方米，是已發現的建築遺址中最大的一座。遺址中有三排共十八根柱子，柱下的柱礎是利用天然石埋於地下，地面上不露明。窟外崖壁上，離地面高約7.5米的位置上有四個樑孔，與殿內的四排內柱對應，樑孔之上還有安裝木椽後遺留的一排小圓孔。在屋頂覆蓋下的空間裏及前廊與石窟甬道內，全部用蓮花方磚鋪地。殿堂後壁的窟室甬道外，兩側各有天王殘塑像二身，估計像高約6米以上，幾乎與殿堂樑架同高，極為壯觀。第130窟只有主室，沒有前室，增修的木結構殿堂形成大佛殿前的天王殿，是模仿寺院的佈局。

第53窟開鑿於唐代，後經五代和宋代的不斷改造，壁畫內容已少有唐代痕迹。窟前殿堂為宋代改繪石窟時所建，殿堂後部緊靠第53窟外的崖壁，木結構建築均已不存，僅見殘垣斷壁及台基痕迹。殿堂三開間，通寬7.35米，進深兩間半，深度5.6米。殿堂前面地面保存較完整，四根簷柱及門窗位置清晰可見，殿內有四根內柱遺迹。南北山牆夯築而成，牆內沒有山柱痕迹，可能為節約木材，山牆直接起到承重作用。殿堂內滿鋪蓮花方磚。

殿堂座落在夯土台基上，簷柱前與山牆邊有1.3～2米的寬大台明，台明及台基全用青磚包砌，並有安裝木欄杆的遺迹。據當時發掘出的遺址狀況看到，

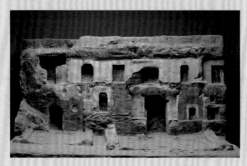

第53窟殿堂遺址復原模型

殿堂遺址保存情況尚好，建築整體佈局較為工整，遺址中的牆、柱、台基、欄杆等痕迹都很清楚，敦煌建築史學者肖默曾據此作復原設計。復原後的窟簷與殿堂比例恰當，造型精巧，為石窟外觀增色不少。

地面鋪裝

在山崖上開鑿的石窟，對地面作的鋪裝，有兩種形式：一是為平整地面，先用草泥抹平凸凹地面，再抹麻刀石灰層塗抹找平，這種地面的平整光潔效果很好，是一種簡便易行的方法，晚唐第144窟還保存着這種地面形式；二是在地面上鋪墁花磚。在考古發掘過程中，所有發掘出的殿堂遺址地面都鋪墁了方形花磚。

花磚是隋唐普遍用在建築物上的一種裝飾材料，在中原曾廣泛應用於宮庭、寺觀、陵墓建築中。初唐壁畫中的露台地面，很多裝飾花磚鋪地。敦煌佛爺廟灣出土的唐代墓葬中，墓室地面使用的花磚紋樣與石窟地面大致相同。莫高窟最早見於隋代第397窟，地面上使用的八瓣蓮花磚，形體較大（38×38×6厘米），唐代用花磚鋪墁很普遍，但在唐代以後，前代的花磚曾被多次移用，花磚的時代特徵，只能從大小尺度和裝飾花紋上去判斷。

從窟前的考古發掘中發現，僅在第130窟窟前殿堂350平方米的地面上，共鋪墁了三千多塊宋代和西夏時期的花磚，是用花磚鋪墁的最大一處場地。石窟本來就是色彩和紋樣的海洋，地面上再鋪滿花磚，更增加了華貴之感。

花磚的紋樣以各種蓮花紋為主，火焰寶珠紋則是在西夏時期多見的樣式。這兩種紋樣都是佛教常用的裝飾題材，特別是蓮花紋樣，象徵着清淨和吉祥，行走在蓮花鋪設的地面上，是否也有佛經所講"步步生蓮"的寓意？

花磚大多是對縫鋪設，使花磚紋樣整齊劃一，個別洞窟中有用條磚鋪成井字，在井字中空再鋪花磚，使其規整而有變化。敦煌市博物館藏唐墓中出土的

由四塊方磚組合成一個大蓮花紋樣的蓮花磚，花紋線條較淺，鋪在地面上更為大氣。這種樣式的花磚在莫高窟近幾年修繕清代寺院時也出土一塊，這說明當時對花磚的使用很普及，既用於墓葬，也用於石窟或其他建築的地面。

在窟前遺址中還有一種相當於踢腳線作用的裝飾花磚，這一類花磚數量不多，但很有特色。原建於三危山的慈氏塔基座上就鑲嵌有龍鳳花磚，龍飛鳳舞，造型生動。此外敦煌還發現了各種圖案花磚，如麒麟磚、獅子磚、人物駱駝磚、胡人馴馬磚、胡人牽駱駝磚等，這些花磚上的人物都着西域少數民族裝束，形象生動，充分反映了絲綢之路上的民族風情。

柱礎石材

窟前遺址還出土了很多笨重的柱礎石。它們出自哪裏？是如何搬運的？經調查發現，這些粗笨的石材，大多出自附近的山中或河谷裏。柱礎石的材質主要有兩種：花崗岩和礫石岩，另有一種作為碑石的細砂岩。近年在第96窟前發掘出初唐時的柱礎，是利用大塊天然花崗岩鑿出淺覆盆狀即成。

這些石材的出處不同，花崗岩多出自宕泉河河谷上游幾公里處的山崖兩邊，礫石岩與細砂岩多出自距莫高窟東南約2公里的山上的五個墩附近。距五個墩東北方約百米外的一片山崖，是由礫石岩與細砂岩相間沉積而成，這些岩層已經是累累鑿痕和密佈的風蝕孔洞，周圍還有大面積的鑿石廢料，證明這是一處專門製造石料的採石場，而且開採和使用的時間都很長，在快要坍塌的石壁上，留存有採石人的摩崖刻字，其中有“上元二年”（公元675年）、“垂拱四年”（公元688年）、“唐乾寧元年”（公元894年）的年號，說明這個採石場最晚在初唐時期已開始開採。山崖上層的細砂岩被開採作為碑刻用料，下層的礫石岩則用作柱礎石材料。在最近一次的宕泉河谷底的工程施工中，又發現一塊被開採成圓形柱礎石的開採痕迹，直徑達1米多，石質為礫石岩。

笨重的石料被開採後，又是如何從山上運下來的？在五個墩採石場的山脊上，至今仍能看到兩條騎在山脊上的車轍印，由不長的一段山脊下來，就進入宕泉河谷東面的另一條山谷，沿着山谷走下去，即可到達宕泉河谷，也即到了石窟前。石料還被運到敦煌城裏去刻碑或建房。

莫高窟前的殿堂建築就是這樣經過歷朝歷代的不斷營造，才形成了唐宋時代的繁榮，如今這些壯觀的窟前建築已成過去的歷史，我們只能在不斷的探索中才能感受到當日的輝煌。

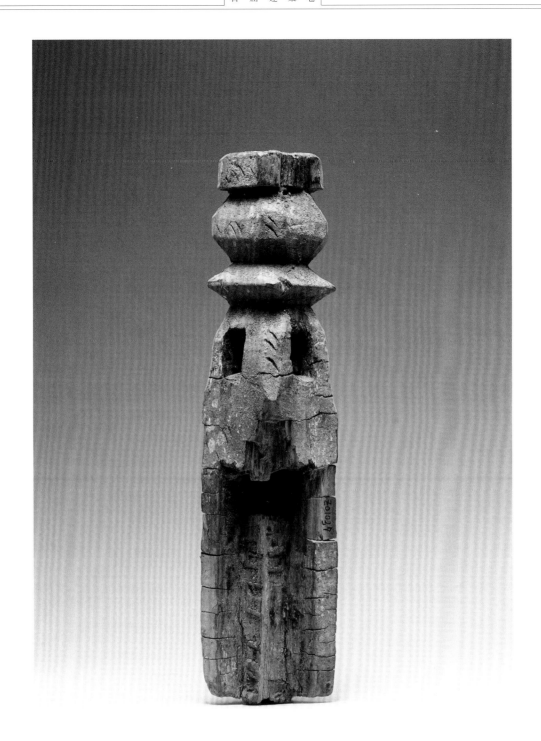

158 小木欄杆轉角望柱

在莫高窟前發掘出土的轉角望柱殘件，
上部原有的柱頭已失，殘高24.1厘米，邊
長4.5厘米。根據柱子上的卯眼痕迹可以
恢復它的原貌。這種小木欄杆原是裝在
中心佛壇邊沿上的裝飾，由於沒有出土
地點等資料，所以產生的時代無法確
定，依據其使用功能的復原研究，最早
應該為五代。
敦煌研究院藏

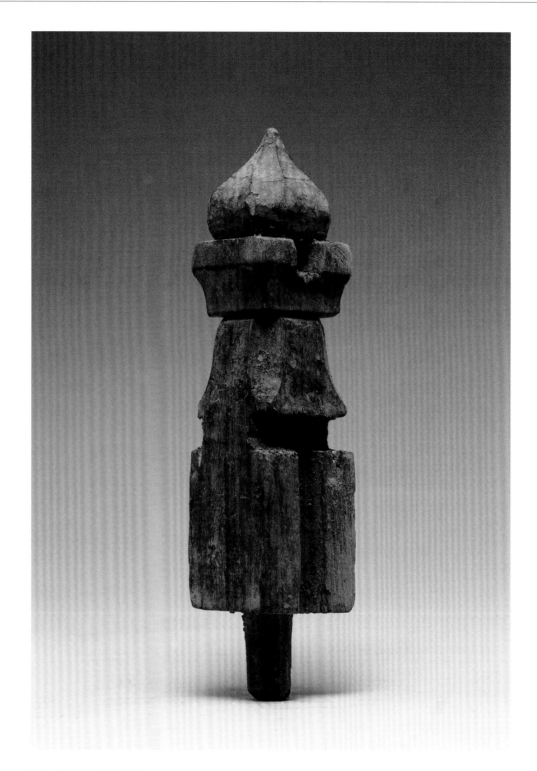

159 小木欄杆望柱

在莫高窟遺址中出土的小望柱,通高為
13.8厘米,邊長2.8厘米,其上各種橫向
構件卯眼齊全,據此可以作原貌復原。
據考證,應是中唐第231窟或晚唐第29窟
內佛龕中的佛牀上或帳形佛龕邊沿的裝
飾物。
中唐或晚唐 敦煌研究院藏

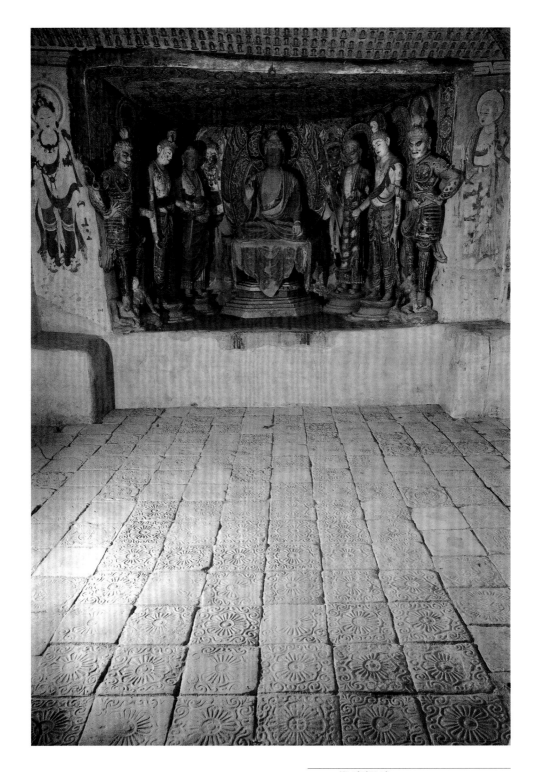

160 花磚墁地

這是莫高窟現存少有的仍然使用花磚鋪
地的窟室之一，地面是西夏時期的八瓣
蓮花雲頭紋花磚，這種花磚在莫高窟保
存很多。

盛唐 莫45

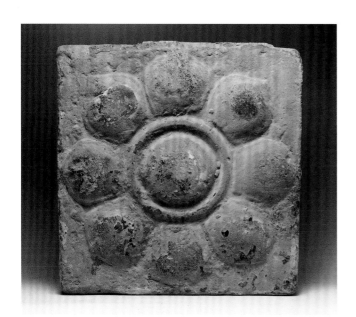

161 大八瓣蓮花方磚

大八瓣蓮花紋鋪地方磚（38.5×37.5×5
厘米），出自第309窟，隋代開鑿。20世
紀80年代，還有隋代第397窟地面保存着
原有的花磚鋪地，後為了保護花磚而將
其拆除，存入文物庫房中。
隋　敦煌研究院藏

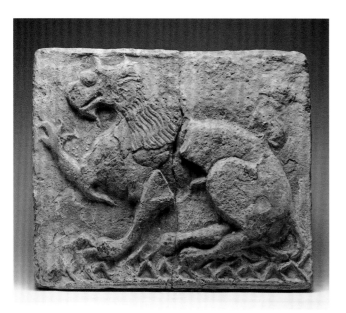

162 蹲獅紋方磚

蹲獅紋方磚（37×31×7厘米），1963年
在第367窟前出土。
隋　敦煌研究院藏

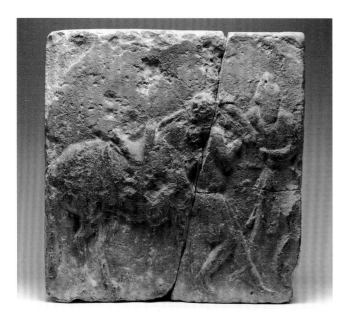

163 馴馬紋方磚

馴馬紋方磚（33×34.5×6厘米），1951
年在第112窟前出土。
唐　敦煌研究院藏

164 兔格紋方磚

兔格紋鋪地方磚（33×33×5.5厘米），
出自唐代墓葬中。
唐 敦煌研究院藏

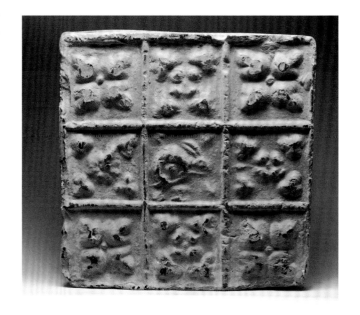

165 大蓮花紋四聯方磚

鋪地方磚（33.5×33.5×7.5厘米），由四
塊方磚共同組成一個大蓮花圖案，裝飾
效果很強，1998年維修三清宮時出土。
此磚在唐代墓葬中也有出土，唐代壁畫
中有這種地面裝飾。
唐 敦煌研究院藏

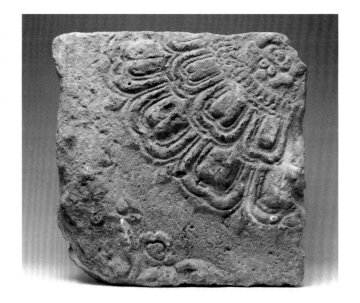

166 寶珠捲草紋方磚

寶珠捲草紋鋪地方磚（33×33×5.5厘
米），出自敦煌唐代墓葬中。
唐 敦煌研究院藏

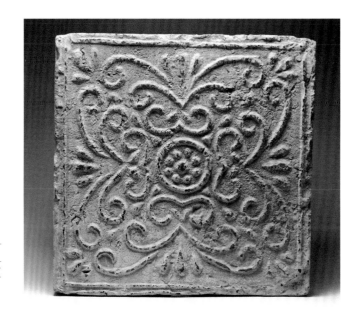

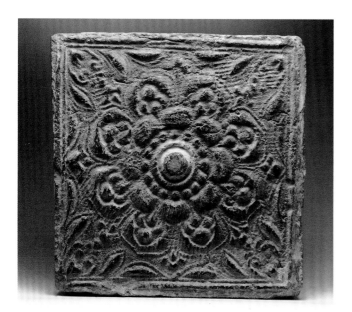

167 聯珠複瓣蓮花紋方磚

聯珠複瓣蓮花紋鋪地方磚（35×34.5×5.5厘米），出土於第98窟等窟前的五代遺址中，與唐墓中的花磚紋飾一樣，應是唐代花磚，五代重修窟簷時再次被利用。

唐 敦煌研究院藏

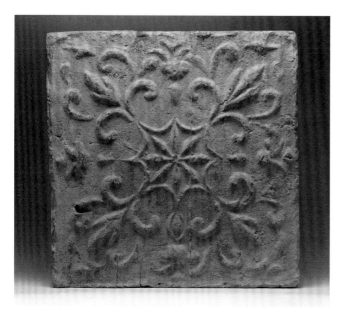

168 菊花紋方磚

菊花紋鋪地方磚（35×35×6.2厘米），出自窟前遺址中。

唐 敦煌研究院藏

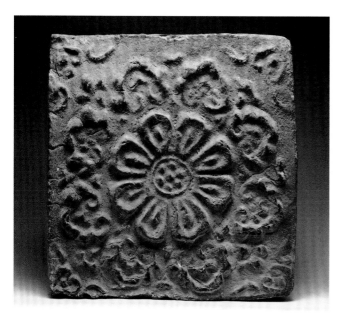

169 雲頭蓮花紋方磚

雲頭蓮花紋鋪地方磚（33×32×5厘米），出土於第98窟等窟前的五代和宋代遺址中，燒製的溫度較高。

唐 敦煌研究院藏

170 八瓣蓮花雲頭紋方磚

八瓣蓮花雲頭紋鋪地方磚（28×28×5.5
厘米），出土於西夏第35、第38、39窟
等遺址中，花磚的尺寸比隋唐的小。
西夏 敦煌研究院藏

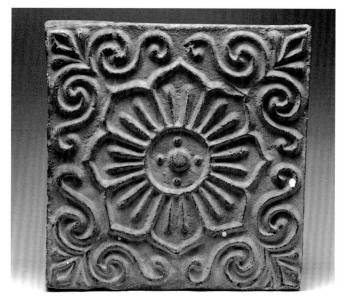

171 火焰寶珠紋方磚

火焰寶珠紋鋪地方磚（28×28×6厘
米），出土於第61窟前的上層遺址中，
現於第328窟地面上仍有鋪設。
宋、西夏 敦煌研究院藏

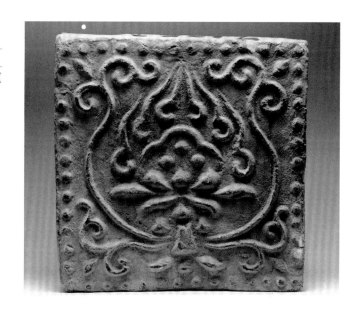

172 桃心十二捲瓣蓮花紋方磚

桃心十二捲瓣蓮花鋪地方磚（32×32×6
厘米或29×29×5厘米），出土於第
108、27、30、85等窟遺址中，尺寸與唐
代相當。
宋 敦煌研究院藏

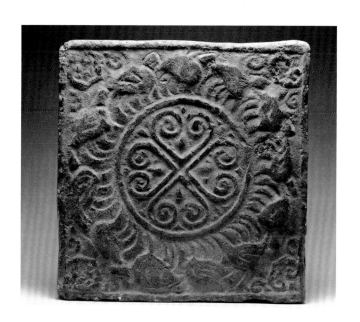

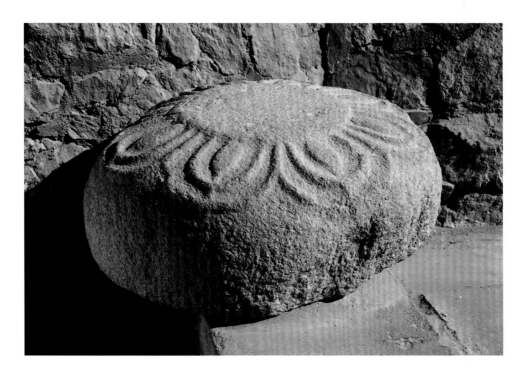

173 花崗岩蓮花紋柱礎

第61窟窟前上層遺址中出土四個石柱礎，其中只有一個八瓣蓮花紋柱礎是用花崗岩雕刻而成的，其餘都是利用舊的磨盤石替代。這類柱礎石在莫高窟的遺址發掘中還見於第35窟前。柱礎直徑75厘米，厚30厘米。發掘時，柱礎上有木柱的朽灰痕迹。

五代 莫61 窟前

174 素面覆盆式柱礎

在第96窟前出土的唐代柱礎，是利用自然石在表面稍微加工而成。柱礎上的覆盆直徑約65厘米，厚約5厘米，下部不規則的自然石最寬處約120厘米，厚62厘米。現在窟前的九層樓大窟簷下層柱子直徑約47厘米，可見唐代時的窟簷遠比現在的規模要大，也更壯觀。

初唐 莫96 敦煌研究院藏

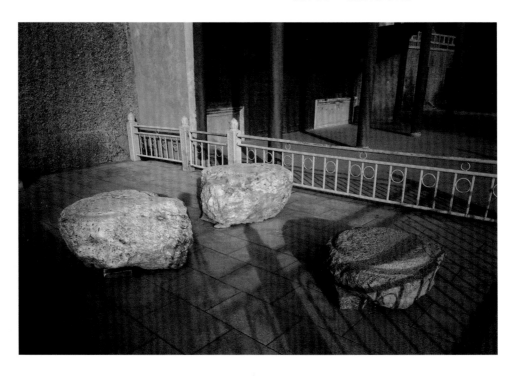

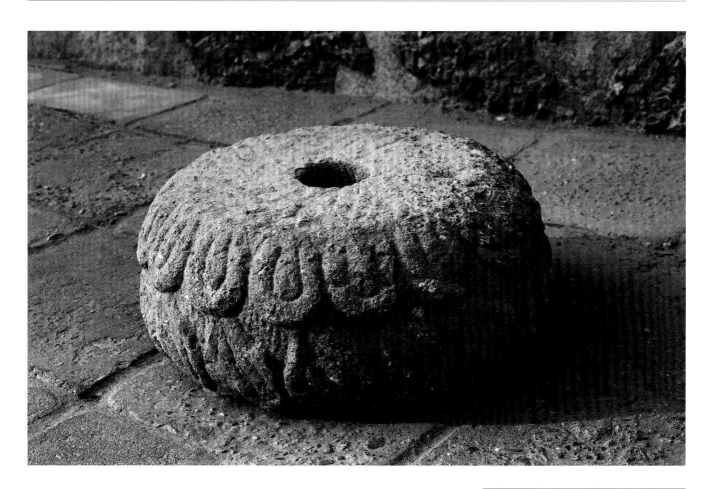

175 礫石岩蓮花紋柱礎

這個柱礎已不知出自哪一座窟前遺址，
因此也無法確定打造時代。它用粗糙的
砂礫岩加工成仰覆蓮形式的柱礎，在莫
高窟目前還不多見，但用這種石材製成
的素鼓形柱礎則很多。它的石料就取自
附近的山中。柱礎直徑54厘米，厚23厘
米，中間的柱卯眼直徑9.5厘米。

莫130 窟前

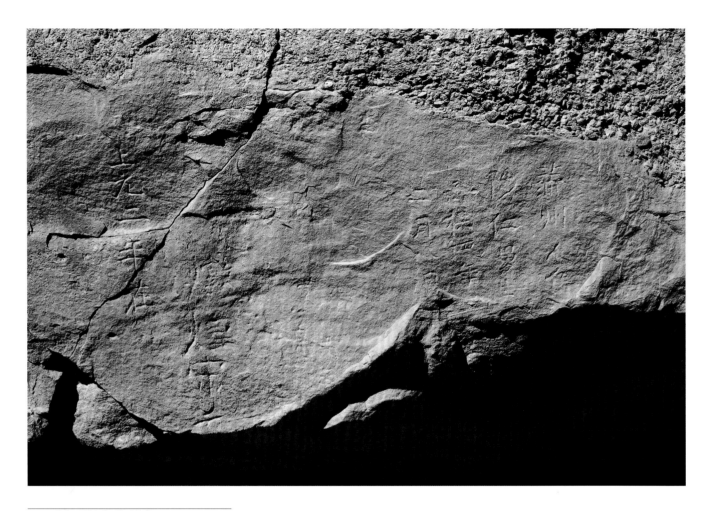

176 採石場摩崖刻字

莫高窟東南面的五個墩下是古代採石
場，採石場發現了四處摩崖刻字。圖中
左邊的兩行字為"上元二年（公元675
年）在□□燉煌宋"。右邊的四行字從
右到左為"蒲州人□（侯）□（陟）仁
□生□（垂）拱（公元688年）四年二月
八日"。刻字中"上元、垂拱"都是唐
代年號。"蒲州人"説明初唐時山西人
在此採石刻碑。莫高窟現存"聖曆
碑"、"莫高窟六字真言碑"等石質與
採石場石質相同，碑料應出自此地。

第四節　壁畫與塑像的製作

敦煌石窟羣的地質狀況基本相似，石窟都開鑿在沙礫石沉積岩上，此種岩層是由大小不同的沙粒和礫石與鈣質或泥質膠結而成，礫石大多是花崗岩成分，堅硬粗糙，無法加工成光滑平整的表面，更不能在上面直接雕刻或作畫，客觀條件的限制使得敦煌產生了特有的壁畫和彩塑藝術。

敦煌石窟在一千年的興建過程中，產生了數萬平方米壁畫和數千身塑像，保存至今的還有 4 萬多平方米壁畫和兩千多身塑像，實在是中國美術史上的幸事。現在這些壁畫與塑像都存在着不同程度的損壞，而從損壞部分可以看到當時的一些製作過程，為研究古代壁畫與塑像的製作提供了科學依據。

壁畫的製作

壁畫製作的主要程式：

一、地仗的製作："地仗"一詞出於宋代《營造法式》一書，即建築壁畫的襯地。在開鑿完成的石窟空間中，除地面之外，四壁、佛龕及窟頂都滿佈壁畫，這些五彩繽紛的壁畫就畫在地仗上。地仗與崖面黏接得穩定牢固，是壁畫保存的最基本條件。

各時代的地仗做法有差別，十六國、北魏地仗製作簡單，第一、二層用攪和麥草的軟泥塗抹，厚約 10 ～ 15 毫米。第一層起找平壁面的作用，第二層稍薄一些，攪和的麥草多一些，防止壁面出現收縮開裂。地仗表面塗抹平整光潔後，即可以在上面作畫了。

西魏和隋唐以後的地仗比較複雜，先做草泥層，上面再抹一層攪和麻刀（麻的纖維）的細泥，厚 3 ～ 5 毫米，麻刀的含量很大，再塗抹一層用細泥攪和蒲絨的表面層，形成具有韌性的地仗層。待地仗稍乾後，表面再刷一層極薄的白粉作為顏料層的襯地，白粉層作為繪畫的底層，其顯色效果極佳。從盛唐第 79 窟的殘破處，可以看到壁畫地仗層由粗草泥層和細麻刀泥層及表面的白粉層組成。據科學分析，做成白粉層的原料有高嶺土、白堊、滑石、石膏等白色顏料。按照施工常識，白粉層中應摻和一定比例的膠質，但是當時使用何種膠質，是動物膠還是植物膠，目前尚無定論。

晚唐、五代時期敦煌張氏及曹氏家族在莫高窟前大興土木，對莫高窟洞窟周圍的崖面普遍繪製壁畫，因為壁畫處

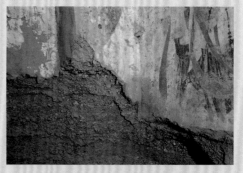

盛唐第79窟壁畫地仗層

於露天狀態，除用草泥打底外，表層又塗抹一層約2～3毫米的麻刀石灰漿，裏面摻入少量的紅土，使壁畫的底色呈暖色調，年久日深之後色調更顯沉着淳厚，它們在露天保存至今實屬不易。如今這些壁畫的損壞不應歸咎於日曬雨淋，而是風沙磨蝕所致。

莫高窟第3窟是元代的代表窟之一，精美的壁畫繪製在較為特殊的地仗層上。其地仗的第一層是草泥，第二層是麻泥，表層泥裏摻以中沙成為沙泥，泥中不加纖維，其用意為防止壁面收縮裂口及防鹽類的滲入。沙泥面上刷白粉層。這種做法曾被認為是相類於歐洲的一種濕壁畫（Fresco）做法。其實早在宋代的《營造法式》中就有記載："造畫壁之制，先以麤泥搭絡畢，候稍乾，……泥上施沙泥，候水脈定收，壓十遍，令泥面光澤。凡和沙泥，每白沙二斤用膠土一斤"。《營造法式》是根據中原地區的氣候環境制定的，文中所說的沙泥畫壁恰與第3窟壁畫地仗的製作方法相似。

二、壁畫起稿：在地仗層上進行彈線佈局與起畫稿，在莫高窟早期窟室內就可看到土紅色或淡赭石的起稿線，如第257、251窟在畫壁上有土紅線彈出的說法圖、天宮、千佛的佈局位置，再在準備繪製千佛的壁面上用土紅線定出所有千佛的中線、頭、手、膝和蓮座的位置與高度，定位後的千佛像，可以容納多個畫師同時作業，畫出的千佛整齊一致。其他如說法圖則只彈出中線即可。

北魏、隋代除千佛像用彈線起稿外，其餘的只勾畫出佛、菩薩、飛天等的身段和動態，並在相關部位註明下一步塗繪的顏色。一般初稿比較粗略，上色時再進行適當修正，與初稿不一定吻合，估計這是高級畫師的工作。上色完成之後，用墨線描畫人物的形態與表情。有的再用白線勾描衣紋，以強調衣服的質感和摺縐效果。

唐代的三百年間，壁畫基本以淡墨起稿，再用較濃的墨線定稿，把人物造型、身段動態、衣裝服飾都描畫得清晰完整，成為白描畫稿，唐人稱為"白畫"。中國傳統繪畫很重視"線"的運用，因為線是造型的基礎，通過完美的線條處理，可以傳達出神形兼備的藝術形象。

三、敷色上彩：在完成的畫稿上敷色上彩。由於早期壁畫不塗刷白粉層，直接在泥地仗上作色。西魏及隋唐以後，普遍在白粉層上敷色，較好的保持了顏料層的穩定。如今莫高窟第9、12、85、112、217、249、285窟及榆林窟第25窟等一大批壁畫，能逾千多年而色彩依然鮮艷如新，光彩奪目，除了精心製作和窟內陰涼乾燥的氣候條件外，顏料本身的質地也是重要因素。壁畫顏料能在地仗上很好的附着，長期保持穩定，還取決於用膠的質量，當時壁畫顏料使用何種膠，在敦煌文書中缺乏記載，成書於元大德十一年（公元1307年）的《元代畫塑記》中，記載壁畫塑像所用材料中有"明膠"一項，明膠是用動物的皮和角、蹄等原料經熬製提煉而成的，是比較容易取得的膠質。

塑像的製作

敦煌石窟中的塑像製作大多採用石胎泥塑、木骨泥塑兩種類型：

一、石胎泥塑：石窟中的大型塑像如莫高窟、榆林窟的大佛像、大涅槃像等，都屬此類。由於體形巨大，在開鑿石窟時就按事先設計的尺度在岩體內預留大像的石胎，然後在石胎表面用草泥塑造成型。因為大像的形體巨大，在衣紋等突出部位，為避免用泥過多而顯得沉重，就先用蘆葦捆紮成衣紋的形式，固定在相應部分，以減輕重量，然後在表面敷泥成型。對手指的塑造相當精細，無論是豎直的還是平伸的，都要用適當粗細的木料固定在岩體內，以增加手指的剛性，木料外再捆紮蘆葦，以減輕手指的重量。待大像的素胎泥胚完全乾燥後，再上色敷彩，成為人人尊崇膜拜的大佛像。

二、木骨泥塑：首先立骨架。即在塑像身內豎立木骨架，骨架大致與塑像等高，主骨架基本是十字形或大字形，以確定頭和肩膀的位置，然後在橫木兩端聯接手臂骨架，或上舉或下垂，按像的姿態隨宜製作。盛唐的菩薩，身軀姿態呈"S"狀，頭部微側且微微俯視，匠師們就特意選擇一些彎曲的木料，自然構成其基本動態。較大或等身的塑像，其骨架要固定在背後的岩體上，固定的數量視像的大小而定，固定方法是在岩體上鑿一孔洞，預先埋入一根木料，以聯接主骨架，防止塑像前傾倒塌。小型塑像的木骨架則直接安裝在一塊厚重的木板上，待塑造好以後，再安裝到位。塑像的軀幹及四肢的木骨架周圍還要捆紮蘆葦，使其大體成型。而二三十厘米的小塑像，匠師們則用一段木料刻削成大體形象，再進行下一步的製作。

在綁紮好蘆葦的軀幹上敷草泥兩三

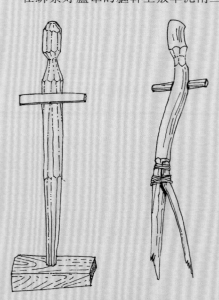

塑像木骨架

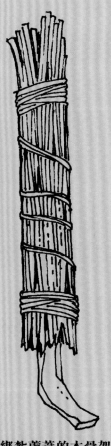

綁紮蘆葦的木骨架

遍，分幾次塑成粗胚，待稍乾燥後，再用麻刀泥進行第一遍塑造，最後用攙有棉花的細泥精心塑造成型。細泥中麻和棉的比例很大，可以防止塑像表面開裂。塑像是石窟內崇拜的主體，要做到姿態優美，表情生動，五官清晰，衣飾流暢圓和，既是匠師技巧的表現，更是藝術修養的體現。一尊塑像的面部特別重要，是藝術加工的重點所在，有時為了塑造的快捷方便，一些較小的塑像面部採用了模印成型的方法，就像壁畫用粉本一樣，雖然有利於優秀作品的再現與傳播，但也使佛教藝術趨向程式化。

最後的工序是着色上彩，彩繪是"塑形繪質"的過程，塑繪結合的造型手法使藝術形象更加生動。敦煌石窟中無論石胎泥塑、木骨泥塑以及下述的木雕、石雕造像表面都要着色上彩，其色調與同期壁畫相同。早期塑像着色比較簡單，隋唐塑像的色彩漸趨富麗，如隋代第427窟大型菩薩像身上所着的僧祇支上畫方格聯珠紋、方格對馬、對鳥等具有中亞風格的圖案花紋。盛唐塑像的衣着色彩十分鮮艷，第328窟的菩薩長裙邊上，畫團花圖案，在裙邊貼金箔，更顯華貴富麗。

人物的肌膚着色則用不同的紅色表現了眾多的形象，如第45窟盛唐塑像的面部着色，居中的佛像面容用淺紅色，體現佛的三十二相中的"面如紫金"。迦葉是釋迦的大弟子，為顯其老成持重，用紅色的面容突出蒼老的感覺。阿難是年輕的僧人，菩薩的身姿則是女性化的形象，他們的面容與肌膚用粉白表現其清秀白淨。天王威武雄壯的紅色面容則介於迦葉與阿難之間。但第194窟中唐的天王面部彩繪用白色，下顎處用赭石畫出鬈曲的鬚髯，也別有風趣。

三、木雕與石雕：這類造像在敦煌石窟裏十分稀少，現在僅第326窟還保存有三身西夏木雕造像，在莫高窟保護研究陳列中心有一身木雕觀音像。而石雕造像是從窟前遺址中發掘出來的，規模均不大，但造型很好。

顏料成分

在敦煌石窟中無論是壁畫或塑像都離不開上色，而顏料的製作生產也引起

專家的關注。近幾十年來,化學專家對敦煌壁畫顏料作過多次科學分析,確定敦煌壁畫是以礦物顏料為主,其成分如下:

1、白色顏料:高嶺土、白堊、滑石、石膏、鉛白、超細雲母粉(銀白色有光亮)等;

2、紅色顏料:朱砂、鉛丹、紅土、雄黃;

3、綠色顏料:石綠(即孔雀石)、氯銅礦(即鹼式氧化銅);

4、藍色顏料:石青(即藍銅礦)、回回青;

5、棕黑色顏料:墨(炭黑)、棕黑或棕紅(二氧化鉛);

6、黃色顏料:金粉、金箔、石黃(即雌黃)、密陀僧(即黃丹)。

壁畫和彩塑經歷了上千年的歲月,顏料在日光、空氣、水分的長期作用下發生了很大變化,例如紅色顏料的鉛丹逐漸變成了棕黑色,早期壁畫中千佛、菩薩肉紅色的面部,現在大都變成灰色,肌肉的邊沿變成了灰黑色,特別是初盛唐壁畫人物也都變成了棕黑色。雖然顏料變色陳舊了,但畫面泛出的古老深沉、渾厚滄桑的色調,則是畫家刻意追求而不易捕捉的效果。現在敦煌保護工作者既要研究壁畫的本來面目,也要找到它變化的機理,為復原和保存彩繪藝術創造條件。

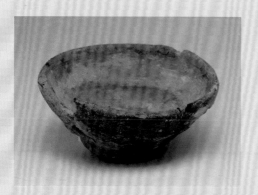

窟前遺址出土的唐代紅色調色碗
(陶質,口徑 8.5 厘米,底徑 4 厘米,高 3 厘米)

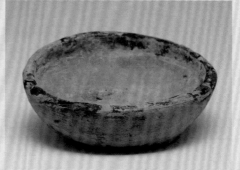

窟前遺址出土的唐代綠色調色碗
(陶質,口徑 8.5 厘米,底徑 4 厘米,高 4 厘米)

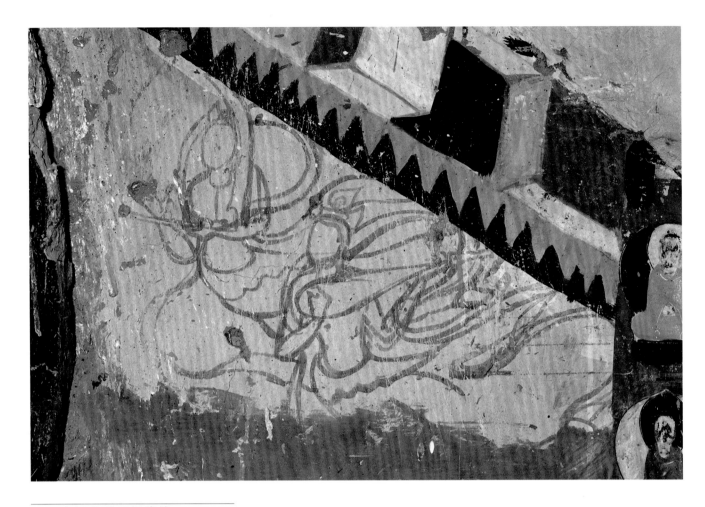

177 土紅色飛天起稿線

早期的壁畫,繪製時先用土紅色線起
稿。這是一幅未完成的飛天起稿圖。從
流暢的線條中,可以看出當時畫工們對
飛天形象的熟練,已達到信手拈來的程
度。

北魏 西千7 西壁

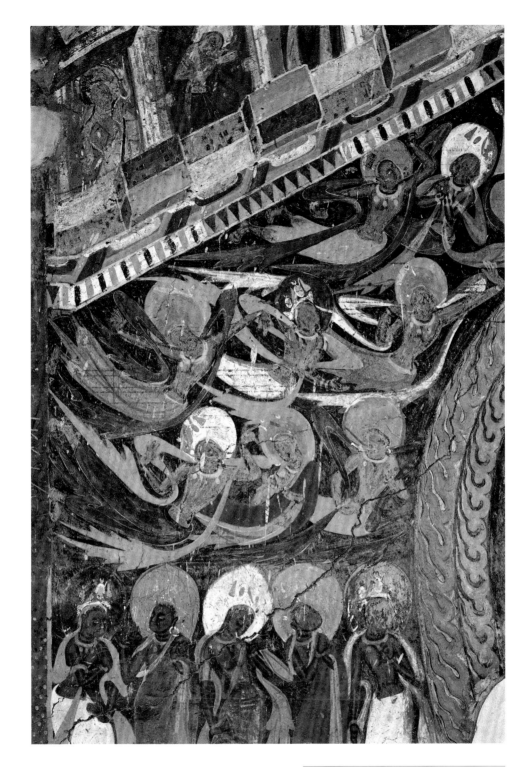

178 露出起稿線的飛天

在原用於繪製小千佛的土紅色起稿線上
加畫的飛天。唐代以後不再使用土紅色
起稿，而用淡墨線起稿，待壁畫繪製完
成後，再勾墨線定稿。

北魏 莫257 北壁

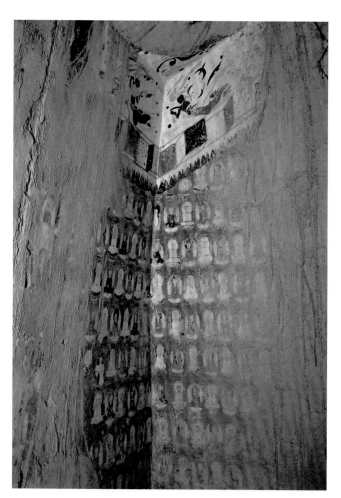

179 繪製千佛的底線

壁畫中數量最多的當為小千佛像,在繪製前,往往用土紅色線彈出幾條基線,定出千佛的頭、肩、腿、蓮座及中心線的位置,然後再一一描畫,這樣畫出的小千佛整齊劃一,富有韻律感。

北周 西千8 前室東北角

180 山水畫中石青與石綠的運用

敦煌壁畫的色彩能夠保持千年之久,一個重要的因素就是繪製壁畫的顏料多為礦物顏料。這幅盛唐壁畫中的山水,就是以石青和石綠色為主,表現出山青水綠的效果。

盛唐 莫148 北壁

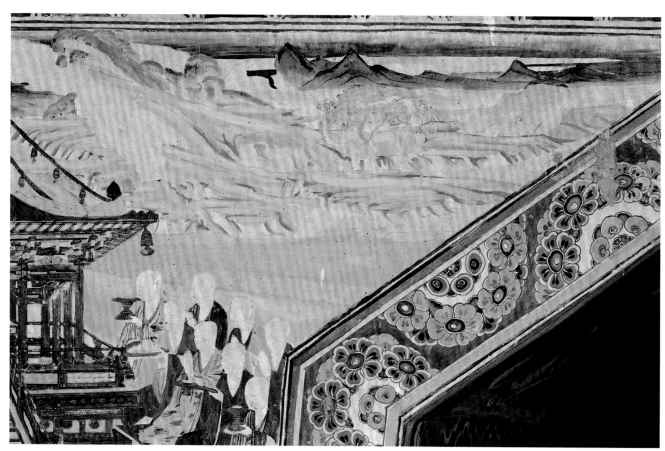

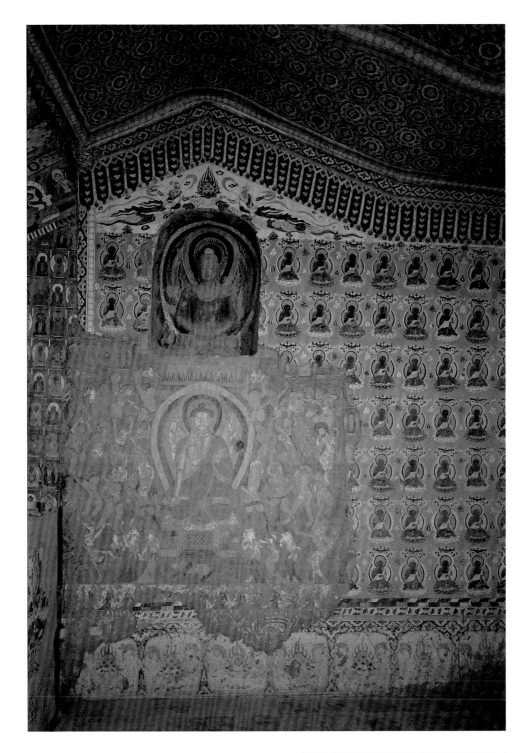

181 不同時代風格的壁畫

北魏開鑿的第263窟被西夏全部覆蓋重
繪,以後當表面壁畫層出現少量脱落
時,露出了底層壁畫,而底層壁畫沒有
被完全破壞,從中便可以清晰的看到兩
個不同時代、不同風格的壁畫。

莫263 南壁

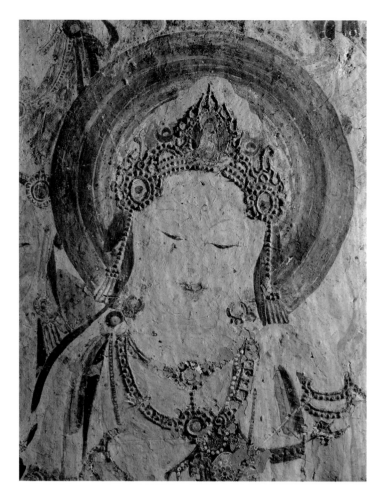

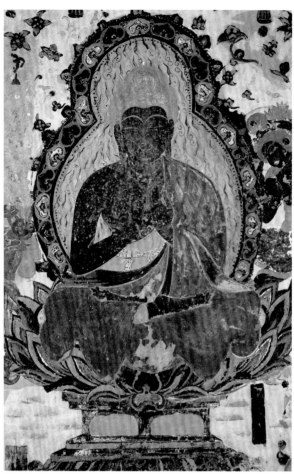

182 瀝粉貼金菩薩

北魏壁畫上對人物的臂釧等飾物已有貼金的做法，隋代壁畫菩薩的頭光、頭飾、胸飾、臂釧、瓔珞及千佛面部有平貼金箔的作法。此窟初唐壁畫上的菩薩，各裝飾部分始用瀝粉，使飾物產生立體感，再在瀝粉上貼金，使飾物熠熠生輝。

初唐 莫57 南壁

183 佛身上的朱砂色

初唐壁畫中使用了朱砂，在經過一千多年的歲月後，仍然鮮艷如新，充分顯示礦物顏料所產生的藝術魅力。

初唐 莫321 南壁

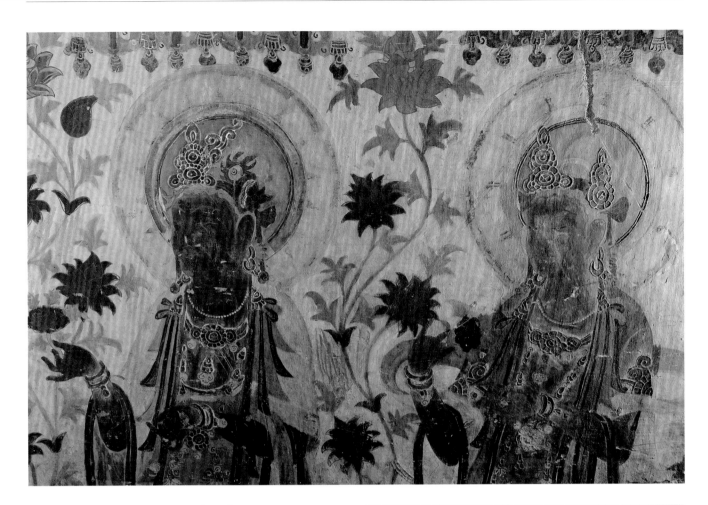

184 瀝粉貼金菩薩

在菩薩身上使用了瀝粉貼金的裝飾手
法，突出了菩薩身上的瓔珞和頭飾的裝
飾效果。

西夏 莫16 甬道北壁

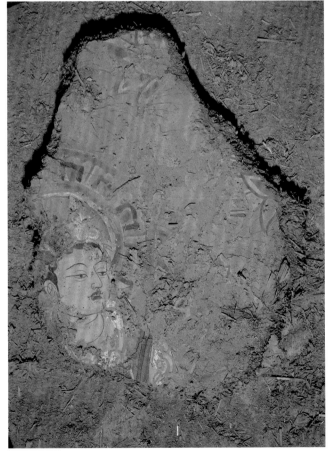

185 新發現的壁畫殘塊

維修三層樓大窟簷時，在揭取空鼓的壁
畫後面，發現被當作填充物的壁畫殘
塊，色彩鮮艷如新。這塊壁畫由於長期
封存在牆內，所以保存了當時製作時的
色彩。

中唐 莫365

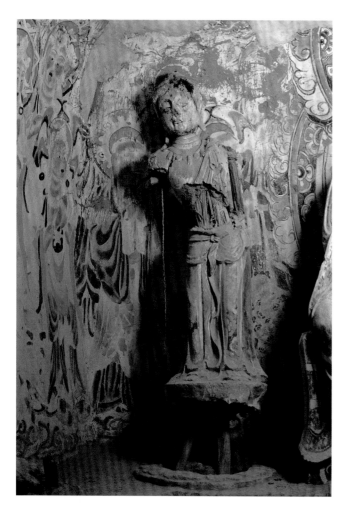

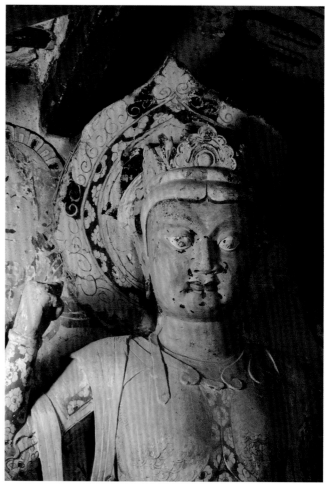

186 塑像殘件

這件塑像殘件仍然保留在原來的位置上，底下的木樁已從地下拔起，身上殘損的部位暴露出它的製作材料。

晚唐 西千16

187 天王塑像後的背光製作

第427窟各身塑像的背光製作，都是先用樹枝或紅柳枝條編製，然後在表面抹泥彩繪，安置在塑像背後。從此背光殘損的邊沿，可清楚地看到編製的紅柳枝條。

宋 莫427

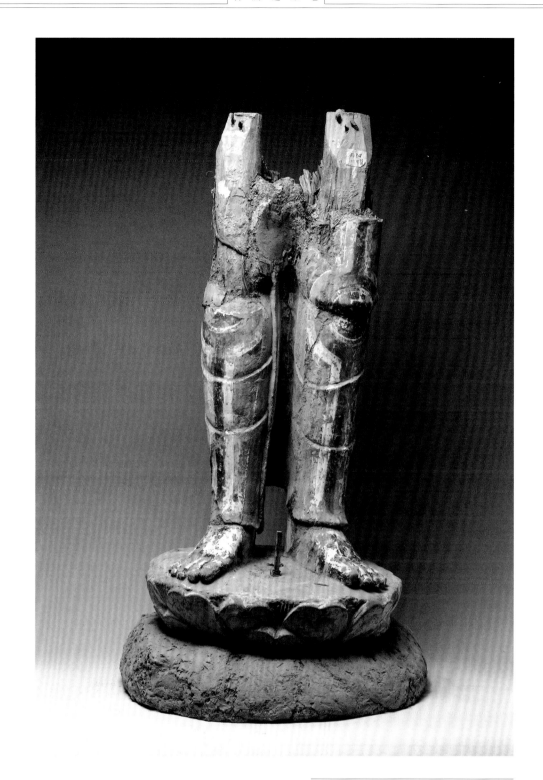

188 塑像腿部殘件

這件塑像殘件的斷裂處，可以清楚的看
到敦煌泥塑的製作過程，中心用木骨
架，周圍用麻繩纏蘆葦，外層再敷泥上
彩，成為精美的彩塑藝術品。
盛唐 敦煌研究院藏

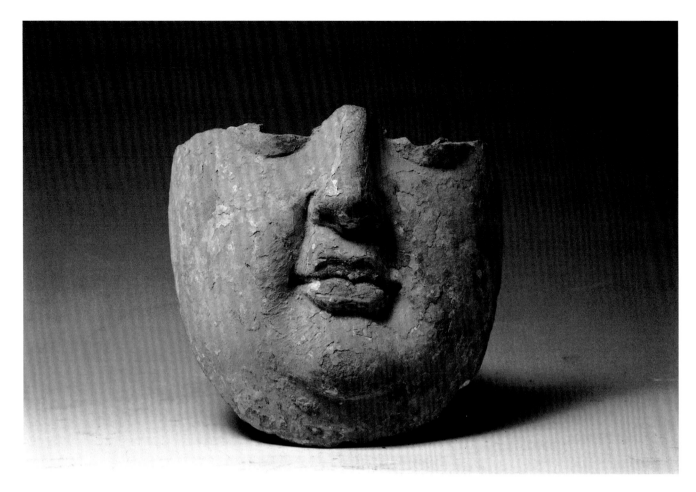

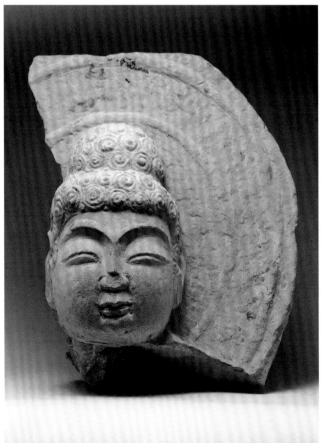

189 模塑成型的塑像面部

這是模塑成型的塑像面部，厚約1.5厘米，後面內凹，收藏於第450窟。從豐滿的面部形象看，應為唐代製作。模塑的作用是可以加快製作塑像的進度，先作好頭部的大型，然後將預製好的臉模貼上，很快就可以成型。

盛唐 敦煌研究院藏

190 細砂岩彩繪佛像

這尊細砂岩石像雕刻精美，表面敷彩裝飾。出自莫高窟前的遺址中，但不知當時供奉在何處，窟室內至今沒發現有石質佛像。該石材的開採地點應在莫高窟不遠處五個墩下的採石場中。

唐 敦煌研究院藏

石窟寺的伴生建築——塔、牌坊、寺院

　　現在莫高窟周圍看到的宋元古塔，經歷了千百年的風雨侵襲和人為破壞
後，仍然屹立在山崖上與石窟羣相伴。這些古塔印證了歷史的記載，如《魏
書·釋老志》記載的"敦煌……多有塔寺"。現在保存在莫高窟及榆林窟周圍
與石窟伴生的地面建築有古塔、寺院、牌坊。其中古塔的數量最多，形式各
異，年代也較久遠。寺院和牌坊則全部為清代建築。

　　宋代海上絲路暢通，使敦煌失去了往日的繁榮。至明代，敦煌被吐魯番地
區少數民族統治，明政府採取關閉嘉峪關的閉關政策，將瓜、沙（安西）兩州
居民內遷，致使這裏的佛教石窟寺受到其他宗教與民族矛盾的影響，佛像毀壞
嚴重。同時也使得許多窟前早期遺存的寺院無人管理，任其衰敗凋殘，以至消
失殆盡。清代平定了準噶爾後，西北的社會秩序逐漸穩定，瓜、沙兩州的石窟
寺前又燃起了香火，並陸續重建了一些寺院、牌坊和塔，並保存至今。

　　清代的敦煌，只是中國版圖上的一個窮鄉僻壤，這時期在窟前進行的營造
活動就其建築規模和用材而言，都顯得比較簡陋，但建造手法卻也保存了敦煌
地區特徵。這些寺院儘管規模不大，歷史也較短，但莫高窟近現代發生的榮辱
興衰，都與之息息相關。現在它們作為石窟寺建築的一部分，也得到了應有的
保護。

第一節　莫高窟周圍的古塔

塔（梵文 Stupa），古代又音譯為"窣堵波"，是印度佛教徒埋葬佛舍利的墳丘，佛教傳入中國後，便衍化成多種多樣的建築形式，與中國的民族建築相結合，成為中國古建築類型的一種。在遺存的古建築實物中，數量最多的就是古塔。

敦煌是佛教傳入途中的重鎮，早在魏晉時期，敦煌地面上已"多有塔寺"。時至今日，魏晉時期的古塔早已消失，現在遺存在莫高窟和榆林窟周圍山崖上的古塔，多被認定為五代及宋代、西夏、元代的古塔，直到清代、民國還屢建不衰，道士王圓籙的塔就是最晚的一座。

敦煌地區的古塔絕大部分屬於生土建築系列，僅有少數在塔身周圍或塔頂上增添青磚與木構件，成為土木結合式的塔。塔的建造方法主要是用黏土製成土坯，疊砌塔身，然後用軟泥塑造外形，再在泥層上用白灰抹面，以防止雨水沖刷。經過千百年的風雨後，原來的白灰層已斑駁脫落，露出古塔的塔身，可以看見當初修建的建築結構與現代建築結構多麼驚人地相似。敦煌所處地區的乾旱少雨的氣候和地處荒漠戈壁腹地的地理位置，是土塔得以保存至今的天然條件。

敦煌古塔的類型及其建造技術

在莫高窟和榆林窟周圍保存比較完整的古塔類型有：四方形土塔、八方形土塔、八邊土心木廊式塔、花塔（又稱華塔）、覆鉢式塔（又稱喇嘛塔）、寶瓶式塔，全部都是單塔。每一類塔形中沒有一座是完全相同的，多變的造型豐富了窟羣周邊的環境，使荒涼的山崖添了些許生氣。

一、四方形土塔：這類塔最具代表性的是天王堂塔。此塔建於莫高窟西崖頂的平坦戈壁上，坐西向東，造型樸實莊重。它的創建年代有中唐與五代兩說。中唐說的根據來自藏經洞遺書《敦煌錄》："其谷南北兩頭有天王堂及神祠，壁畫吐蕃贊普部從"。五代說的根據來自塔內現存的壁畫，有五代時敦煌地方統治者的供養人像與題記。天王堂塔內的壁畫基本完好，沒有看到重層壁畫的痕迹，因此它的建造年代的下限是五代。

天王堂的塔基與塔身下層都用青磚作底，以上再用土坯砌築，塔身上下有收分。塔身簷口用土坯層層疊澀出短簷，頂部作四角攢尖式，其上塔剎造型複雜，一根木剎杆貫穿塔剎。

塔身東面闢門，室內是一穹隆頂的空間，塑像已多經改動，唯有壁畫還保持原來的風貌。從門外兩側牆壁上遺留的痕迹推測，原來門兩旁曾有兩身高大的天王像，現已蕩然無存。在塔的東面自塔簷以下，曾經搭建過一個兩坡水、

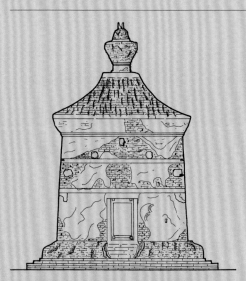

莫高窟西崖頂天王堂塔測繪圖

四架椽的抱廈。南北兩側的塔身上還留有搭建過一坡水房屋的痕迹。

此塔外面的白灰與草泥層，在長期的風雨侵蝕下，已經所剩無幾，將塔的內部結構全部暴露，能夠看到塔的結構層。為了使泥土有更好的連接性，當時的工匠在塔身上部的三分之二處，增設一圈木枋作為主體木筋，以加強抗震能力。此外，每砌築三層土坯，都要在土坯上鋪一層樹枝或紅柳條，起到加筋的作用，增強整座塔的抗拉能力。此種施工方法源於漢代玉門關一帶的烽燧，這些漢代烽燧就是砌幾層土坯鋪一層樹梢建成的，因此能夠保持千年而不塌。塔頂的土坯中間埋設四根木樑，向四角挑出，就像木構房屋上的角樑。現在這座千年古塔得以保存下來，實乃塔內結構的功勞。

塔刹頂的寶珠下，用十字交叉的方木作為塔刹杆的底座，方木仍然埋於土坯中，形成平頭下的須彌座底座，須彌座中部有隱塑的壺門，上部再層層疊澀而出，形成一個巨大的方斗形平頭。為使下小上大的平頭更加穩固，施工時在每層土坯中都加入柴草，用以砌築土坯的泥中也摻入更多麥草，它們互相連接纏繞，使附在木頭與柴草間的土坯與草泥結合得更加牢固。塔刹的尖頂已完全裸露出中間的木柱，頑強地指向蒼穹。

二、八方形土塔：此型土塔僅存一座，建於第143窟窟頂的懸崖邊，它與第143窟及窟前的木構窟簷共同組成一個寺院羣體——前堂、後殿與塔。現在窟前的木構窟簷只剩四個樑孔遺迹。山頂上的土塔基本保持完整，在土坯砌築的八邊形塔基上建塔身，塔身有收分，上用土坯疊澀出四重塔簷，攢尖式的塔頂上有一殘損的平頭，其上是裸露的木刹杆。東面開圓券門。這個塔當年未必是孤例，第161窟頂的懸崖邊殘存一處塔基，可能也是石窟與塔的組合。

三、八邊土心木廊式塔：此塔原建於莫高窟對面15公里的三危山中，由於那裏人迹罕至，為了便於保護，1981年遷建於莫高窟的園林中。此塔是一座小型正八邊形的單層土木塔。除正面設門外，在八邊塔身的其餘三正面各畫天王一身，四斜面各塑天王一身。正門內有方形小室，約1米見方，正壁畫彌勒菩薩，左右壁畫文殊與普賢菩薩，按佛典的解釋，彌勒別稱"慈氏"，塔身正面的門額上有墨書"慈氏之塔"四字，故又稱"慈氏塔"。

這座塔建築形式古樸，比例適度，將其結構特徵和繪畫雕塑的風格，與莫高窟壁畫中的古塔比較，建塔時間約在五代到宋初之間。敦煌遺書記宋初知畫行都料董保德"建造寺院，內有一彌勒塔，形似阿育王塔，剎心四廊，飛簷四角，塔頂有鐵索鳴鈴"。由此可見，五代、宋代的敦煌地區修建剎心圍廊的彌勒塔多座，塔頂的"鐵索鳴鈴"與中、晚唐壁畫中的單層木塔頗為相似。現存的慈氏塔在狹小的剎心內外，容納眾多的佛教藝術內容而不顯擁擠，實屬傑作。現在這座土木單層亭式塔，已是一座中國古建築的孤例，它的外觀玲瓏秀麗，是一件雅致的古建築藝術小品。

此塔的建築方式為土坯砌築的塔身，周邊一圈由八根木簷柱組成圍廊，柱上的斗栱組件形制古樸。在補間舖作處原有一尊用雙手承托木構架的單托神，可惜已失。簷下僅有圓椽一層，角椽與圓椽等同，只將椽頭雕刻成龍頭形，省去了方形的飛椽與套獸。椽子上鋪柳笆望板，再用柴泥抹屋面並起高聳的塔剎。低矮的塔基內，鑲龍鳳花磚。外圈廊柱下的地栿直接置於隆起的高土坡上，彌補了塔基低矮的缺陷，同時利於排泄雨水，對保護木地栿起了關鍵的作用。遷移前的塔剎是兩個葫蘆形，當為後人改建，現依照壁畫中類似的塔剎復原，增設了須彌座、覆缽、相輪、傘蓋、寶珠等。莫高窟很多土塔前，原來都供奉有天王塑像，但均殘損殆盡，唯有此塔因有圍廊的遮攔，才使得以保存。

四、花塔：莫高窟中晚唐以後的壁畫，興起繪畫華嚴經變，壁畫中按照佛經的說法，繪一朵蓮花飄在大海上，蓮花裏有座座城池，圍繞着盤坐中間的大佛，表現"華藏世界海重重無盡"的華嚴

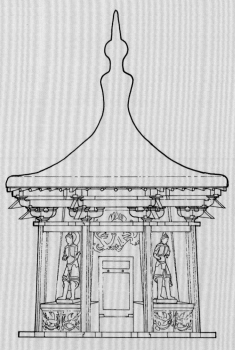

三危山慈氏塔測繪圖

宗思想。而敦煌的土塔則將壁畫的平面形式用立體表現出來，形成用層層蓮瓣組成的巨大花蕾作塔剎，這種形式的塔體現了華嚴宗教義，稱為"華塔"，又因造型突出蓮花，俗稱"花塔"。

沿着莫高窟前的河谷逆流而上約2.5公里處的"成城灣"，在宕泉河河谷的南岸山坡上有幾處古代建築遺迹，其中一大一小兩座古塔都是花塔形式，小塔過於殘損，大塔的東南面保存較好，從這個側面可以看出花塔的整體形象。大花塔是一座正八邊形的單層土塔，高約10米。塔的西面開圓券門，內有小方室，室內四壁及穹頂上均有宋代壁畫，據專家考證。此塔應修建於公元960～1000年前後。

塔基由三層須彌座台基構成，層層

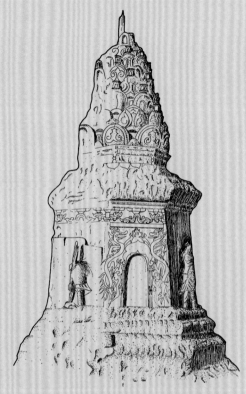

根據1914年的照片面繪的大花塔

收進，但損壞已很嚴重。塔身收分較大，西面闢一圓券門，另外三面無門，浮塑圓券門形狀，門周圍浮塑各種裝飾：門旁有束蓮形的八棱柱，門上作三葉形門楣，門側用雙龍上升戲珠至門楣上。四個斜面上素白無華，於前面塑一形態各異的天王。現在天王已蕩然無存，但從上個世紀初俄國人在敦煌考察的照片上，還可看到天王的大體形象。在八個面的交角處，浮塑出小八邊形柱，下有蓮花柱礎，上有闌額，柱頂塑出一斗三升斗栱，捲草形補間，斗上用替木承托柱頭枋，枋上裝飾混腳、仰蓮

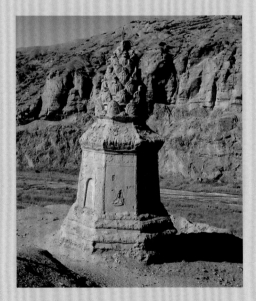

位於莫高窟成城灣山坡上的大花塔

及疊澀而出的塔簷。塔頂為八邊斜坡形，上有八條脊，在脊的上端作八方仰覆蓮的須彌座，座上塑出七重蓮花，形成一個巨大的花蕾。每個蓮瓣尖上有一座小塔，七重蓮瓣之上更作一大方塔。現存的塔剎已殘，只剩大方塔的下部和光禿的木剎杆。從榆林窟西夏壁畫的花塔形象中，可知全塔以大方塔的塔剎作結。山西、河北等中原地區，保留有遼金時代的磚石花塔。壁畫中的建築形象與建築實物相得益彰，實為難得。

敦煌的花塔全部用土坯建造，因此很容易遭受風雨侵蝕，在修建時，土塔的表面處理就顯得十分重要。花塔的繁複都體現在塔體表面的浮塑裝飾上，這些用細泥隱塑的裝飾線條與塔剎上浮塑

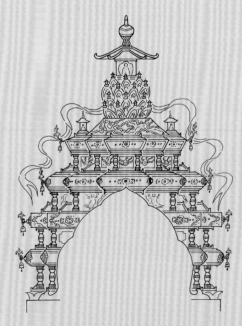

榆林窟第 3 窟西夏壁畫中的花塔

的蓮蕾表面，經過用麻刀白灰仔細的抹面後，使隱塑線條更加流暢，蓮蕾圓和飽滿，同時起到很好的保護作用，在敦煌地區多西北方向風加雨的侵蝕下，塔身的東南方仍然保持完好。

五、覆缽式塔：又稱為"喇嘛塔"，源自中亞的古犍陀羅地區，故日本建築史學家稱其為"犍陀羅塔"，宋、元時期從尼泊爾傳入內地而大肆興建。由於元代蒙古人信奉喇嘛教，尼泊爾工匠阿尼哥在北京建造了妙應寺白塔，規模宏大，保持了印度窣堵坡的覆缽，以後社會上普遍把這種塔稱為喇嘛塔。莫高窟周圍的覆缽式塔共有十八座，是數量最多的土塔形式，其大小高低不盡相同。

在大泉河西岸的園林中有一座大覆缽塔，其形式是在一層低矮的方形塔基上作重層"亞"字形平面的四層塔座，層層收小。然後在上面塑出一圈連珠紋飾，上承仰覆蓮座，蓮座上有高聳的鐘形覆缽狀塔身，上有各種浮塑的瓔珞裝飾，在覆缽塔身上半部的西面開圓券門，門上有尖拱券形的門楣，據說可以從這裏進入塔內。圓形的塔身上再起"亞"字形山花，山花上是高聳的十三層相輪塔剎，剎尖頂原來的寶蓋以上部分已經殘毀，近年，對該塔作保護性修復，殘損的塔頂也參照壁畫修復，使古塔又煥發出昔日的風采。

敦煌石窟前的許多土塔在 1941 年的

冬天，曾經因馬步芳部在塔下“掘寶”而被毀。當時曾掘得宋天禧三年（公元1019年）的一座小木塔，並有《天禧塔記》。此塔曾一度流散在武威，以後為甘肅省博物館收藏，該塔記收入在《隴右金石錄補》中。關於天禧塔的位置與存在狀況，曾有許多人撰文認為該塔建於莫高窟宕泉河東岸，在掘寶時被毀，只存塔基。但據著者之一回憶五十年前莫高窟上寺一位喇嘛說，宋天禧三年的小木塔就出於此塔中。而《天禧塔記》中寫到：“選此良田，共成塔一所者，故記之爾”。綜觀莫高窟的塔，唯此一塔建在莫高窟園林良田中，其餘都建在東西兩邊的山上和戈壁中，故此塔非“天禧塔”莫屬。

六、寶瓶式塔：寶瓶式塔是莫高窟周圍建造最晚的塔，全部是清代的墓塔，形式和造型都很簡單，具有代表性的當屬敦煌藏經洞的發現者——道士王圓籙的墓塔。該塔建於1931年，塔的形式為：方形塔基上承八邊形十一重塔座，塔身猶如寶瓶，剎頂是從大到小的三個寶瓶組成寶頂式塔剎。

古塔的作用

敦煌地區的塔，主要有佛塔和墓塔，同時還兼有路標的作用，為行走在茫茫戈壁的路人指示津梁，標明道路。

佛塔主要特點是塔內有壁畫和塑像，如花塔、天王堂塔、慈氏塔及莫高窟和榆林窟周圍的此類塔。而唯獨天禧塔例外，沒有壁畫與塑像，形式與元代喇嘛塔的墓塔相似。但根據《天禧塔記》記載，此塔雖然沒有壁畫和塑像，是“傾誠三寶”，仿八萬四千塔，起塔作供養的佛塔。

墓塔主要為喇嘛塔的形式，其次為寶瓶式塔。莫高窟現存墓塔晚於佛塔修建，1960年在維修宕泉河東岸最南邊的一座小喇嘛塔時，曾出土過一卷西夏文《金剛經》，據此認為這類墓塔最晚建於元代。蒙古對敦煌的統治歷時一百四十多年，由於元代統治者支持和提倡西藏喇嘛教，使其影響全國，特別是西藏著名喇嘛八思巴等，都曾在河西長期居留，弘揚喇嘛教。他們在敦煌壁畫上留下了寶貴的藝術作品，也在敦煌的土地上留下了他們的遺骨，並在宕泉河東岸建成座座喇嘛塔。

在榆林窟的許多石窟前還保留了幾座化紙樓，都是小塔形式，只不過在塔肚中間留有空洞，順着塔頂有煙道，供人在窟前焚香燒紙。至於作路標，敦煌石窟以及周邊的許多小石窟大多開鑿在由河水經過千萬年的沖刷而形成的河谷斷崖上，窟頂上是平坦的大戈壁。從戈壁深處沿着聳立的古塔走，當走到斷崖邊的古塔旁，就找到下山的道路。從敦煌縣城到莫高窟，古代的交通路線是出敦煌南門，沿着鳴沙山下的戈壁向東南方向行去，經過一個稱為“二層台子”的山坡，又是一片平坦戈壁，從這裏即可看到天邊遠處的天王堂塔。在它前面的下山坡道邊還有一座殘塔，塔旁邊就是一條人行小道直達谷底。而車馬道則在山崖的南面，敦煌遺書《敦煌錄》記載：“其谷南北兩頭有天王堂及神祠”。車馬從天王堂塔旁邊經過後，再前行到南頭的“神祠”前，即可找到下山的大道。在莫高窟東邊的三危山腳下有一座大喇嘛塔，前面有一條上山的羊腸小道，在山

上的小道邊又是一座小喇嘛塔，一路沿着走，即可到達三危山中的觀音井和慈氏塔的原址老君堂。

從安西縣向南行，到達古代的廣至縣遺址（現稱破城子）後，可看到南邊戈壁中一座殘破的土塔，現在已經岌岌可危，它就是到榆林窟的路標，在20世紀四、五十年代，從安西到榆林窟都要經過它。榆林窟東西山崖上的幾座殘破的塔基遺址，同樣也為朝拜的善男信女指引下山的小道。

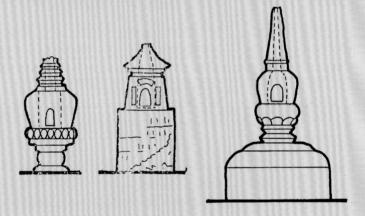

榆林窟窟前的塔形化紙爐

191 慈氏塔

建於宋代，由三危山中的老君堂搬遷到
莫高窟前一個綠樹掩映、紅花環繞的園
林中。小巧玲瓏的木圍廊塔身，坐落在
塊石砌築的台基上，總高約 5 米。

宋 莫高窟園林中

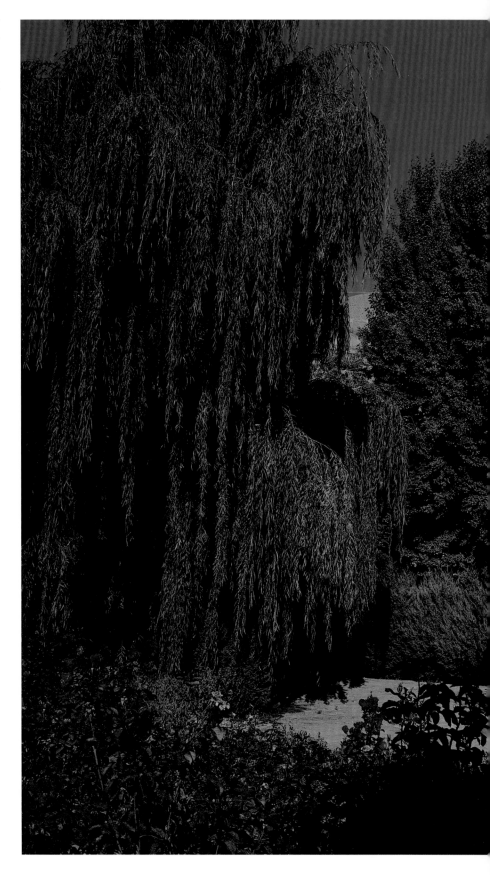

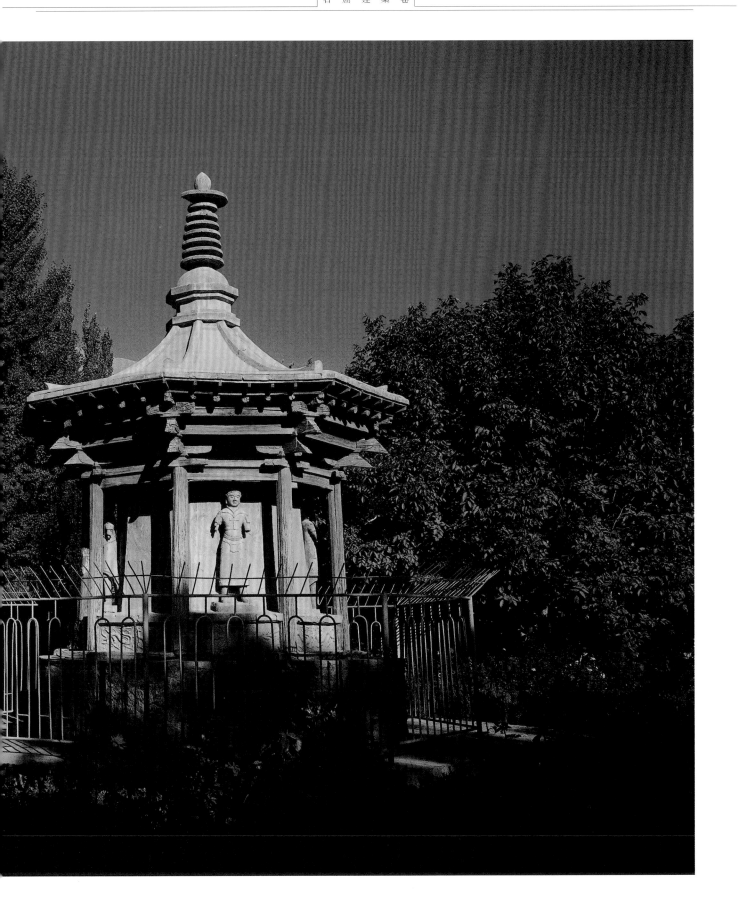

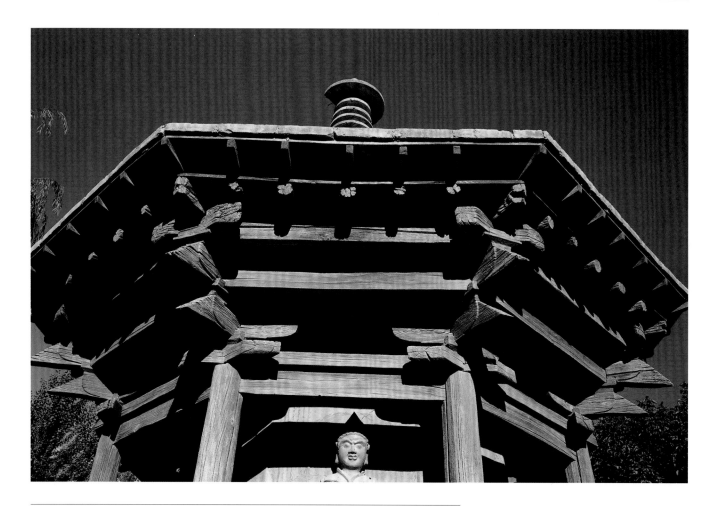

192 慈氏塔斗栱

柱頭上斗栱為五鋪作偷心出雙杪的結構
形式。兩層挑出的被砍成下斜的尖頭
狀，在古建築上稱為批竹昂形式的雙
杪，昂形的雙杪側面有刻出的栱，是古
建築上稱為隱刻的一種方式。在簷口下
每一轉角上有比圓橡略粗的圓木，稱為
角樑，這裏的角樑頭都被刻作龍首形。
此塔的斗栱做法簡潔古樸，柱子上下相
互聯結的四重木枋都相交並出頭，呈互
相咬合的形式，形成上下四道木箍，加
強了塔的整體聯結，對塔的穩固起到很
好的作用，是此塔獨特的結構方式。在
中國古塔的行列中，可算是一個孤品，
小巧的塔身可以在敦煌壁畫中找到原
形。穩固的結構使它在西北乾旱的山溝
裏得以保存下來。

宋　莫高窟園林中

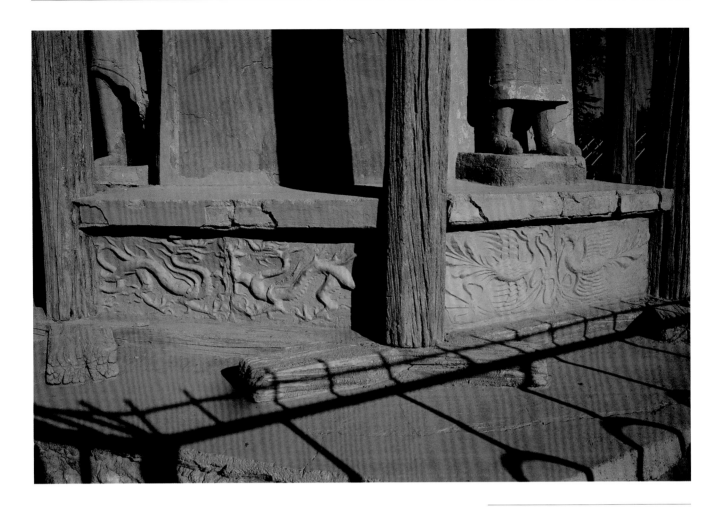

193 慈氏塔台基

慈氏塔下的台基很矮，柱子就立於扁平
的相交出頭的木地栿之上，兩柱之間相
間鑲嵌着對頭的兩塊龍、鳳花磚，花磚
上再出一磚簷即成為台基。原來的木地
栿置於土坡上，所以沒有腐朽，搬遷後
下面增設了一個塊石基座，將塔整體抬
高。

宋　莫高窟園林中

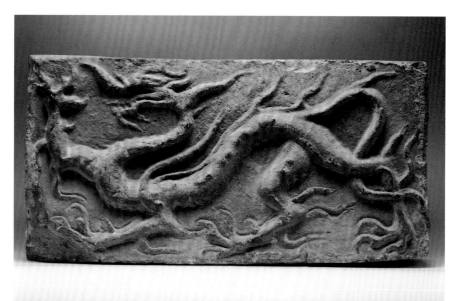

194　慈氏塔塔基龍紋大磚

龍紋大磚（50×24.5×8厘米），出自慈
氏塔下，為塔基的裝飾。

宋　敦煌研究院藏

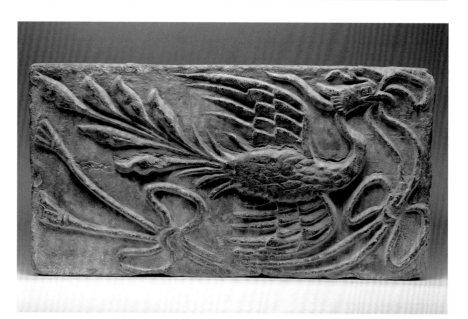

195　慈氏塔塔基鳳紋大磚

鳳紋大磚（50.3×26.5×10厘米），出自
慈氏塔下，為塔基的裝飾。

宋　敦煌研究院藏

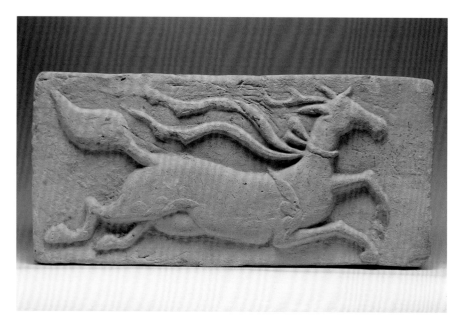

196　天鹿紋大磚

天鹿紋大磚（42×19.5×8.5厘米），出
自三危山中的老君堂。磚上的紋樣像
馬，頭生鹿角，兩肋生翼。此磚又稱麒
麟磚、天馬磚。

宋　敦煌研究院藏

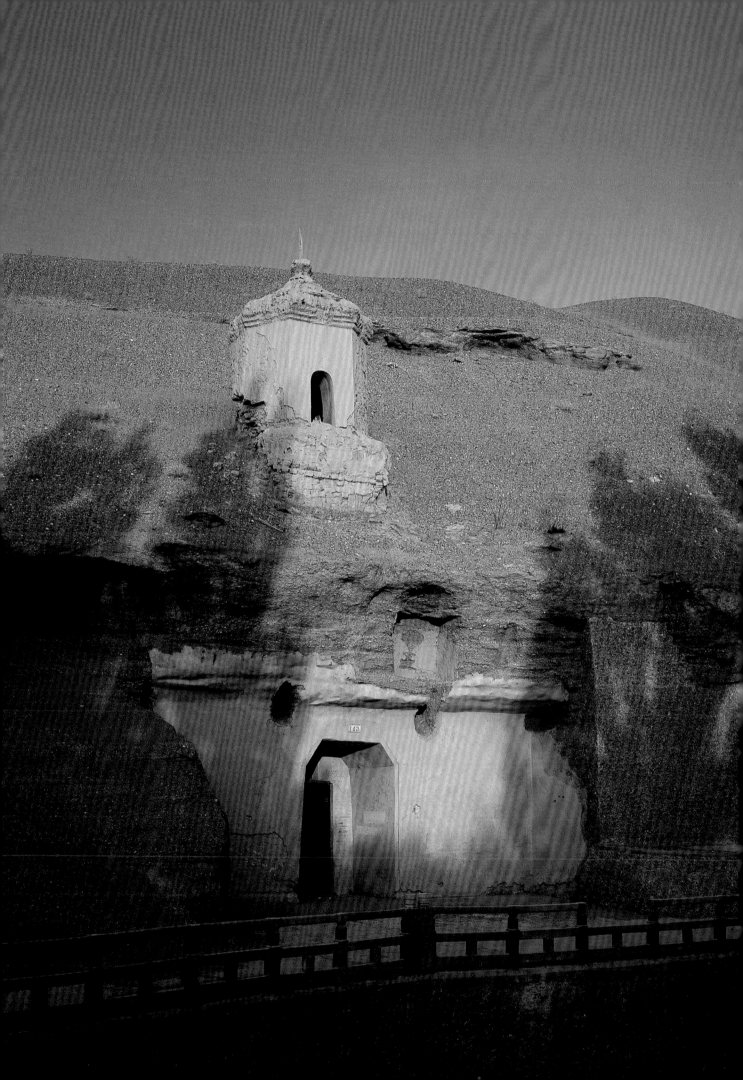

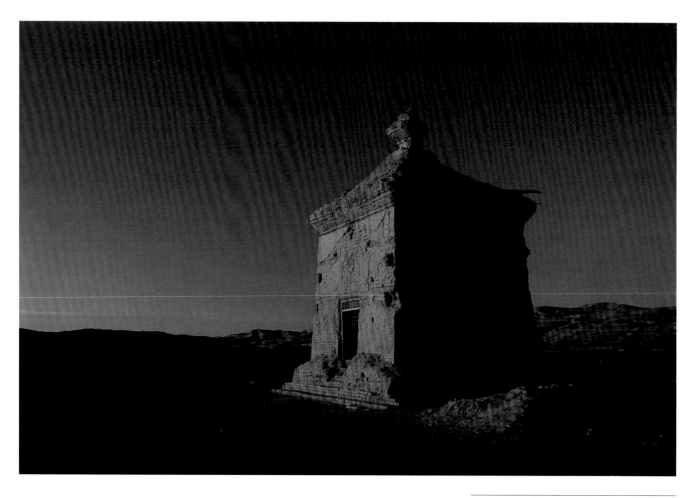

198 天王堂

天王堂是敦煌現在保存最好且最具代表
性的四方塔，名稱見於藏經洞遺書晚唐
和五代撰寫的《敦煌錄》和《臘八燃燈
分配窟龕名數》中。現在塔內塑像已
毀，塔外東面門兩側依稀可見天王的飄
帶，塔內的壁畫及供養人像與題記為五
代時敦煌的地方統治者。塔的東面保存
較好，塔上各部位的原狀清晰可見。在
東面塔簷下曾有一個山面向前的抱廈，
塔身北面中部至今留有一排椽孔，是搭
建房屋的痕迹。1914年俄國人在敦煌拍
的照片中還有房屋的殘牆。

五代 莫高窟西崖頂

197 八邊單層塔 ◀見上頁

全部由土坯砌築，建造在窟區山頂的懸
崖邊，塔下是晚唐開鑿的第143窟，為覆
斗形頂殿堂窟，有前室和主室，主室西
壁開一窟。此塔的建造用意，可能是中
心塔柱窟的另一種表現形式，將窟內的
塔柱移至窟頂建塔，使窟室有寬敞的空
間，窟室前再建造木構窟簷，形成由前
堂、後殿和塔組成的一組寺院佈局。

晚唐 莫高窟頂

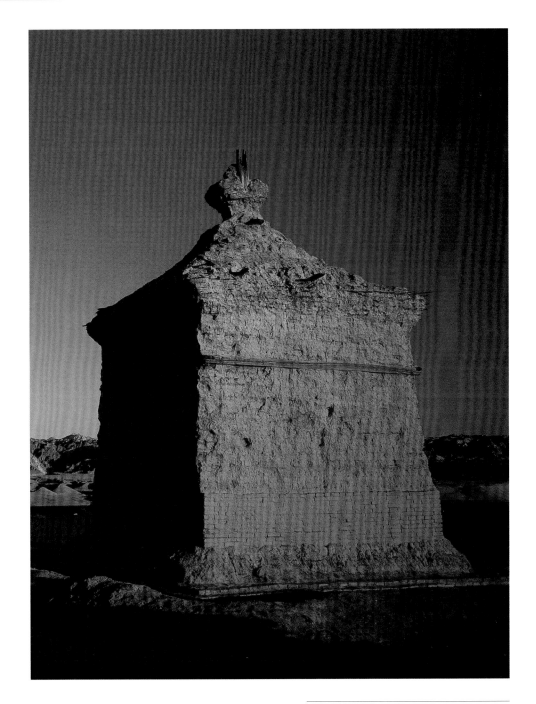

199 天王堂建築結構

天王堂是土、木、磚混合結構，從天王堂的背面，可以清楚地看到塔的土台基與土塔身、塔頂都被風雨侵蝕得裸露出裏面的木構架。在塔身上部有一圈木枋相互拉結，起到圈樑的作用，塔頂疊澀挑出的塔簷及塔刹中裸露出的柴草與木枋，都對塔頂起到拉結穩固作用。塔身下部有一段青磚砌築層完好無損。敦煌地區下雨多伴有西風，造成古塔都是西面殘損嚴重。

宋 莫高窟西崖頂

200 天禧塔

根據《天禧塔記》中的內容，該塔應是
一座佛塔。當時"選此良田，共成塔一
所者"，而現在莫高窟的園林中，只有
此塔。由於長期受到來自西北方向的風
雨侵蝕，塔的西北面破壞較大，東南面
則保存較好。圖中的塔是參照東南面留
存的痕迹而作出復原修復的。

宋　莫高窟園林

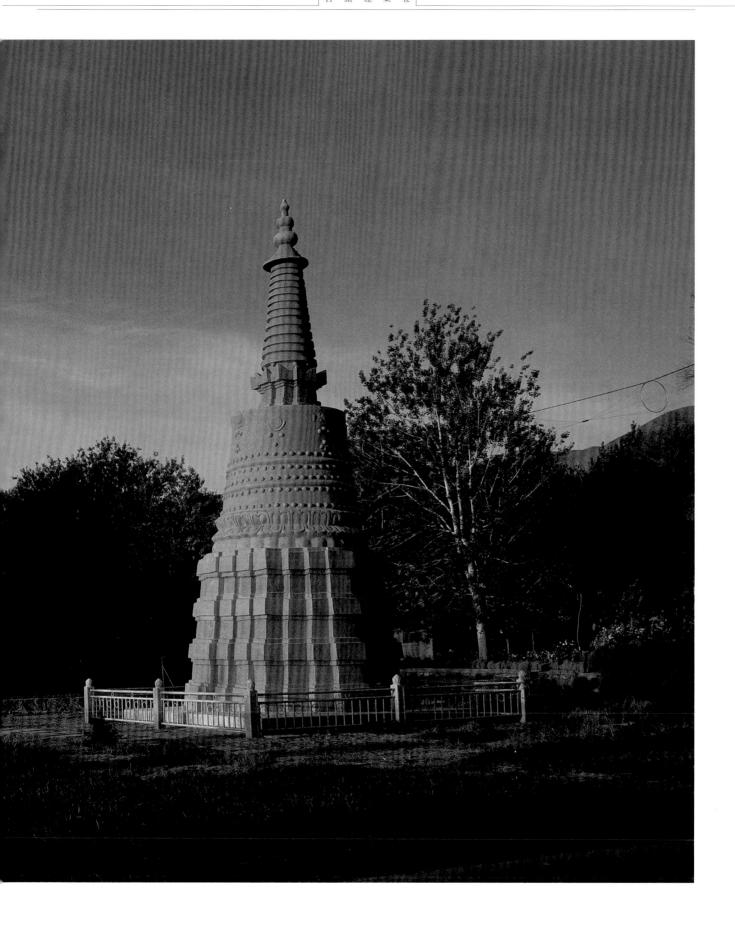

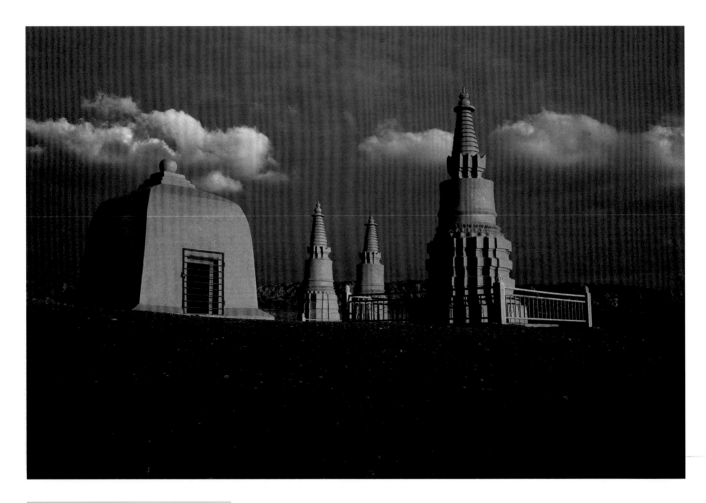

201 莫高窟的塔羣

這組土塔羣都經過修復復原，它們建造
在宕泉河谷的東岸上，對面隔河相望就
是莫高窟南區石窟羣。圖中的喇嘛塔都
是墓塔，一座四方塔則是佛塔，中空的
塔內滿繪佛教壁畫。

莫高窟東岸山坡上

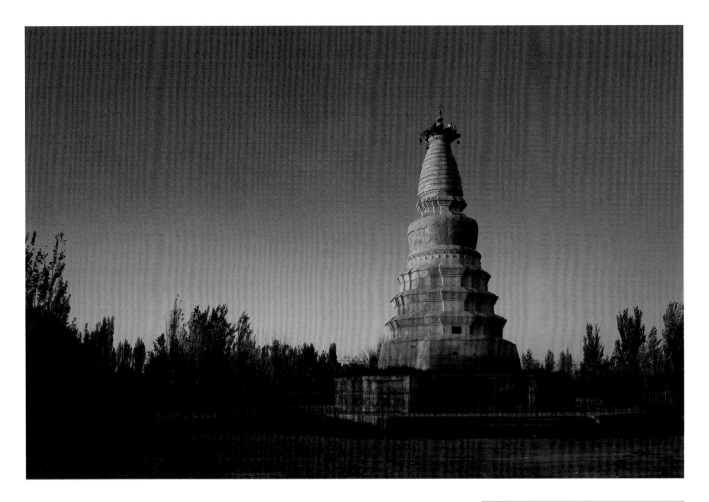

202 白馬塔

白馬塔在沙州城遺址西南，距離莫高窟
30公里左右，是敦煌城附近現存唯一的
古塔。始建年代不詳，傳因白馬馱經而
得名。清道光時整修，塔高約12米，為
覆缽式喇嘛塔，下為三層折角「亞」字
形塔基，上有十三層相輪塔刹，上覆六
角寶蓋及寶瓶刹頂。

敦煌沙州遺址

第二節　　窟前的寺院與牌坊

據記載莫高窟"古寺僧舍絕多"，現在所看到的古寺院卻寥寥無幾，只有清代寺觀和牌坊，就是現已經維修的上寺、中寺、下寺三座寺觀，另外還有三座牌坊。它們雖然是清代建築，但仍然是窟前建築的延續。根據敦煌遺書的很多記載，在莫高窟曾出現過幾十座寺院，眾多寺院的僧人也是開窟造像的主要力量。那麼，當時這些寺院建在何處？現在的寺院是否建在唐宋寺院的基礎上？通過考古發掘和維修過程不斷有新發現，已經逐步解開了這些疑問。

上寺、中寺、下寺的名稱，緣自莫高窟自然地形呈南高北低的走勢，依據地理位置，南邊的寺院地形最高，故稱為上寺，依次類推而有中寺與下寺。

上寺與中寺是兩座毗鄰的前後院組合的寺院，在莫高窟南區的南端，坐東朝西，距西崖的石窟羣不足80米，兩院平行而列，建築規模、佈局大致相似。中寺山門處有一塊乾隆三十七年（公元1772年）的匾額，題"雷音禪林"（現藏於敦煌研究院）。在道光十一年（公元1831年）出版的《敦煌縣志》中，刻有"千佛靈嚴圖"，圖中繪有兩座毗鄰的道院。現在對兩座道院經過測量，了解到它們的木結構、裝修、屋面、牆體等工藝做法都很接近，因此，它們當同屬清中期建造。兩院中幾株樹杆胸徑達3米多的大榆樹也是寺院年代久遠的見證。

上寺、中寺的主要建築為小式抬樑式木構架，大殿、後大殿、配殿等均無斗栱。建築形制充分吸取地方平頂建築建造手法：不起瓦隴與正脊、垂脊，簡化平頂，山牆不做博縫。由於建築材質的局限，均做土質混水牆。倒座、廂房、配房等均建成類似地方的平頂式建築形制，單坡單椽，開啟門窗較小，沒有下鹼。整座建築隨意性很強，符合敦煌的地域特點。這兩座清代民間寺院有較為典型的地方特色。1944年，在這裏成立了敦煌第一個石窟保護與研究機構——國立敦煌藝術研究所，這所破舊的寺院由一般性文物建築轉變成具有紀念性的文物建築。

下寺位於莫高窟南區的北端，距離石窟羣的第16窟只有十幾米，第16窟甬道旁的一個小窟即第17窟，就是有名的藏經洞。19世紀末，一個流落到此的道士王圓籙發現了它，並於1908年在藏經洞的前面修建了一所四合院式的道觀，稱作"三清宮"。它的修建經費來源與當時盜賣藏經洞文物有關。藏經洞的發現被稱為20世紀初最重大的"世紀發現"，同時又是中國歷史上的一頁傷心史，因此有"敦煌乃吾國之傷心史也"的警世名言。

三清宮是一座典型的北方四合院，後殿是勾連搭式的屋頂，前面的捲棚下有寬大的敞廊。兩側的廂房與倒座用捲棚屋面,屋面下用一周廊子相連。山門與大殿為主要建築,山門的門道很深,向前伸出,硬山式屋頂上起高大的脊,各種磚雕裝飾都堆砌在上面。屋面上不鋪瓦,而是用青方磚鋪面,牆壁全部繪滿道教內容的壁畫。院子裏倒座、廂房、耳房的簡單修建與大殿和山門繁複的裝飾形成很大的反差,這些房屋屋頂全部用草泥抹面,一磚覆一瓦的走沿,就將屋面簷口處理了。房屋的牆體則用戈壁上的亂石塊加草泥或土坯與草泥壘砌,這種繁複與簡陋充分顯示了民間建築的隨意性。

維修後的三清宮,現在已作為藏經洞陳列館對外開放,讓世人牢記,這裏曾經有過中華民族文化的驕傲,但同時又是近代史上的一頁痛心史。

牌坊是窟前建築的又一景觀,留存下來的三處牌坊有兩處在窟前,直接與石窟前的階梯相連。"大牌坊"是1950年從敦煌城內搬遷來的汪氏節孝牌坊,遷建到莫高窟後,重新彩畫、題字,現在成為進入莫高窟的第一道景觀。

窟前最南端的一座牌坊位於第138窟前。它原來修建在第138窟的窟簷前,後搬遷到第138窟階梯的入口處。其造型簡單,體量小,僅兩柱一間,整座牌坊猶如三檁垂花門形式。此牌坊的各個構件都裝飾圖案,或繪或雕,別具一格。

第428窟前的小牌坊,原來上書"古漢橋",為四柱三間的三牌樓形式,但每一間又是一個獨立的三檁垂花門。它與前一牌坊的區別在於:屋頂上增加了五條綠色琉璃脊。出挑的簷口由山柱中間的平板枋上置一斗,上有層層挑出的翹承托。斗上出挑的翹或昂演變成極具裝飾性的一統形式,與翹、昂成直角相交的栱亦演變成一通長的花飾。因為這些形式的變化,當地工匠統稱"花牙子"。其用料均採用板材,在邊沿剜成曲曲彎彎的花牙。另外山柱與餞柱勾結相連,使整個牌坊的構架連為一體,更加穩定。木構件全部用彩畫裝飾。明間龍門枋上兩面題"莫高窟"三字,為郭沫若的手迹。這座古老的牌坊與背後山崖上的四座宋代窟簷遙相呼應。

建成於清道光二十六年(公元1846年)、後遷至莫高窟宕泉河橋西岸的大牌坊,是進入莫高窟的必經之路,牌樓東面上書"石室寶藏",背面題"三危攬勝",兩面正中高掛"莫高窟"匾額。全部題字由郭沫若題寫。

該牌坊的平面是兩個對角三角形組成的三牌樓形式,仰視屋頂為兩個三角形與一個長方形的組合。因此從正面看,它與三間四柱的牌坊相似,從側面看,似一間的重簷牌坊,由於呈三角形,使下層出簷的深遠,舒展到近乎誇張的地步。明間有八棱形山柱,從下到上將明間與次間的屋簷挑出,全部裝飾構件都套卯在山柱上，使山柱的負重很大。為了牌坊整體的穩定，山柱下用夾板石穩固，兩側又有戧柱支撐，戧柱上再用一穿插枋使三柱形成兩個等邊三角形，多重措施保證山柱的穩定性。

大牌坊的彩畫裝飾亦很繁複，明間與次間的花牙子全部是雕出的各種花樣，層層不重樣。紅柱綠瓦，簷角飛翹。大紅匾額配石青色堂框，中間是金色的大字。這種大紅大綠與翹角的鮮明個性，建築形式與構造手法的巧妙運用，都使整座牌坊顯得舒展與明朗。

與石窟伴生的窟前建築與石窟相呼應，是敦煌石窟的一部分，雖已凋零，但斑駁的身影依然裝點着石窟周圍的環境，見證歷史的延續。

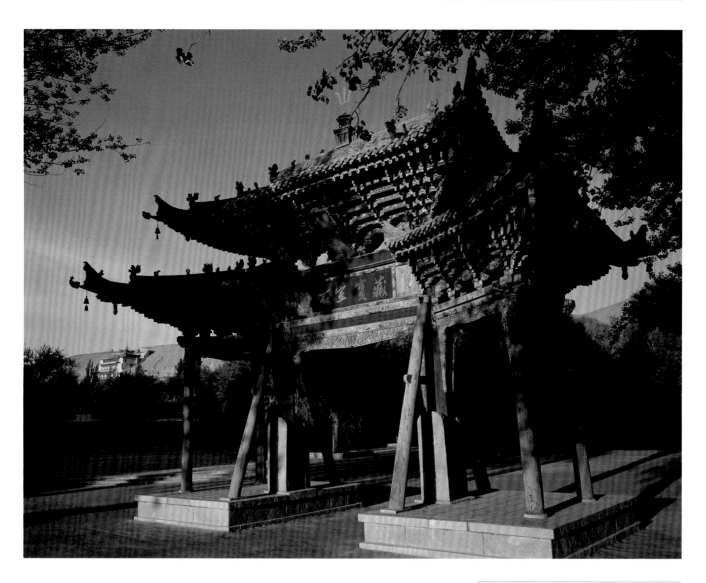

203 莫高窟"石室寶藏"牌坊

此牌坊現在是進入莫高窟的門戶,是兩
個三角形屋頂和一個矩形屋頂組成的三
牌樓形式。由於是三角形的緣故,使它
的翼角挑出顯得很深遠。牌坊上的彩畫
與雕花裝飾精緻,郭沫若先生題字"石
室寶藏",更為它增色添彩。
清 莫高窟

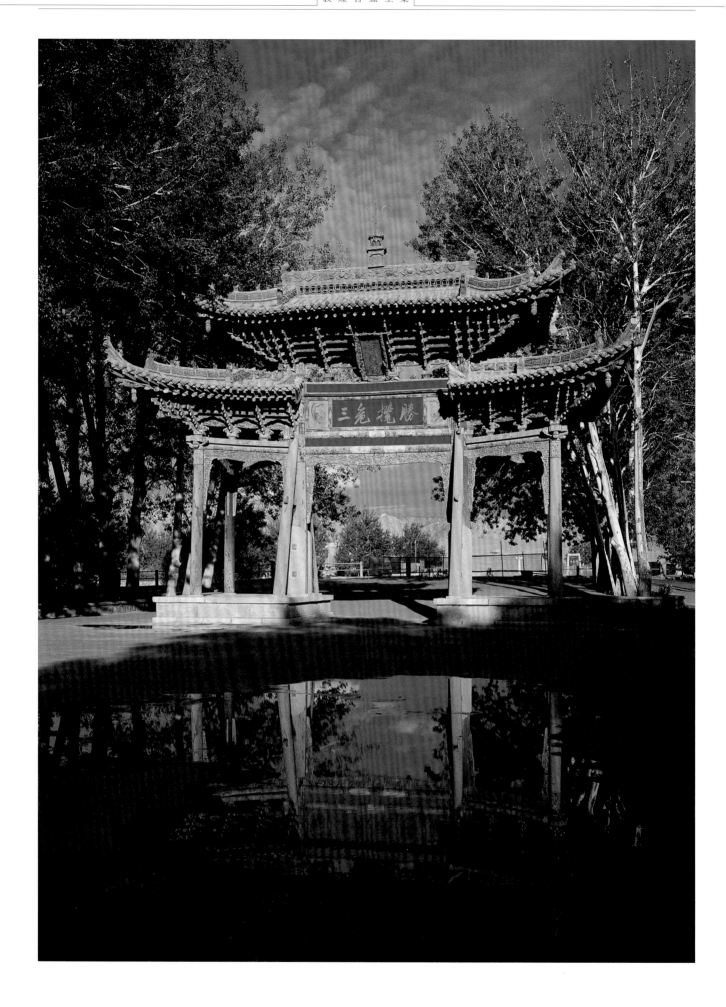

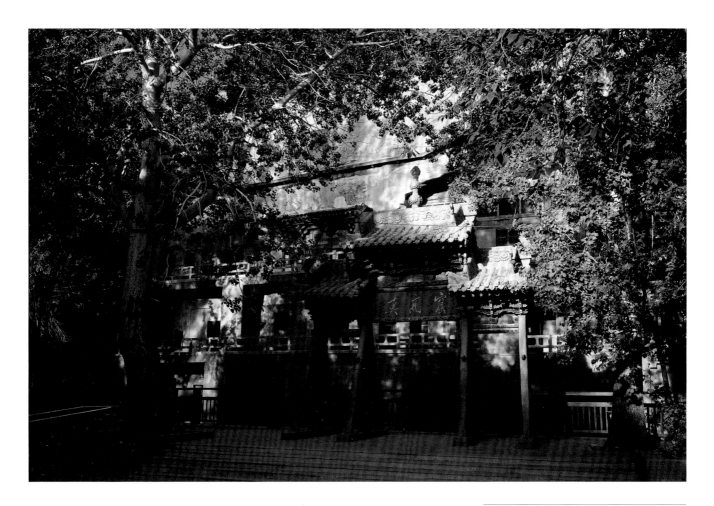

205 莫高窟小牌坊

"莫高窟"牌坊,習稱小牌坊,上有郭
沫若先生題寫的坊名。後面原來有一道
磚石樓梯直達第三層石窟上,牌坊上題
字為"古漢橋"。20世紀60年代為加固
石窟崖體,將樓梯拆除,牌坊亦更名。
清 莫高窟

204 莫高窟"石室寶藏"牌坊西面

此牌坊的西面題字為"三危攬勝",由
此望去,三危山的金紅色夕照就收入在
紅柱與青綠彩畫的牌坊間。在乾旱的敦
煌難得見到雨後倒影,山水相映,使牌
坊增添了無限意趣。
清 莫高窟

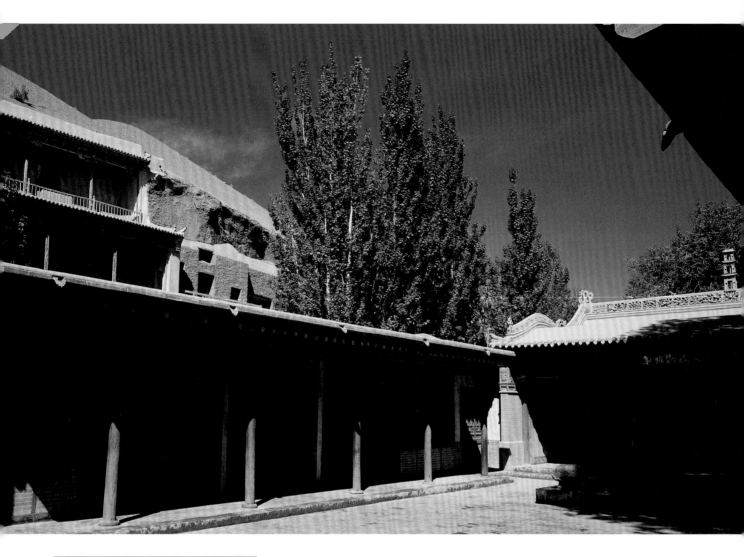

206 三清宮院落

由王道士修建的三清宮，又稱下寺，是
一座四合廊院，從西側門出去十多米
遠，就是著名的藏經洞。王道士是藏經
洞的發現者，同時將敦煌文獻盜賣給外
國人。現在這座道觀已闢為"敦煌藏經
洞陳列館"，向觀眾介紹那段不堪回首
的歷史。

清 莫高窟

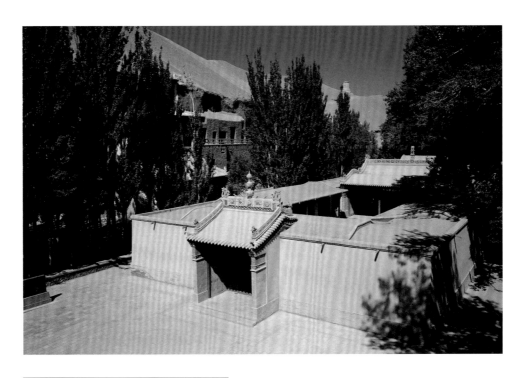

207 三清宮

三清宮修建於1908年，至1998年整修時
已有近一個世紀，由於年久失修，許多
房屋已是牆倒頂塌，樑架歪閃，在整修
時，為了保持原有的建築風貌，所有的
木構件都盡量用原材料，牆上與屋頂的
裝飾性磚雕、瓦件在拆除時都原件保
存，最後全部裝回原處。牆壁上的壁畫
先揭取、修復，然後再重新貼回，使修
復後的三清宮恢復了原貌。

清　莫高窟

208 上寺

原名"雷音寺"，因莫高窟地形呈南高
北低的走向，它位於最南端的高處，故
名。建築形式具有地方特色，參天古榆
樹表明了它們悠久的歷史。20世紀40年
代初，著名畫家張大千先生曾在後院居
住，並在室內牆壁上留下一幅墨竹圖，
至今保存完好。

清　莫高窟

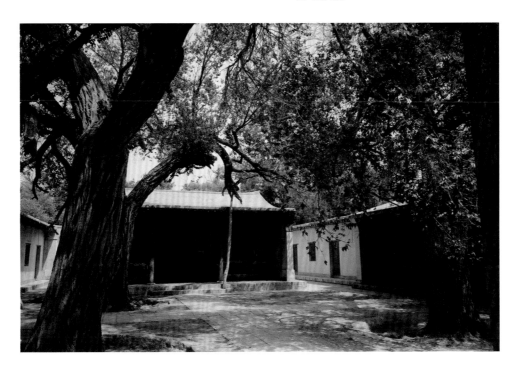

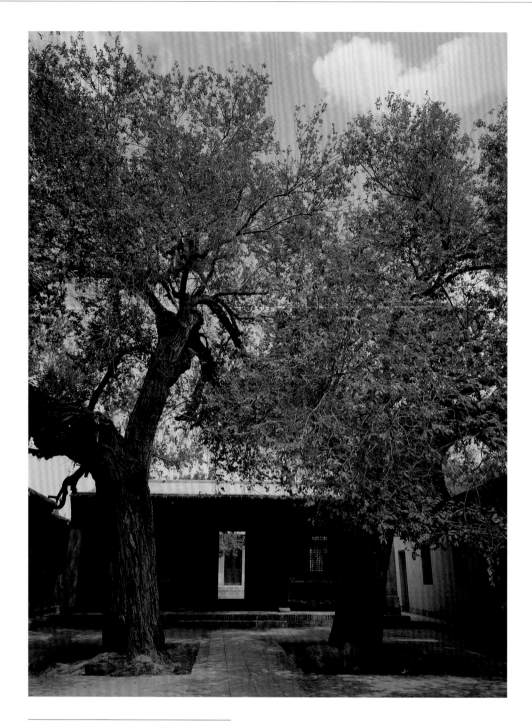

209 中寺

原名 "雷音禪林" ，現存有乾隆三十七
年（公元1772年）的匾額一塊，與上寺
毗鄰而建。1944年為莫高窟歷史上第一
個保護與研究機構──敦煌藝術研究所
的所在地。經過維修後的中寺將展出六
十年來為敦煌石窟做出貢獻的老一輩藝
術家的成果。

清 莫高窟

附錄　莫高窟覆斗頂洞窟形制解剖圖

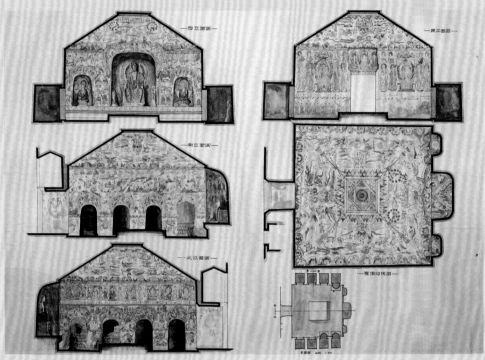

西魏
第285窟——覆斗頂禪窟
覆斗形頂，西壁開三龕，南北壁各開四禪窟

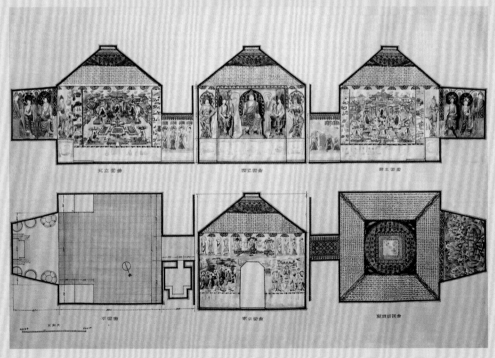

盛唐
第172窟——覆斗形殿堂窟
覆斗形頂，西壁開一龕

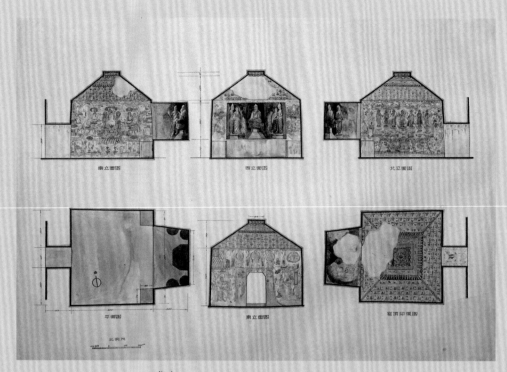

盛唐
第220窟——覆斗形殿堂窟
覆斗形頂，西壁開一龕

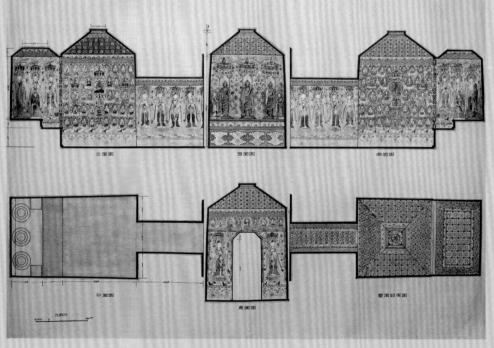

西夏
第326窟——覆斗形殿堂窟
覆斗形頂，西壁開一龕

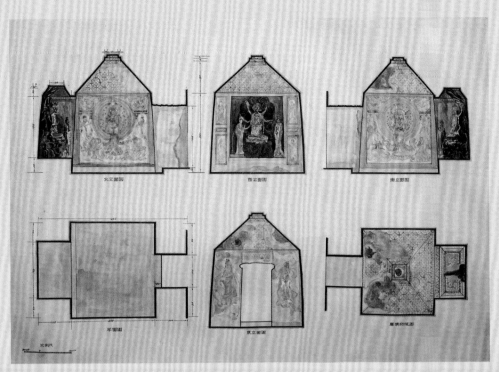

元代
第 3 窟──覆斗形殿堂窟
覆斗形頂，西壁開一龕

圖版索引

敦煌石窟分佈圖

本全集所用洞窟簡稱：莫即莫高窟，榆即榆林窟，東即東千佛洞，西即西千佛洞，五即五個廟石窟。

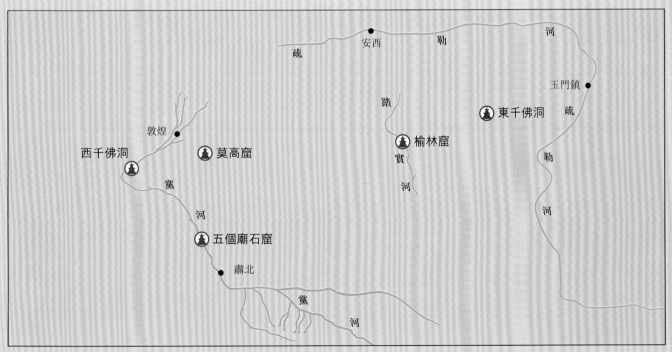

敦 煌 歷 史 年 表

歷史時代	起止年代	統治王朝及年代	行政建置	備 注
漢	公元前 111～公元 219	西漢 公元前 111～公元 8 新 公元 9～23 東漢 公元 23～219	敦煌郡敦煌縣 敦德郡敦德亭 敦煌郡	公元前 111 年敦煌始設郡 公元 23 年隗囂反新莽；公元 25 年竇融據河西復敦煌郡名
三國	公元 220～265	曹魏 公元 220～265	敦煌郡	
西晉	公元 266～316	西晉 公元 266～316	敦煌郡	
十六國	公元 317～439	前涼 公元 317～376 前秦 公元 376～385 後涼 公元 386～400 西涼 公元 400～421 北涼 公元 421～439	沙州、敦煌郡 敦煌郡 敦煌郡 敦煌郡 敦煌郡	公元 336 年始置沙州； 公元 366 年敦煌莫高窟始建窟 公元 400 至 405 年為西涼國都
北朝	公元 439～581	北魏 公元 439～535 西魏 公元 535～557 北周 公元 557～581	沙州、敦煌鎮、 義州、瓜州 瓜州 沙州鳴沙縣	公元 444 年置鎮，公元 516 年 罷，為義州；公元 524 年復瓜州 公元 563 年改鳴沙縣，至北周末
隋	公元 581～618	隋 公元 581～618	瓜州敦煌郡	
唐	公元 619～781	唐 公元 619～781	沙州、敦煌郡	公元 622 年設西沙州，公元 633 年改沙州；公元 740 年改郡， 公元 758 年復為沙洲
吐蕃	公元 781～848	吐蕃 公元 781～848	沙州敦煌縣	
張氏歸義軍	公元 848～910	唐 公元 848～907	沙州敦煌縣	公元 907 年唐亡後，張氏 歸義軍仍奉唐正朔
西漢金山國	公元 910～914		國都	
曹氏歸義軍	公元 914～1036	後梁 公元 914～923 後唐 公元 923～936 後晉 公元 936～946 後漢 公元 947～950 後周 公元 951～960 宋 公元 960～1036	沙州敦煌縣 沙州敦煌縣 沙州敦煌縣 沙州敦煌縣 沙州敦煌縣 沙州敦煌縣	
西夏	公元 1036～1227	西夏 公元 1036～1227 蒙古 公元 1227～1271	沙州 沙州路	
蒙元	公元 1227～1402	元 公元 1271～1368 北元 公元 1368～1402	沙州路 沙州路	
明	公元 1402～1644	明 公元 1404～1524	沙州衛、罕東街	公元 1516 年吐魯番佔；公元 1524 年關閉嘉峪關後，敦煌凋零
清	公元 1644～1911	清 公元 1715～1911	敦煌縣	公元 1715 年清兵出嘉峪關收 復敦煌一帶，公元 1724 年 築城置縣

資料來源：史葦湘《敦煌歷史大事年表》等；製表：《敦煌石窟全集》編輯委員會（馬德執筆）